Michel Carrouges
As máquinas celibatárias

Após mais de vinte anos, meu reconhecimento a Marcel Duchamp ainda permanece muito vivo e profundo, que manifestou extrema gentileza para com meu estudo, autorizando a reprodução de *La Mariée mise à nu par ses célibataires, même* na capa do livro. Este desenho da capa foi especialmente feito por Roger Aujame a partir dos documentos fotográficos e aprovado por Duchamp.

Quero acrescentar também minha viva gratidão a Madame Alexina Duchamp, que me permitiu reproduzir aqui as cartas que Marcel Duchamp me enviara há muito tempo, a respeito das "máquinas celibatárias".

M. C.

Michel Carrouges

As máquinas celibatárias

TRADUÇÃO
Eduardo Jorge de Oliveira

SUMÁRIO

07	Prefácio
	Sobre a presente edição
	Sobre a ilustração

Introdução

15 A exploração dos mitos modernos

I – Os grandes maquinistas e suas máquinas

33	Marcel Duchamp e Franz Kafka
68	Raymond Roussel
100	Alfred Jarry
118	Guillaume Apollinaire
122	Júlio Verne
134	Villiers de l'Isle Adam
147	Irène Hillel-Erlanger
153	Adolfo Bioy Casares
168	Lautréamont
184	Edgar Poe

II – Dióptrica mental das máquinas celibatárias

195 O grupo de transformação das máquinas celibatárias

Anexos

223	Quatro cartas de Marcel Duchamp ao autor
227	Nota explicativa

235 Cronologia provisória das principais obras
que contêm máquinas celibatárias

238 Resumo das máquinas celibatárias apresentadas
na presente obra

241 Créditos fotográficos

243 **Posfácio**

PREFÁCIO

Sobre a presente edição[1]

Esta nova edição,[2] completamente refeita, apresenta como novas máquinas celibatárias: *O Castelo dos Cárpatos*, de Júlio Verne, *A invenção de Morel*, de Bioy Casares e *Os cantos de Maldoror*, de Lautréamont. Acrescenta dois textos completamente novos: *O grupo de transformação das máquinas celibatárias*, assim como os *Anexos*, que contêm quatro cartas de Marcel Duchamp ao autor e nosso comentário.

Os antigos capítulos trazem muitos acréscimos, precisamente a reinterpretação de *A Metamorfose* e dos amores de Faustroll com Visité. Por outro lado, suprimimos – com pesar – dois capítulos "limítrofes" sobre Michel Leiris e sobre Maurice Fourré, assim como as páginas relativas ao mito da "descida aos infernos" em *Gestos e opiniões do doutor Faustroll (patafísico)* e em *O Escaravelho de Ouro*. Esse é outro assunto que retomaremos à parte.

Sobre a ilustração

Exercícios de ótica mental.
A ilustração desta obra foi especialmente concebida para evidenciar certas referências essenciais na origem histórica das máquinas celibatárias.

Compreende duas séries bem distintas, uma anterior e geral; a outra, experimental.

Imagens históricas.
O balão dá o primeiro sinal.

O avião de Blériot sobrevoando o Pas-de-Calais em julho de 1909 e o foguete de Armstrong aterrissando na Lua em julho de 1969 marcam duas datas capitais no formidável crescimento do mundo das máquinas.

---

1 (N.T.) Nota de Michel Carrouges para a edição de 1976.

2 A primeira edição das *Máquinas celibatárias* foi publicada pelas Edições Arcanes, em 1954.

As imagens retiradas do teatro fantástico, dos desenhos de Robida e da obra de Pawlowski manifestam a fantástica explosão da maravilha do mecânico, em geral, na imaginação moderna.

Por outro lado, o sonambulismo com glossolalia de Hélène Smith não nos ensina nada sobre os "Marcianos", mas a marca automática de seus desenhos e textos abre, diante de nós, uma primeira percepção da imensa maquinaria mental escondida em nossa consciência.

Também podemos dizer que a monstruosa criatura do Dr. Frankenstein de Mary Shelley e "o homem invisível", de Wells, não são meras ficções literárias. A trágica solidão de seres meio humanos, meio artificiais, faz deles autênticas máquinas celibatárias que personificam a angústia particular do homem moderno. A mecanização de Ixion é seu protótipo arcaico.

É essa mesma ambiguidade trágica que se manifesta no campo pictórico com estas três obras: *La Mariée*, de Duchamp, a *Marie Laurencin*, de Picabia, as *Duas irmãs*, de Chirico.

A figura humana desaparece atrás do manequim, da máquina, do homem artificial.

---

1. Primeiro de novembro de 1783. O balão de Pilâtre de Rozier, em *La Muette* (Paris). O primeiro aeronauta da história sobe pelos ares a bordo de uma nave de tecido revestido de papel, onde acendia constantemente um fogo de palha. Qual energia mítica ordenava a um homem que subisse nessa máquina infernal pintada de azul e ornada de figuras mitológicas douradas: a cabeça solar de Apolo repetida entre as águias e as constelações do zodíaco? As máquinas reais não excluem os mundos imaginários e vice-versa. Mito, máquina e martirológio são indissociáveis.

No "tamborete elétrico" de Haüsen, em 1745, Leipzig, e na "cuba magnética" de Mesmer, em 1778, Paris, praça Vendôme, não se trata mais apenas de imaginação. Pessoas em carne e osso foram integradas como engrenagens em máquinas reais ou falaciosas, patafísicas e celibatárias.

2. Julho de 1909. Pela primeira vez, um avião, o monoplano de Blériot, atravessou o Pas-de-Calais. No novembro seguinte, Kafka e seus amigos partem para a Itália, em Brescia, para a grande festa da aviação que reuniu os mais célebres aviadores da época. "E Blériot? Perguntamo-nos, Blériot, em quem não parávamos de pensar, onde está Blériot...?"
"Um longo momento se passa, depois Blériot aparece no ar, vemos a parte de cima de seu corpo, bem reto, que ultrapassa a fuselagem, suas pernas estão bem abaixo e fazem parte da maquinaria. O sol baixou e seus raios passam sob o dossel das tribunas, clareando as asas em seu voo. Todos, em um profundo abandono, seguem-no com o olhar, e não havia lugar para mais ninguém nos seus corações."
(Artigo integral de Kafka em *Franz Kafka* de Max Brod, Gallimard.)
Blériot pelos ares, sobre seu "fiapo de palha", aparece, ao mesmo tempo, natural, maravilhoso, espantoso, acrescenta Kafka. O aviador francês, sozinho sobre um "deserto artificial" em um "país quase tropical", oferece o sacrifício da sua vida diante da multidão, das belas damas, e do viajante Kafka.

3. Julho de 1969. Pela primeira vez, extra-lunares de origem terrestre desembarcam na Lua. Diante do "módulo lunar", mais improvável que o pior "disco voador", Aldrin finca a haste com uma folha de alumínio para captar as partículas solares, tudo isso diante dos olhos e do aparelho fotográfico de Armstrong, primeira testemunha ocular do impossível.
No deserto absoluto, lançados ao extremo limite da colossal relojoaria eletrônica que sobe da Flórida até seus escafandros a "compressor de ar", os dois homens estão mais solitários e mais espetaculares do que alguém jamais esteve, incessantemente observados a 380.000 quilômetros de distância por todas as máquinas da Nasa e por milhões de espectadores.
Não há maquinaria mais perfeitamente científica. O foguete e a astronave chamavam-se nada menos que *Saturno V* e *Apollo XI* (Apolo, o mesmo deus solar do balão). O impulso energético do foguete foi tão titânico que nenhuma energia mítica foi necessária para levar os homens a bordo de tais máquinas.

Restam então a máscara Dogon, a fotografia arqueológica feita em avião e os mastros totêmicos. Evidentemente, não são máquinas celibatárias, mas *ângulos de visão* exteriores para nos treinar a melhor percebê-las.

A máscara Dogon e os mastros totêmicos nos permitirão entender como as figurações mecânicas na pintura e na ficção científica tornaram-se as novas máscaras dos homens em vias de mecanização.

A fotografia arqueológica feita em avião nos sugere de que forma análoga a unidade mítica subconsciente das máquinas celibatárias se desvela sob a diversidade das aparências imediatas das obras.

As máscaras exteriores que o homem moderno assume revelam sinais de seu destino, que são mais interiores para si mesmo do que sua própria consciência.

Viagem ótica[3]

A segunda série de ilustrações tem a finalidade de contribuir com a visualização gráfica das máquinas celibatárias evocadas por obras literárias. Ela foi especialmente criada a pedido nosso pelo artista gráfico Jihel para o rastelo do quarto de Gregor (Kafka), o calceteiro (Roussel), a corrida das dez mil milhas (Jarry), o castelo dos Cárpatos (Júlio Verne), o guarda-chuva e a máquina de costura (Lautréamont), o poço e o pêndulo (Poe), a ilha de Morel (Bioy Casares).

Na verdade, esses oito desenhos não são ilustrações no sentido tradicional de complemento estético ou pedagógico. São exercícios óticos.

Tais desenhos têm a mesma função que os textos críticos sobre as máquinas celibatárias. Como as imagens imaginárias que nascem da

3 Sob esse título, uma parte deste texto apresentou quatro dos desenhos em questão (a Corrida de dez mil milhas, o Castelo dos Cárpatos, o Poço e o Pêndulo, o Guarda-chuva e a Máquina de costura) na Exposição internacional sobre as máquinas celibatárias que foi organizada por Harald Szeemann e inaugurada em Berna no dia 5 de julho de 1975, e que seguiu para Veneza (Bienal), Düsseldorf, Bruxelas, Paris (Pavilhão de Marsan), Viena, Amsterdã, Malmö.

leitura, as imagens gráficas têm por finalidade a disposição de pontos de referência para a percepção mental do universo das máquinas celibatárias.

É por isso, aliás, que não são apresentados em perspectiva física, mas em gravuras planas para servir de trampolins para a perspectiva mental.

A função dessas imagens é, então, tripla:

Representar as máquinas celibatárias, segundo a indicação dos autores;

Mostrar o campo local em torno delas, que suscitam como mecanismos necessários, bastidores, bases geográficas ou históricas, etc.;

Sugerir o paralelismo geral das estruturas (invariantes e variáveis) que conectam as máquinas celibatárias umas às outras no espaço mental comum a todos.

Entre as duas séries de imagens, umas fixas, outras voláteis, introduz-se uma contradição permanente que tende a provocar incessantemente a aparição de novas imagens condutoras.

Na escolha das ilustrações e no texto, colocamo-nos tão longe da crítica estética quanto da literária. Pelas imagens gráficas e as imagens das palavras, apenas buscamos mostrar, na medida do possível, as imagens mentais primordiais que preexistem a suas diversas projeções nas formas artísticas e literárias.

INTRODUÇÃO

A exploração dos mitos modernos

Egípcios ou japoneses, dogons ou romanos, os mitos já suscitaram inúmeros estudos. Uma viva luz começa a penetrar as civilizações distantes ou perdidas. Provenientes do mundo moderno, esses canteiros os circundam por todos os lados, mas o centro mesmo continua livre. Um estranho *ponto cego* retira da generalidade dos observadores os mitos de que eles próprios estão impregnados. Existe aí uma surpreendente lacuna. Esse mundo onde vivemos não seria o primeiro cujos segredos estamos ávidos para desvendar?

O homem moderno, de fato, vê-se e se crê racional. Sua atitude diante dos mitos parece bem diferente daquela de outras épocas da humanidade. Ainda que se acredite livre deles, continua sendo-lhes tributário. De fato, por mais técnico e positivista que seja seu meio de vida, é apenas uma nova forma de viver nos mitos.

Apesar de nossas pretensões ao racionalismo, nossas ideias, nossos sentimentos, nossos sonhos e nossos comportamentos são governados por *grandes complexos de imagens motrizes e fascinantes*. Quanto mais irresistível é sua potência, menos consciência tomamos delas.

Longe de estarem confinados no irreal, os mitos agem em todo o conjunto de nossas atividades. Os jornais, os esportes, a vida cotidiana, as artes, a literatura, a filosofia, a ciência, a política, as técnicas e os sonhos são comandados secretamente por uma imensa rede de mitos. Insólitos ou banais, suas constelações de imagens governam o mundo moderno.

Com o século XX, o tempo acaba de inverter completamente o movimento que parte do século XVIII com a Enciclopédia. *A crítica racionalista dos mitos deve ser sucedida pela crítica mitológica da razão e dos mitos.*

Está fora de questão, naturalmente, permanecer em uma negação simplista de preciosos desenvolvimentos da crítica racional e do espírito científico. Trata-se de uma negação dialética, recuperando todas essas potências, mas em uma cooperação inteiramente nova com os métodos do pensamento irracional.

Por enquanto, só podemos dar um esboço do que podem ser as regras de um tal método de exegese, mas acreditamos ser preferível tentá-lo. Pois já se produziu certa tomada de consciência dos mitos modernos, mas de forma gravemente viciosa. Muito se fala dos mitos do progresso, dos paraísos perdidos, da greve geral e do super-homem. Se os homens tomaram consciência disso, é porque estão profundamente divididos quanto a isso. Aquilo que é verdade para uns apareceu como mito para outros.

O mito é uma operação de dióptrica mental.

Sua **invariante fundamental** é a distância ou diferença entre duas realidades separadas que aproxima em sua visão.

Assim, a invariante fundamental do **mito das máquinas celibatárias** é a distância ou diferença entre a máquina e a solidão humana.

O **grupo de transformação** de um mito é produzido pela refração dessa visão durante a travessia automática de meios diferentes (campos de consciência, de inconsciência e de representações).

Vem daí, principalmente, as metamorfoses das máquinas celibatárias quando se projetam em uma série de perspectivas diferentes: sexual, penal, criminal, patológica, esportiva, artística, teatral, antecipadora, nas encenações iniciais e, por fim, convergentes.

Pelo seu sistema de imagens motrizes, **o mito é uma máquina mental** que serve para captar, transformar e comunicar os movimentos do espírito.

Assim, os mitos se revelaram presentes no nosso mundo, mas apenas como sinônimos de ilusão e como vestígios de uma mentalidade pré-científica, até mesmo como mistificações. Habituamo-nos a acreditar que os mitos se limitam apenas a alguns campos como a política e a religião; produzimos deles uma concepção parcial e pejorativa; julgamos ao acaso de nossos posicionamentos e impressões.

A verdade é que tudo está impregnado de mito e de realidade, que os mitos sempre trazem consigo algo de verdadeiro e que sua exploração exige o estabelecimento de um método de exegese particularmente rigoroso.

Penetrar na compreensão dos mitos modernos impõe uma tarefa prévia, desconhecida daqueles que estudam as antologias de mitos clássicos. Pois é preciso detectar a própria presença de mitos. Daí, um duplo trabalho de análise e síntese: localizar os índices característicos que assinalam a presença de um mito ainda não identificado; em seguida, montar o mapa de suas constelações.

No domínio da literatura, a primeira tarefa é, então, a de localizar as *palavras mestras*. Sobre isso, Paulhan escreveu uma passagem capital. São, diz ele, os termos que um escritor prefere particularmente e que carrega com um sentido particular, por exemplo, os infinitos abismos de Hugo, os incensários de Gautier, a clepsidra dos Simbolistas, como, também, o puro de Valéry, o gratuito de Gide, a nuvem de Maurras; essas palavras, acrescenta Paulhan, longe de serem astuciosas ou cômodas, são o pensamento central dos autores (*Les fleurs de Tarbes*, p. 86, Gallimard).

Aliás, é preciso lembrar que o princípio geral do método já havia sido estabelecido por Massignon nesta admirável passagem:

"O fenômeno é constante para todo leitor atento, quer se trate de um poema, de um código ou de uma catequese; são as palavras 'difíceis' que são as palavras importantes porque, uma vez elucidadas, teremos a *chave* da passagem; é, pois, a estas que a inteligência busca desatar como nós para 'explicar', para compreender o conjunto, e participar, enfim, da intenção principal do autor." (*Essai sur les origines du lexique technique de la mystique musulmane* [*Ensaio sobre as origens do léxico técnico da mística muçulmana*] p. 48, Vrin).

O problema aparece de maneira ainda mais espetacular a propósito dos grandes poetas modernos, pois seus textos estão cobertos de palavras-chave, de modo que, se não somos imediatamente tomados pela magia da inspiração, pensamos que nada jamais poderá ser compreendido ali. A intuição costuma ser aleatória e lacunar. Quanto aos dicionários, sejam eles Larousse ou Littré, há pouca esperança de encontrar neles o sentido mítico que tais palavras-chave emanam particularmente para o autor.

Com a descoberta das palavras-chave, as pesquisas estão apenas no começo. Uma chave sozinha não serve para nada. É necessário ainda se encontrar a fechadura e, se for o caso, o número da combinação. As palavras-chave de que falam Massignon e Paulhan estão demasiado carregadas de emoção ardente e confusa para que possamos ver através delas de forma clara.

A regra de ouro da interpretação dos mitos contidos em uma obra é de que esta deve encontrar-se na própria obra. É no obstáculo que se encontra a principal matéria da ação, mais ou menos como dizia Marco Aurélio, formulando, assim, uma excelente regra de dialética.

No emaranhado das imagens que saem de uma obra, sob sua coerência ou sua aparente incoerência, devemos aprender a discernir progressivamente, em destaque, um *arabesco particular* no qual podemos diretamente ler, sem nenhum artifício, o número da combinação e encontrar o lugar da fechadura. Então, a chave gira por conta própria, como mágica.

A respeito desses arabescos, Marcel Proust nos dá os mais impressionantes exemplos ao reter nossos olhares na geometria de talhador de pedra que constrói a arquitetura de Thomas Hardy, no paralelismo das figuras de mulheres e no das escuras habitações em Dostoiévski e, mais ainda, ao nos mostrar, em Stendhal, algumas dessas *situações paralelas*: "um certo sentimento da altitude ligando-se à vida espiritual: o lugar elevado onde Julien Sorel é prisioneiro, a torre no alto da qual está preso Fabrice, a campânula onde o abade Barnès pratica astrologia e de onde Fabrice lança um olhar tão belo" (*La Prisonnière*, t. II [*A Prisioneira*, v. II] p. 236-238, Gallimard).

De repente, a mão rápida de Proust entreabre as portas de três grandes edifícios romanescos. Ele não se deu ao trabalho de abri-los de fato e seguir sua busca nos quartos interiores. Pelo menos o sinal foi dado. Por todos os lados, rompem-se as grades das entradas.

Desde então, trabalhos mais pacientes vieram:

Pierre Abraham, em um livro importante e estranhamente igno-rado (*Créatures chez Balzac* [*Criaturas em Balzac*], Gallimard), mostra que, em toda *A Comédia humana*, existe uma espantosa correspon-dência entre o caráter dos heróis e as cores dos seus olhos e cabelos. A demonstração é tão precisa que chega a ser expressa por estatísticas e diagramas. Revela como tal relação corresponde a um simbolismo de cores que era espontâneo em Balzac, sem que o tivesse formulado conscientemente.

Gaston Bachelard, por sua vez, publicou importantes pesquisas sobre o significado do bestiário dos *Cantos de Maldoror* (*Lautréamont*, Corti) e sobre o papel dos quatro elementos, o ar, a terra, a água e o fogo, para um grande número de poetas e romancistas. Mais agudo ainda é seu estudo sobre *A formação do espírito científico* (Vrin), impor-tante introdução à detecção dos mitos científicos.

A partir desses diversos exemplos, começamos a ver de que tecido físico é composta a imaginação criadora nos escritores. Percebemos como a crítica dos livros tende a negligenciar os jogos fúteis com que frequentemente se compraz, para tentar, como a psicanálise, o marxismo e a mitologia comparada, fazer imenso esforço a fim de surpreender a ação dos mitos no pensamento.

Está claro, a partir de então, que a crítica não tem mais nenhuma razão de querer existir à parte e que sua cooperação com os outros métodos modernos é da maior necessidade para as análises da literatura.

A convergência se impõe, sobretudo porque esses métodos, por sua vez, começam a invadir de forma proveitosa o domínio literário.

É conhecido, ou deveria sê-lo, o humor com que Karl Marx analisa (n'*A Sagrada Família*) o famoso romance de Eugène Sue, *Os Mistérios de Paris*. Nas fantasias rocambolescas de uma arte sentimental, o filósofo desmonta ironicamente as peças de um mito social produzido por boas almas. Aí, é verdade, termina sua busca. Seu objetivo é polêmico. Os mitos são, para ele, apenas frutíferas mistificações. Ele os conduz a uma explicação unilateral e vingativa. Traz, por um lado, uma óptica nova e um princípio inelutável de exegese, ao passar uma obra literária pelo crivo da realidade social, excelente meio de revelar seus mitos, mas, por outro lado, restringe seu alcance ao recusar qualquer outra perspectiva, pois a complexidade dos mitos é irredutível e implica a composição de todas as perspectivas. Sem dúvida, Marx proclama e pratica a dialética, mas a submete ao primado do materialismo econômico, o que fecha a porta ao princípio de uma dialética ilimitada.

---

4. As máquinas do teatro fantástico, como esta "torre encantada de Quemvaireclamar"[1] e o navio do príncipe Belazor (1868) (cf. *Trucs et décors [Coisas e cenários]*, Georges Moynet, Paris, 1893), pertencem à mesma genealogia mecânica teatral que os maquinários de Méliès no cinema, os manequins de Chirico na pintura ou as máquinas de Raymond Roussel na literatura. Trata-se sempre da encenação metafísica (Artaud), mecânica e fantástica das potências da fatalidade sobre o Teatro do Destino, como na tragédia grega.

O instante eternizado pela imagem é o mais vertiginoso de todos. É o momento no qual o navio e a escada mecânica irão, enfim, permitir o "encontro maravilhoso", ou deslizar para sempre paralelas como as duas partes de uma máquina celibatária.

Em Roussel, Júlio Verne, Villiers, Bioy Casares, entre outros, os dois mitos do grande amor e da máquina celibatária são intimamente confrontados.

[1] (N.T.) *Quiquengrogne* vem de uma expressão do francês medieval, "*qui qu'en grogne*", que implica "quem é que vai reclamar?", em tom de desafio.

Quanto a Freud, podemos fazer as mesmas observações acerca do seu "materialismo sexual" submetido ao princípio da libido. Mas, seu método abre um caminho sem precedentes para a "ciência dos sonhos" e dos mitos.

Não é conhecida o bastante, sob esse aspecto, a admirável análise que consagrou ao conto de Jensen, *Gradiva*, em *Delírios e sonhos*. Com uma sutileza maravilhosamente justa, Freud estuda os lapsos e os sonhos de duas personagens desse conto, de modo que não possamos mais ver neles apenas acidentes fantasiosos, mas as peripécias mais lógicas e reveladoras da narrativa. Assim, esclarece amplamente a psicologia das personagens e a precisão daquilo que chamamos de necessidade poética. Nenhum "crítico literário" teria descoberto tanto. Os métodos de análise inventados por Freud são insubstituíveis. Não se trata, além disso, neste caso, de diagnósticos patológicos sobre o complexo de Édipo ou algum outro, mas simplesmente de entender qual coerência interna está escondida nos incidentes que demarcam a rota de um estranho *reconhecimento*. Quer aceitemos ou não a psicopatologia freudiana, o mestre de Viena oferece aí um fascinante exemplo da dialética de um comportamento mítico.

Não podemos deixar de compará-lo com as formidáveis análises de Maria Bonaparte no seu *Edgar Poe* (Denoël e Steele) e aquelas de Jung em *Metamorfoses e símbolos da libido*. A obra jungiana é motivada por um sentido bastante vivo da dialética dos mitos e especialmente da noção de arquétipos. Seus comentários sobre a trajetória do herói, a partir de um esquema de Frobenius (cf. *Metamorfoses*, p. 201 da edição francesa), abrem um caminho particularmente fecundo.

Nos domínios da etnografia e da mitologia comparada, basta lembrar a importância dos estudos de equipes de pesquisadores, tais como Frazer, Van Gennep, Durkheim, Lévy-Bruhl, Hubert e Mauss, Griaule, Mus, e muitos outros que não podemos mais ignorar.

Por causa da técnica e da matéria explorada, convém mencionar especialmente a obra de Georges Dumézil. Seu pequeno livro *Horácio e os Curiácios*, entre outros, é um admirável exemplo daquilo que nos interessa. Mostrando com que precisão a narrativa de Tito Lívio corresponde à lenda irlandesa de Cûchulainn, Dumézil abre uma inteligência inteiramente nova da história de Horácio. Muitos dos gestos que pareciam simplesmente pitorescos e inexplicáveis ganham um valor significativo, ampliado na medida de todo o jogo de correspondências em que se apresentam.

De forma mais geral, Dumézil mostra como os mitos que aureolam as origens de Roma correspondem com um inacreditável grau de precisão aos mitos das teogonias e das cosmogonias indo-europeias, assim como aos ritos e ao estado social dos povos em questão. Há ali não apenas preciosas descobertas, mas, também, uma série de indicações essenciais quanto aos métodos de pesquisa a utilizar.

Seja qual for o poder desses fogos cruzados apontados para os mitos suspensos em obras literárias e além delas, um campo permanece central e mais secreto, solicitando uma outra luz. É aquele que governa os arquétipos herméticos e os poderes espirituais.

Esse assunto, infelizmente, até hoje não foi objeto de estudos tão amplos e metódicos como os outros. No entanto, já proliferam sinais que nos anunciam essa outra via. Muito à frente das críticas do seu tempo, por seu sentido profético dos mistérios, Léon Bloy foi um dos raríssimos contemporâneos de Lautréamont a falar dos *Cantos de Maldoror* e a designá-los como a obra de um obscuro gênio prometeico (*Belluaires et porchers*, Stock). Na enorme efervescência dos *Cantos*, já conseguira discernir algumas das palavras-mestras de Lautréamont. Seja qual for a riqueza das análises de Bachelard sobre o bestiário de Maldoror, estas não chegam aos pontos mais efervescentes e profundos em que Bloy tenta seguir Lautréamont.

É aqui que citarei Jacques Rivière, pois, se podemos contestar grande parte de suas posições literárias, ele soube admiravelmente ultrapassá-las enquanto mostrava, no coração da poesia de vanguarda, o grande assombro de "corpos gloriosos" (*Nouvelles études*, Gallimard).

E, se vimos Proust parar à porta mal entreaberta das surpreendentes habitações de *Crime e Castigo* e *O Idiota*, é preciso ver, por outro lado, com que admirável sentido divinatório Dmitri Merejkowski nos

5. Com a "Viagem de noivado", no século XX, sonhada por Robida, o amor abandona os esplendores do teatro e os castelos românticos para lançar-se nas máquinas ultramodernas.

Se é evidente que Robida é, com frequência, fantasioso a ponto de ser caricatural e que sua ficção-científica inclina-se muitas vezes para a patafísica, esse extraordinário criador, que era simultaneamente escritor e ilustrador, foi também um dos grandes visionários da antecipação.

Desde 1882, com *O Século Vinte*, e, em 1883, com *A guerra no século vinte*, diferentemente de Júlio Verne (*Homero dos inventores isolados*) e antes das *Antecipações* de Wells, Robida soube evocar a segunda fase do processo, a onda gigante planetária do reino das máquinas que conquistava todo mundo, todos os dias e todos os lugares, na vida ordinária e na guerra.

introduz as ruelas, as aranhas fantásticas e as cúpulas cor de ícone[4] nas cidades espectrais de Dostoiévski (*L'âme de Dostoïevski*, Gallimard).

Enfim, apesar dos preconceitos habituais, é evidente que devemos dar uma atenção particular, sob reserva de verificação posterior, o que nem é preciso dizer, aos especialistas do simbolismo hermético. Concordemos ou não com suas doutrinas, fato é que quando René Guénon analisa o simbolismo da metalurgia, da oposição entre o Paraíso e a Jerusalém celeste (*Le règne de la quantité et les signes des temps*, Gallimard), e aquele da cruz (*Le Symbolisme de la Croix*, Véga) à luz do simbolismo hermético comparado, ele nos traz um grande número de elementos que permitem abordar metodologicamente a zona de símbolos-chave, principalmente sobre o "ponto supremo" (cf. nosso artigo "Surréalisme et occultisme" [Surrealismo e ocultismo], *Cahiers d'Hermès*, novembro de 1947).

---

4 Ao se referir a uma paisagem russa, o autor faz referência à arte bizantina dos "ícones", que teve na Rússia sua maior expressão. Os ícones eram representações religiosas e/ou reais em que a cor tinha um papel definido pelo código religioso da época, isto é, não se podia usar qualquer cor para qualquer figura nos ícones. A título de exemplo, a púrpura só podia ser usada nas vestes da família real, enquanto que o azul era usado para as pessoas santas, etc. Ao representar as cúpulas das edificações sagradas na Rússia, não raro o dourado era escolhido pelos artistas, posto que representava a luz divina – razão também para várias cúpulas de templos serem douradas em Kiev, Moscou, etc. Portanto, "cor de ícone" aqui se refere às cores usadas nos ícones bizantinos, tão reproduzidos na Rússia. [Nota da Revisão da Tradução].

O enigmático Fulcanelli, que trata também do simbolismo hermético, comporta-se de modo bem mais desconcertante; tudo o que diz quanto aos textos e operações de alquimia também incita a continuar sistematicamente a descoberta dos arquétipos herméticos (*Les Demeures philosophales*, Schemit).

Evidentemente, seria ridículo fundar um ecletismo absurdo, confundindo as doutrinas tão opostas desses analistas. Não seria menos inconveniente deixar de pedir a suas óticas e a seus métodos as armas complementares de que absolutamente precisamos para chegar a uma inteligência total dos mitos.

Podemos dizer, além disso, que há muito tempo existe uma crítica que abandona, cada vez mais, as velhas rotas para empregar livremente os métodos de observação e de interpretação inventados por novos pesquisadores em outras áreas.

Assim, o notável estudo de Arnaud Dandieu, *Marcel Proust* (Firmin Didot), vai muito além dos limites do impressionismo literário. Baseando-se em Freud e Lévy-Bruhl, Dandieu enfatizou passagens-chave da obra proustiana e descobriu o papel principal dos momentos privilegiados e da metáfora, considerada como uma ação sagrada. Não podemos nos satisfazer perfeitamente com todas as explicações de Dandieu; é visível que ainda buscava seu método, mas, enquanto tal, seu livro é um grande revelador de pensamentos sob o caminho dos mitos.

Logo em seguida, convém chamarmos toda a atenção para os trabalhos de Georges Bataille. Muito se falou de seus livros de "meditação", tais como *A experiência interior*, mas, aqui, trata-se de outra coisa completamente diferente: dessa maravilhosa sequência de artigos críticos que publicou nas revistas *Documents*, *La Critique sociale* e *Critique*.

É estranho (dizíamos em 1954) que essa parte essencial dos escritos de Bataille não tenha suscitado uma viva curiosidade. Se são, por vezes, difíceis e bem contestáveis, são, também, sempre impressionantemente penetrantes. Utilizam todas as armas que pode possuir um espírito solidamente atento às questões de psicanálise e de sociologia para esclarecer, em todos os sentidos, as mais complexas relações das obras literárias com os movimentos sociais e o conjunto de fenômenos humanos. Suporíamos em vão que essa empreitada tão vasta e tão flexível estaria ameaçada de obscurantismo, pois Bataille a utiliza com o sentido consumido da dialética (cf.: *La Part maudite*, Ed. de Minuit).

A respeito do surrealismo, enfim, dois estudos essenciais contribuem com o mesmo esforço. Um de Julien Gracq, *André Breton* (Corti), encontra um sólido ponto de apoio nas imagens-chave que aparecem em Breton, principalmente as palavras: "magnético" e "assombrado".

Bem diferente é o livro de Jules Monnerot e, no entanto, não menos revelador, *La poésie moderne et le Sacré* (Gallimard). Conhecendo todos os métodos modernos de investigação, Monnerot recorre particularmente à sociologia e à etnografia. Situa a posição dos surrealistas em relação ao sonho, ao insólito e ao surreal, com base no que os recentes estudos nos ensinam dos gnósticos e da mentalidade dita primitiva.

Essa convergência é um fato. É espantoso que ainda não tenhamos tomado uma consciência clara disso e que não tentemos tirar lições que se impõem.

Resta dizer por que razão, nessas pesquisas, convém, do meu ponto de vista, assegurar uma importância decisiva ao surrealismo. É o único a possuir a plenitude do poder de integração de todos os mergulhos mais sensíveis nos mitos e de todos os métodos de interpretação. Primeiro, porque não subordina a dialética a nenhum outro princípio, e beneficia-se, assim, de uma capacidade absoluta para integrar todos os fenômenos e todas as lógicas. Em seguida, porque não se contenta com estudos documentários e teóricos, mas introduz à participação mais ativa, à mentalidade e ao comportamento míticos. Por esse duplo motivo, podemos dizer que possui plenamente o *poder condutor*, nos dois sentidos da expressão, pois é simultaneamente eletrizante e diretor.

É por essa via, que põe em comunicação todas as outras vias, que poderemos enfim montar um verdadeiro *planisfério da imaginação*, primeiro fundamento de um conhecimento científico dos mundos mentais, pelo método de uma *mitologia comparada e generalizada*.

Foi também um modo de trabalho assim que tentei, por minha vez, com estudos de mitologia comparada sobre a poesia: *Éluard e Claudel* (Seuil); sobre a mitologia prometeica: *A Mística do Super-homem*

(Gallimard); sobre a multiplicidade das perspectivas de interpretação necessárias para a obra de Kafka: *Kafka contra Kafka* (Plon); sobre a mitologia social: *Um patronato do direito divino* (Anthropos). Nesse intervalo de tempo, no mesmo espírito, havíamos colocado de pé, com as preciosas ajudas de Michel Butor e Louis-Paul Guigues, um conjunto de estudos sobre a mitologia de Júlio Verne: *Homenagem a Júlio Verne* (Arts et Lettres, outubro de 1949). Por outro lado, em *André Breton e os dados fundamentais do surrealismo* (Gallimard), tentei extrair o mito central do "ponto supremo" e os métodos surrealistas de exploração do espaço mítico. Que me desculpem lembrá-los; estes são apenas alguns exemplos daquilo que podemos tentar realizar nessa área.

O que entrego agora aos leitores é a primeira viagem de exploração dos altos platôs onde se estabelecem as máquinas celibatárias.

Eu tendi, na medida do possível, a mostrar o entrecruzamento quase inextrincável dos seus temas, a extrair suas estruturas comparadas. Essas interferências de planos e essas correspondências são estranhas, e também o são na vida. O que as faz parecer bem mais problemáticas e explosivas é o grau desconhecido em que os criadores das máquinas celibatárias as agruparam.

Nenhum desses criadores se deixaria encerrar nos limites de um dogmatismo, qualquer que seja ele, nem nos de uma única explicação. O principal prazer de tais explorações está precisamente no fato de que começam sem que nada saibamos sobre aonde podem nos conduzir e, a cada passo, surge um lampejo de surpresa.

---

6. (Ilustração de Jean Tauriac) Ultrapassando Wells, Robida e mesmo Huxley, Pawlowski (1874-1933), em sua *Viagem ao país da quarta dimensão* (1912), evoca o formidável panorama das máquinas liberadas sobre toda a terra e no próprio interior do homem, incluindo as máquinas celibatárias, por meio dos "casamentos artificiais" nos "ateliers de Estado".
Este homem, que sai de um pesadelo e "encontra-se caminhando pelo teto, de cabeça pra baixo e com os pés pra cima", não é uma fantasia qualquer, mas o centro da roda nesse monstruoso cosmos. Pois a quarta dimensão que não se parece a nenhuma das outras, mas as engloba e as domina, é o poder de abstração da consciência humana, capaz de dissociar tudo e de tudo reinventar, até suplantar o mundo da natureza pelo das máquinas. A consciência humana é um demiurgo celibatário.

Na descrição desses campos míticos que atravessam as zonas da escrita, segui a própria ordem em que as descobri. Houve uma inversão quase geral da ordem cronológica, mas, longe disso ser um inconveniente, penso ser uma necessidade e uma vantagem, pois, depois do reconhecimento de grandes obras criadas por Duchamp, Kafka e Roussel, podemos compreender bem melhor a significação dos aparelhos anteriores que as prepararam.

Não seria conveniente, enfim, sob o pretexto de uma exegese, destacar as significações secretas ao ponto de ocultar as significações imediatamente aparentes. Essas não são menos reais que aquelas.

O mito das máquinas celibatárias significa, de modo evidente, o domínio simultâneo do maquinismo e do mundo do terror. Se não insisti nisso, foi por causa da força dessa evidência, mas de forma alguma por ignorar o grave interesse. O mais extraordinário, talvez, sob esse ponto de vista, é que as assustadoras máquinas inventadas por Duchamp, Kafka e Roussel apresentam, lado a lado, suas silhuetas fantásticas sobre o limiar da era da barbárie científica e concentracionária. *Impressões de África* foi publicado em 1910, *La Mariée* foi iniciada em 1912, seus esquemas essenciais datam de 1913 e 1914, e *Na Colônia penal* foi escrita no mesmo ano.

Seria ingênuo acreditar que os grandes gênios dos nossos tempos se divertem em jogos irreais e que fantasiam seus pensamentos por prazer. Por mais estranhos que possam parecer seus grandes jogos, revelam, em traços de fogo, o mito maior no qual se inscreve a quádrupla tragédia do nosso tempo: o nó górdio das interferências do maquinismo, do terror, do erotismo e da religião ou da antirreligião.

Esses são os prodigiosos sinais que nos endereçam do alto dos seus observatórios, feitos sobre as altas torres, no coração da tempestade moderna.

I

Os grandes maquinistas e suas máquinas

Marcel Duchamp e Franz Kafka

Quando lemos, nossa imaginação se põe em movimento por um impulso automático para nos dar uma ilustração não premeditada do texto que a excita. Por que deixamos nascer e morrer essas imagens sem lhes dar uma atenção direta? Existe aqui um comportamento onírico de um gênero bem particular, cuja análise nos traria indubitavelmente várias revelações.

Por que, por exemplo, eu senti, desde a primeira leitura de *A Metamorfose* (trad. francesa: Vialatte, Gallimard), de Kafka, que existia uma singular identidade entre a imagem de Gregor Samsa, transformado em inseto, e outro assustador inseto suspenso por Duchamp no alto do seu célebre "Grande Vidro":[1] *La Mariée mise à nu par ses célibataires, même?*[2] Além disso, Gregor está suspenso, ele também, tanto no teto quanto contra um vidro da janela, ou contra o vidro de uma gravura fixada na parede.

De início, essa analogia me pareceu bem superficial. Não seria uma coincidência puramente fortuita e desprovida de significação entre duas obras profundamente dessemelhantes?

De fato, abandonei toda investigação até o momento em que, bem mais tarde, depois da leitura de *Na Colônia penal* (trad. francesa de

---

[1] Sobre esse "Grande Vidro", consultar a "Caixa Verde", que possui o mesmo título: *La Mariée mise à nu par ses célibataires même*. Coleção de 94 documentos, reproduções em fac-símile de folhas manuscritas, desenhos, fotos, pranchas em cores, tendo servido para a composição do vidro e reunidos sob uma embalagem em papelão recoberta de veludo verde (Ed. Rrose Sélavy, 16, rue de la Paix, Paris, 1934, tiragem de 300 exemplares). Esses dados foram reproduzidos em *Marchand du sel* [*Mercador de sal*], escritos de Marcel Duchamp, apresentados por Michel Senouillet, Le Terrain vague, 1959.

[2] A tradução do título da obra de Duchamp em questão é controversa. Frequentemente traduzido como *"A noiva despida por seus celibatários, mesmo"*, o título em português deixa escapar um jogo de palavras crucial, ocasionado por uma homofonia da língua francesa, procedimento caro a Duchamp e ao conjunto de autores analisados por Michel Carrouges nessa obra. Trata-se da palavra *même*, ao final, cujo significado literal é "mesmo", mas homófona à expressão *m'aime*, isto é, "me ama": *a noiva despida por seus celibatários me ama*. Assim, qualquer uma das opções de tradução para o título da obra implicaria em prejuízo para o estilo de Duchamp, razão de termos deixado o nome em francês, no original, no corpo do texto. [Nota da Revisão da Tradução].

Starobinski, Ed. Luf-Egloff), de Kafka, fui, mais uma vez, assombrado pela necessidade de uma nova confrontação. De repente, estudando a penetrante análise de Breton, "Le Phare de la Mariée" [O farol da Mariée], *O Surrealismo e a pintura* (*Le Surréalisme et la Peinture*, Gallimard), tive um novo lampejo ao descobrir a importância do elemento celibatário no mito plástico de Duchamp, precisamente, no nome reservado por ele de forma especial para um dos setores de sua obra: *A máquina celibatária*. Imediatamente, aproximei esse fato da extrema influência do celibato na vida e na obra de Kafka e me perguntei se os dois aparelhos da *Colônia* e da *Mariée* não seriam inteiramente duas grandes máquinas celibatárias.

Restava verificar metodologicamente essa hipótese trazida por uma intuição fugidia e talvez enganadora. Poderíamos mesmo descobrir, nos quadros de imagens fornecidos pelas duas obras, duas *figuras* realmente orgânicas, independentes em si, e sobrepostas uma à outra? Esse era o primeiro problema. E se essa confrontação fosse positivamente conclusiva, o que poderíamos descobrir sobre os significados dessas figuras?

A exploração foi rápida e surpreendente, mesmo que uma boa quantidade de precisões e de relações suplementares só me aparecessem ao longo de elaborações sucessivas dessas análises.

E eis o resultado.

Precisemos imediatamente aquilo que a análise comparativa dos mecanismos e funcionamentos de ambas as máquinas fornece.

O melhor é, sem dúvida, partir de uma descrição do conjunto, antes de entrar no detalhe.

O aparelho de Kafka abrange duas partes sobrepostas, fixadas sobre uma construção em barras de bronze. No andar superior, encontra-se uma caixa plena de mecanismos e chamada de desenhador (*dessinateur*, na tradução francesa de Starobinski) ou de desenhadora (*dessinatrice*, na tradução francesa de Vialatte, Gallimard). Esse aparelho dá impulsão a um rastelo móvel que pende abaixo dele. O andar de baixo possui uma segunda caixa chamada de leito, sobre o qual jaz o corpo do paciente. O suplício consiste no fato de que o rastelo é coberto por agulhas que inscrevem na carne do condenado a regra que violou.

A máquina de Duchamp também possui duas partes situadas uma sobre a outra: a noiva no alto, os celibatários embaixo, e, em cada uma, os diversos mecanismos que dependem um do outro respectivamente. Essas duas zonas não estão simplesmente sobrepostas ou apenas harmonizadas por correspondências plásticas, são funcionalmente unidas e exercem uma sobre a outra uma influência mecânica. É por isso que a obra de Duchamp é algo além de um simples quadro, mas é antes a maquete de uma máquina.

Na parte superior à esquerda, observando, percebemos o enforcado fêmea que é, de alguma forma, o esqueleto da noiva, depois, um pouco mais alto, à direita, essa espécie de casca de larva (evocadora de Gregor), chamada de via láctea, e portadora da inscrição de cima.

Graficamente, pelo lugar que ocupa, sua forma angulosa de ferramenta e seu apêndice ameaçador em direção aos celibatários, o enforcado fêmea de Duchamp parece corresponder diretamente ao rastelo de Kafka, enquanto a inscrição de cima evoca a ideia de desenho e corresponde ao lugar do desenhador de Kafka.

A semelhança na estrutura do conjunto já é admirável. Se, agora, entramos nos detalhes, constatamos convergências tão numerosas quanto precisas.

"Lá em cima – declara o oficial de Kafka –, no desenhador, fica a engrenagem que comanda todo o movimento do rastelo, e esta engrenagem é ajustada segundo o desenho que menciona a sentença. Eu ainda uso os desenhos do antigo comandante."

Quer dizer, do inventor do aparelho. Vemos aqui o duplo sentido da palavra comandar: aplica-se ao fato de que, no desenhador, encontram-se as alavancas de comando da máquina, e essa é a significação mecânica; mas designa também o poder da autoridade, porque, no fim das contas, a parte mecânica não é mais que a execução das ordens do antigo comandante. Além disso, é impressionante que a máxima violada pelo único condenado efetivamente em causa no conto seja esta: "Honra teus superiores".

O oficial mostra ao viajante, então, os famosos desenhos, mas o estrangeiro não vê nada além de um labirinto de linhas entrelaçadas e ilegíveis. Seu interlocutor explica-lhe que isso não é a escrita ordinária, e parece sugerir-lhe a ideia de um texto ideográfico ou hieroglífico.

Nesse conjunto de folhas manuscritas e desenhadas não se encontram apenas os planos da máquina tais como eles foram estabelecidos pelo antigo comandante, seu inventor, mas também a sentença que concerne ao condenado. Não é um texto ordinário, mas uma escrita que mata. Pois é essa folha especial que o oficial insere delicadamente nas engrenagens do desenhador. Os caracteres dessa inscrição acionam de cima a ação do rastelo de modo a se reproduzir exatamente em uma monstruosa e supliciante inscrição de baixo, na carne do condenado.

É espantoso que, nos dois casos, a ação geral da máquina seja acionada pelos comandos que partem da parte superior. Ainda mais que, na mesma zona superior, Duchamp abriga uma inscrição de cima, réplica evidente da folha inserida no desenhador pelo oficial de Kafka. Duchamp também tinha previsto uma inscrição de baixo: "O próprio celibatário tritura seu chocolate", que deveria ser aplicada sobre o triturador de chocolate.

É verdade que nenhuma inscrição consta efetivamente no quadro de Duchamp, mas essa é uma nova conjunção espantosa, pois, quanto a isso, somos colocados praticamente na mesma situação que o viajante de Kafka, uma vez que ele não consegue ler as folhas que o oficial retira de sua pasta.

Por outro lado, se o quadro permanece significativamente mudo, qualquer que seja o motivo que parou Duchamp nesse ponto de elaboração, é, no entanto, possível encontrar preciosas indicações na famosa *Caixa Verde* que Duchamp colocou à nossa disposição e onde se encontram suas folhas manuscritas e seus planos preparatórios para o vidro em questão. Ali, ele fala de uma caixa de correios que devia completar a parte superior e de uma tripla grade que corresponde à tripartição da via láctea, cujo duplo sentido parece pelo menos sugerido pelo fato de essa expressão estar sublinhada e posta entre aspas por Duchamp. Ele nos impele ainda mais claramente para a ideia de certa forma de criptografia hieroglífica ao indicar, em outra nota, a natureza da linguagem que pretendia usar. Queria, de fato, "pegar um dicionário Larousse e copiar todas as palavras abstratas, isto é, todas aquelas que não têm referência concreta, compor um signo *esquemático* que designará cada uma dessas palavras... utilizar as cores para diferenciar o que corresponde nesta literatura ao substantivo, verbo, declinação, conjugação", e acrescenta ainda: "É muito provável que esse alfabeto só convenha à escrita desse quadro". Visava expressamente a "busca das palavras primeiras". Haveria melhor maneira de mostrar que também esperava colocar na origem de seu aparelho algo que fosse mais do que a simples escrita, como diz Kafka?

O painel de baixo do "Grande Vidro" é a parte chamada "Celibatária", ou "Aparelho celibatário", ou ainda "Máquina celibatária".

À esquerda, vemos primeiro os "nove moldes machos", ou "matrizes de Eros", ou "cemitério dos uniformes e fardamentos". É um grupo de nove estranhos figurinos pintados em vermelho ferrugem. Deve representar os portadores de uniformes militares (guarda, agente da cavalaria, agente de paz) ou símile-militares (chefe de estação, entregador de grande loja, empregado de café, doméstico, encarregado de pompas funerárias), aos quais acrescenta-se um padre.

Ora, não ignoramos o papel particularmente importante encenado na obra de Kafka pelos soldados, porteiros, o eclesiástico da catedral e outros guardiões da lei e das terras. Na *Colônia*, os únicos atores em torno da máquina de tortura são dois soldados, incluindo o condenado, o oficial a quem o papel de sacrificador e de vítima sacrificial confere uma personalidade... quase eclesiástica, e os dois grandes personagens ausentes, mas determinantes de toda ação: o antigo e o novo comandante.

Impressionante por si só, esse novo paralelismo é ainda mais admirável se observarmos a inacreditável insistência com que prolonga o tema do comando. A vida militar não estaria, por excelência, posta sob o signo da noção de comando?

Mas existe ainda uma outra coincidência não menos singular, que acrescenta um nó ainda mais estreito ao entrelaçamento paralelo de temas nas duas obras:

Em Duchamp, aparece uma surpreendente antinomia reiterada sob duas formas: à noção de comando, que anima a máquina de cima, opõe-se o fato de que este vem do esqueleto e do desnudamento da *Mariée*, assim como embaixo os figurinos militares ou símile-militares insistem sobre a noção de comando, mas para petrificá-lo e negá-lo, tal como testemunha a sua denominação de cemitério dos uniformes e fardamentos.

O conto de Kafka contém a mesma antinomia duplamente reiterada em cima e embaixo: as folhas que comandam o funcionamento do desenhador são obra do antigo comandante, mas este está morto e repousa na tumba que o viajante visitará antes de partir. Por outro lado, o soldado havia sido condenado por motivo de revolta contra seu superior, havia efetivamente negado a autoridade. Ele escapa do suplício, o que significa a derrota definitiva dos poderes de comando, ainda mais que o oficial, que é o carrasco, substitui o condenado e encontra na morte o antigo comandante. A própria máquina é destruída por seu funcionamento aberrante nessa última execução. De agora em diante, reina apenas o novo comandante, inimigo das tradições e da máquina de tortura. Aqui, continuamos, portanto, diante da presença de um cemitério dos uniformes e fardamentos. Com um gesto simbólico, o oficial jogou seu uniforme no fosso.

Ao lado dos moldes machos, percebemos o carrinho que, de acordo com uma nota de Duchamp, deve ir e vir numa calha. Impossível não pensar imediatamente no movimento de vai e vem do rastelo e do leito em Kafka. As longas hastes de tesouras que o carrinho aciona não deixam de conter uma inquietante analogia com as agulhas perfurantes que o rastelo manobra. Ao lado, os recipientes liquefazem o gás, enquanto as pequenas agulhas fazem escorrer a água. O próprio nome do triturador de chocolate, apesar de sua enganosa puerilidade, acaba por nos fazer pensar no efeito terrível do rastelo sobre a carne humana.

Não deixaremos de notar que existe uma divergência de localizações respectivas entre esses mecanismos similares; o carrinho, as tesouras e o triturador estão localizados mais abaixo que o rastelo. O que não é, contudo, razão suficiente para recusar suas semelhanças precisas, até porque estes preenchem a mesma função intermediária no funcionamento do conjunto de ambas as máquinas.

Chegamos, então, à parte situada embaixo, à direita de quem observa o "Grande Vidro" de Duchamp, e encontramos, ao lado do lugar onde se abrem as tesouras, a região do respingo. Pois os moldes machos são ocos e contêm gás. Atravessando os órgãos que acabam de ser descritos, esse gás liquidificou-se e a abertura das tesouras provocada pelo movimento do carrinho o projeta para frente.

Mas isso não evocaria diretamente a lembrança do vômito último e ritual dos condenados da *Colônia* e os jatos de sangue que jorram do oficial quando as agulhas o perfuram?

No ponto em que estamos, não seria uma surpresa que o paralelismo continuasse com uma surpreendente obstinação. O vômito é seguido de um estranho êxtase:

"Que calma, escreve Kafka, toma o homem na sexta hora! O conhecimento se levanta como um sol, mesmo para o mais cego..."

Igualmente, em Duchamp, justo depois da região do respingo se encontra o ofuscamento do respingo que atravessa as testemunhas oculistas. É preciso ver, além disso, qual radiante e solar imagem os representa no projeto preparado por Duchamp: anel de ouro, disco de ouro, raios de ouro.

Kafka acrescenta ainda esta frase inquietante:

"O cadáver conhece, para acabar, o doce e incompreensível voo no fosso".

Enquanto, em Duchamp, o funcionamento do aparelho termina por uma invisível projeção de gás em direção aos meandros terminais da via láctea, isto é, da crisálida.

Existe, portanto, nas duas máquinas, a presença de uma continuação de mecanismos exatamente comparáveis, igualmente dependentes uns dos outros e pelos quais se desenvolve um processo semelhante.

Se agora consideramos novamente o conjunto dessas duas obras, podemos constatar um novo suplemento de coincidências pelo fato de esses mecanismos e processos se situarem no interior de um quadro análogo e de uma mesma ótica.

É aí que a noção de vidro aparece como central, como veremos.

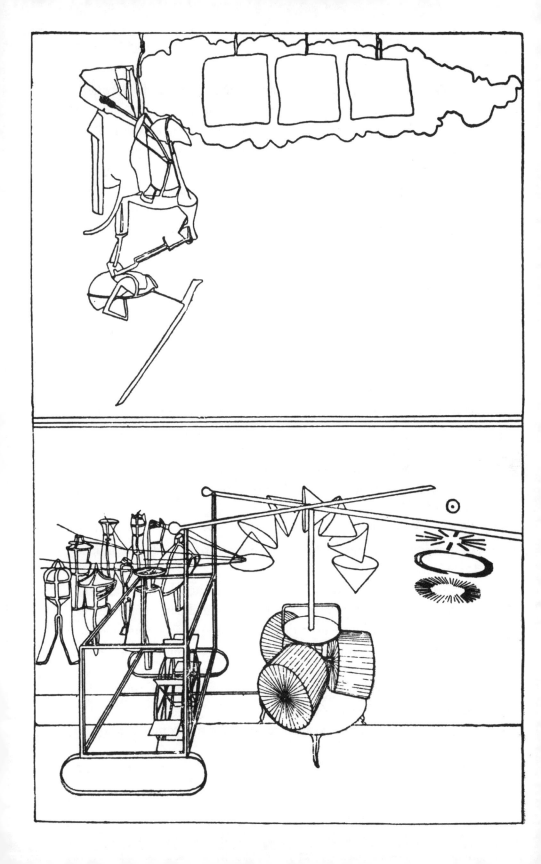

Notemos, de antemão, que se acreditei poder, desde o início, reconhecer, na figura situada no alto do "Grande Vidro", uma crisálida, foi da minha própria cabeça, como resultado de uma interpretação puramente intuitiva do seu aspecto. Eu não via justificativa para isso na *Caixa Verde*, onde, ao contrário, o nome de via láctea me despistava. Um curioso desvio permitiu-me descobrir bem mais tarde, para além do aspecto, outro indício favorável no vocabulário de Duchamp. Perguntando-me se, segundo minhas próprias indicações, ele não tinha utilizado um dicionário, Larousse ou outro, mesmo que de forma breve, percebi que, segundo Littré, a palavra *mariée* é o nome vulgar de um inseto: a mariposa noturna. E a *Enciclopédia Chenu* precisa que se trata de uma espécie de borboleta. Ora, se o termo *mariée*, em Duchamp, designa particularmente o esqueleto, parece-me que podemos estendê-lo ao conjunto da parte superior, assim como a designação de celibatário utilizada especialmente a propósito dos moldes machos designa, de forma geral, toda a parte inferior; é o que verificaremos adiante, quando passarmos à análise simbólica. Nessas condições, é muito aceitável pensar que a figura nomeada via láctea seja também uma larva de mariposa noturna, o que reforça a presença, de outra forma confusa, de um nome tomado do grande traço dos astros noturnos.

7. *La Mariée mise à nu par ses célibataires, même* (o "Grande vidro", de Duchamp, 1912-1923). Do mesmo modo que uma sombra de duas dimensões é projetada por um objeto de três dimensões, um objeto de três dimensões "é uma projeção de uma coisa de quatro dimensões que nós não vemos..."
"Foi por isso que coloquei a *Mariée* no 'Grande Vidro', como se fosse a projeção de um objeto de quatro dimensões", declara Duchamp a Pierre Cabanne (entrevistas com Marcel Duchamp, p. 68, Belfond) a respeito de Pawlowski. Assim, o "Grande Vidro" é um instrumento de ótica mental onde os ready-mades se metamorfoseiam em projeção de um espetáculo jamais visto. O que pode se parecer com "bricolagem" para um etnógrafo ou com "esquizofrenia" para um psiquiatra é, ao contrário, uma exploração do desconhecido, um novo grau de aprendizagem da consciência na luta contra sua própria alienação.

Por outro lado, se é evidente que o tema da larva está ausente na *Colônia*, não é menos certo que seja central no conto de Kafka intitulado *A Metamorfose*, cujo assunto é implacavelmente afirmado desde as três primeiras linhas:

"Uma manhã, ao sair de um sonho agitado, Gregor Samsa se desperta transformado em um verdadeiro inseto na sua cama."

Não é tão grave que Gregor pertença a outra obra sem ser a *Colônia*. Longe de ser anormal ver um mito marcante na visão de um escritor ou de um artista projetar-se sob a forma de fragmentos separados em diversas obras, é, ao contrário, totalmente extraordinário que Duchamp e Kafka tenham chegado a tal grau de concentração. Chega a ser um desses fatos tangíveis que dão a medida de seu gênio visionário.

Veremos, além disso, como esse tema da larva é um símbolo da crisálida, e o que significa em relação às máquinas celibatárias.

Seja como for, é impressionante também que esse tema esteja ligado àquele do vidro, posto que, por um lado, Gregor transformado em inseto vai se grudar contra sua janela ou contra o vidro da gravura da parede e que, por outro lado, a *mariée* de Duchamp é representada no vidro, no alto do *Grande vidro*. Existe aí um aspecto essencial do mito.

Nisso, de fato, os elementos da *Colônia* encontram diretamente os da *Mariée*, porque Kafka escreveu:

"Para permitir a cada um vigiar a execução do julgamento, *o rastelo foi feito em vidro*[3] (...) e agora, graças à transparência do vidro, cada um pode ver como a incisão se inscreve no corpo."

Essa conjunção suplementar do vidro e do olhar que aparece em Kafka se encontra também em Duchamp na expressão "testemunhas oculistas", que designa um setor do seu "Grande Vidro", sobretudo pela deformação significativa a que submete a locução "testemunhas oculares", introduzindo a noção de olhar particularmente apoiado e reforçado pelos instrumentos óticos.

Além disso, em Duchamp, essa região de testemunhas oculistas é atravessada pelo ofuscamento do respingo. Esse fato é

---

3 Essa necessidade se explica pelo fato de o rastelo ter a altura e a forma do corpo humano.

extraordinariamente destacado por um outro fato longamente evocado por Kafka.

A frase da *Colônia*, que acabamos de citar, já mostrava que a utilização do vidro e a atenção das testemunhas oculares é interdependente. Podemos, inclusive, nomeá-las testemunhas oculistas, dado que, afinal de contas, observam através de um vidro bem especial. São excepcionalmente numerosas e atentas:

"Diante de centenas de olhos – todos os espectadores se mantêm na ponta dos pés, daqui até os altos rochedos –, o condenado fora colocado sob o rastelo pelo próprio comandante... era impossível satisfazer o desejo de todos aqueles que queriam assistir de perto."

O que lhes importava, acima de tudo, era o instante final.

"Ah! Como estávamos todos à espera da transfiguração que iluminava o rosto martirizado!"

O oficial se encontra sempre na primeira fila e tão próximo que deve se cuidar para não se sujar pelo condenado quando chega o grande momento.

"É raro que o homem engula o último bocado; ele apenas o revolve na sua boca e o cospe no fosso. Preciso, então, agachar-me para que não respingue bem no meu rosto, diz o oficial."

Assim, em Kafka, o duplo tema do vidro e das testemunhas oculistas está ligado ao duplo tema do vômito e do êxtase. Como encontrar mais claro paralelismo do que com a conjunção entre o duplo tema do vidro e das testemunhas oculistas e o duplo tema do ofuscamento do respingo em Duchamp?

Numa palavra, agora que verificamos em detalhes esse paralelismo dos mecanismos, do processo e da ótica entre as duas obras, quem pode duvidar seriamente que, apesar de sua aparência irracional, estas tenham estruturas perfeitamente precisas e exatamente sobreponíveis?

É evidente que tal rigor de execução não permite duvidar que essas duas obras tenham um sentido. E, mais uma vez, parecerá que seus significados se iluminarão mutuamente.

Essa análise é complexa, pois permite identificar muitos planos de interpretação.

Não é necessário ser doutor em psicanálise para compreender que esses mecanismos e fenômenos são também símbolos cujo significado é evidente. Basta constatarmos o vai e vem do carrinho e o do rastelo, a analogia das agulhas com as tesouras, do respingo com o fluxo de sangue ou o vômito, do doce voo no fosso com o sobrevoo em direção aos últimos meandros da crisálida para não termos nenhuma hesitação sobre a realidade que está fantasiada em tudo isso.

Aliás, não podemos esperar ter o cúmulo da certeza com uma interpretação de símbolos e de mitos: que baste expô-los tais quais se apresentem para que se tornem transparentes sem a intervenção de princípios estranhos. Queiram observar que, até aqui, não tive nenhuma explicação para acrescentar sobre a natureza do tema simbolizado e que, no entanto, tudo já está perfeitamente claro a respeito desse ponto.

Duchamp, quase não é necessário destacar, estava plenamente consciente da característica erótica oculta de sua obra. Quanto a Kafka, apesar da aparência austera, jurídica e sádica da *Colônia*, as aproximações detalhadas que pudemos fazer com a obra de Duchamp bastam para mostrar que sua máquina não é apenas um aparelho de tortura, mas é também uma máquina celibatária.

Suas duas grandes máquinas têm, primeiramente, esse caráter de mito do celibato pelo fato de representarem, sob um aspecto mecânico e obscuro, o processo sexual; elas o têm mais ainda, talvez, pelo fato de a conjunção das testemunhas oculistas e do ofuscamento do respingo representar o complexo do observador. Elas significam uma atitude completamente particular em relação ao erotismo.

Parar por aqui seria falsificar o significado dessas obras.

Pareceria resultar disso que esses símbolos, podendo ser desvendados, não têm necessidade própria e que são fantasias inúteis. No entanto, bem ao contrário, sua fantasia tem sentido como fantasia mesmo. Quando descobrimos a realidade erótica dissimulada sob o véu dessas obras, vemos nelas algo como vidros deformantes. Contudo, os vidros deformantes não são menos reais que a realidade que deformam.

Como são vidros, deixam mais ou menos transparecer a realidade objetiva que se encontra além; como são deformantes, expressam diretamente um defeito ótico que está neles, isto é, um obstáculo subjetivo para essa realidade objetiva.

Essa maneira de ver as coisas é apenas relativamente verdadeira, na medida em que consideramos como fundamental a realidade objetiva que foi especialmente encontrada, nesse caso, o erotismo. Mais objetivamente, não podemos parar na oposição do vidro deformante e da realidade. Há um campo de forças onde se projetam símbolos. Esses símbolos significam tanto aquilo que representam imediatamente quanto aquilo que evocam secretamente. O símbolo é o arco--íris que liga duas ou mais realidades distantes e dessemelhantes, *o lugar do espaço* simultaneamente físico e psíquico onde elas se devoram, uma à outra, como o fogo, mas para se metamorfosear em um lustre ardente de raios. É um sensacional cruzamento de imagens que interferem. Seus enigmas e suas opacidades são apenas o resultado do emaranhado confuso de seus índices de refração que essas imagens se impõem ao se compor.

É por isso, sem prejuízo de outras realidades e símbolos incluídos nessas obras, que é preciso dizer que os aspectos da larva, da mecânica e do suplício cumprem um papel positivo que afeta singularmente o significado erótico das obras. O véu, intencional ou não, que lançam diante do leitor e do espectador, é diretamente a sombra sintomática de um drama interior.

Parece, aliás, que as atitudes de Duchamp e de Kafka são bem diferentes. Se Duchamp é evidentemente consciente do significado erótico da sua obra, não é tão seguro que Kafka, apesar de sua lucidez e de seu conhecimento de psicanálise, tenha realmente tomado consciência do erotismo latente de sua narrativa.

Entre eles, há ainda essa outra diferença, a saber, que a máquina de Kafka aparece logo de início como um instrumento de suplício, o que parece distanciá-lo bastante do engenho figurado por Duchamp. E mais, para os condenados ordinários da *Colônia*, existe a estranha distração da dor que é o êxtase final, mas, quanto ao oficial, o aparelho lhe traz apenas a dor pura. Ele não conhece nem o vômito, nem o êxtase, apenas projeta jatos de sangue:

"Não podia descobrir nenhum sinal da entrega prometida, o que todos os outros tinham encontrado na máquina, o oficial não encontraria."

De imediato, a máquina de Duchamp parece incompreensível. Quando, em seguida, penetramos em seus primeiros domínios, reconhecemos nela uma incrível qualidade de humor. As figuras e os comentários têm uma afinação talvez nunca atingida no sarcasmo. Máquina erótica, mas onde o erotismo é observado sob o ângulo do pior escárnio. Os celibatários e a *Mariée* estão reduzidos ao estado de insetos e de soldados de chumbo considerados sob uma lâmina de vidro. A partir daí, esse humor parece cruelmente obscuro. Nada nomeia a ideia de suplício, mas tudo o sugere. Tal representação do amor não se concebe sem a ação escondida de uma atroz negação do amor.

Resta, enfim, essa terceira diferença, de que, em Kafka, o máximo da ironia está sobre o homem, enquanto que, em Duchamp, atinge, sobretudo, a mulher. Na *Colônia*, o destaque pertence ao homem supliciado sobre o leito, e, na *Metamorfose*, ao homem transformado em inseto. Na *Mariée*, é a mulher que está transformada em inseto e em esqueleto. Poderíamos dizer, então, que existe em Kafka a predominância de um certo princípio de impotência e, em Duchamp, antes uma vontade de recusa.

Os termos impotência e recusa, porém, considerados de um modo simplista, arriscariam simplificar a possibilidade de uma compreensão mais aprofundada. Obras assim são simultaneamente a afirmação e a negação do erotismo. Negação porque uma obra faz dele uma paródia inumana, e, a outra, um suplício enigmático, mas, assim mesmo, afirmação, pelo assombro das imagens eróticas que revelam. No mais, a transposição do erotismo para o funcionamento de um aparelho puramente mecânico não traduz, de forma alguma, uma negação de todo o erotismo; ao contrário, o afirma como um puro processo mecânico. Seu significado reside, por outro lado, no fato de reduzi-lo a esse processo e separá-lo de todo elemento de participação biológica e espiritual. Aqui, estamos nos antípodas do amor, seja o Eros lawrenciano, o amor cortês ou o amor-devoção.

Voltamos a encontrar, então, a noção de celibato que nos levara a buscar o segredo desse labirinto, com a ideia de que essa noção talvez fosse nosso fio condutor. De fato, o celibato, não como fato simples, mas como atitude mental característica, se funda sobre uma certa perda de sentido humano, uma impossibilidade de participação e de comunhão com a mulher. E, reciprocamente, com o homem. Não é um problema de ciência prática. É dito que o oficial conhecia muito bem todos os mecanismos da máquina, mas que ninguém podia levá-lo a encontrar nela o êxtase; estava destinado a colocar-se nela sozinho, e é por isso que não encontra nada da libertação, mas apenas a ruína da máquina e sua própria morte sem saída.

Aqui, voltamos a encontrar também Gregor Samsa, pois o estranho endurecimento e amolecimento do seu corpo expressa, pelo menos por um lado, o cerceamento do ser que se mantém distante da participação e do dom.

Em ambos os casos, o complexo do observador que vimos surgir é uma outra forma de expressar, pela busca de uma participação desesperada, a impossibilidade de obter ou de aceitar a participação verdadeira.

Quando falávamos do vidro deformante, tratava-se de uma metáfora que designa certa esclerose do ser. Os singulares aparelhos imaginados por Duchamp e por Kafka são inteiramente máquinas celibatárias. Representam a forma moderna do complexo de Narciso e de sua ascese espelhada.

Tal exegese do simbolismo está, no entanto, longe de esgotar o conteúdo desses mitos.

Se abordarmos o conto de Kafka em uma perspectiva totalmente diferente, não poderemos deixar de nos impressionar por outras coincidências espantosas que revelam a presença nele de todo um novo mundo de segundas intenções.

A estranheza fascinante dessa narrativa vem, em parte, do fato de se situar numa região utópica e de descrever um suplício pouco comum. Mas, sobretudo, por desenvolver um estilo de espantosa grandeza, apesar de sua meticulosa crueldade. É que, acima de tudo, contém um mistério sagrado.

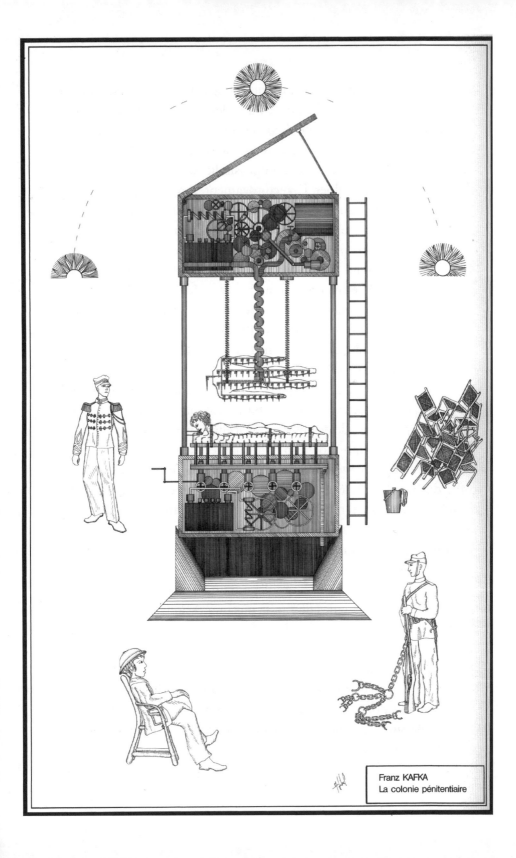

Esqueçamos por um momento as outras interpretações e releiamos com um olhar novo a *Colônia*. Como não nos impressionarmos por essa estranha tríade de poderes que presidem a seus destinados?

Como não reconhecermos nesse misterioso oficial que abole os sacrifícios, fazendo-se voluntariamente morrer, ele próprio, pela máquina de suplício, uma transposição do sacrifício do Cristo sobre o Calvário substituído por Barrabás e todos os sacrifícios da Antiga Aliança?

Essa analogia já é perturbadora. É ainda mais se a aproximarmos do fato de o antigo comandante, de que a Colônia inteira é obra, havia a dotado de uma organização insuperável e perfeita, reunia em si todos os talentos de soldado, de juiz, de construtor, de químico e de desenhista, aparecendo como um símbolo de Jeová, Deus dos exércitos, criador, justiceiro e alimentador de seu povo, segundo o Antigo Testamento.

O oficial não seria seu grande seguidor e fiel obediente? Ele não estaria em luta contra o novo comandante que aparece, desde então, como uma figura do Príncipe desse mundo? O mito é, no entanto, mais complexo, pois é difícil se defender da impressão de que a diferença entre o tempo do antigo e o do novo comandante representa a separação entre a Antiga e a Nova Aliança. Contudo, a oposição não é irredutível, pois é o próprio conceito de Nova Aliança que está quase destruído. Desde a morte do antigo comandante, a Antiga Aliança está, por assim dizer, suspensa, e, apesar dos vãos esforços do oficial, um estado de vacuidade começa. O Príncipe desse mundo prevalece e trabalha o mais calmamente possível para agitar a ordem da Colônia pela via da simples dissolução.

Kafka nos conduz de maneira bastante explícita nessa direção ao nos descrever como as coisas mudaram desde o tempo do antigo comandante, quando as execuções, isto é, os ritos sacrificiais destinados a manter a ordem do mundo, eram montadas com todo o aparato tradicional e cercadas por uma massa de espectadores:

"Quando o velho comandante vivia, declara o oficial, a Colônia estava plena de seus adeptos: possuo em parte a eloquência persuasiva do velho comandante, mas me falta completamente sua autoridade, este é o motivo dos adeptos terem abandonado a causa; ainda existem muitos, mas nenhum ousa confessar seu pensamento."

Há, por um lado, uma alusão evidente à fé extenuada que sobrevive a si própria em todos aqueles que não são mais que vagamente crentes. Mas, por outro lado, nessa oposição entre a potência do antigo comandante e a fraqueza do oficial, não haveria uma alusão à atitude dos Judeus que têm saudade do tempo em que se afirmava belicosamente a potência de Jeová, e que não encontram no Evangelho mais que uma sombra impotente da voz dos profetas? O sofrimento dos Israelitas depois da Diáspora não aparece também quando Kafka fala desses adeptos "que não têm mais o direito de portar nenhum nome"?

O mesmo termo de adepto reaparece quando Kafka declara que o oficial parecia "um adepto apaixonado pelo aparelho". Tal termo ultrapassa completamente as noções de mecânico e de carrasco, evocando necessariamente a ideia de uma iniciação sagrada.

Dentro desse clima essencialmente religioso, parecerá menos arbitrário se nos perguntarmos se certas anomalias da narrativa não seriam indícios suplementares. Por que esse oficial tão respeitoso dos comandos, e que permanece, apesar do calor tropical, fechado no seu pesado uniforme, traria ao redor do pescoço finos lenços, obras de mulheres? Não seria um símbolo de vestes sagradas, bordadas por mulheres, com as quais os padres protegem seus pescoços para celebrar as liturgias? Esses uniformes simbolizam a pátria, mas não se trata aqui de uma pátria sagrada? Não seriam ornamentos sacrificiais?

Do mesmo modo, as lavagens de mãos que intervêm várias vezes por razões muito verossímeis de limpeza não deixam de evocar as purificações litúrgicas que precedem e seguem todo sacrifício.

A porção de arroz que é oferecida ao condenado e mesmo o pedaço de feltro mordido por tantas bocas não evocariam, ao modo de uma paródia, os alimentos sagrados que são consumidos ao final dos sacrifícios?

A própria máquina de suplício, sendo, assim, uma máquina sacrificial, é, por definição, um altar e, em certos momentos, eclode o brilho sobrenatural. Não é por acaso que no instante em que o viajante ergue o olhar acima do plano onde se opera a morte, em direção ao do desenhador, é literalmente ofuscado pelo sol, símbolo divino por excelência. Então, por essa conjunção do astro supremo e do desenhador que porta os textos sagrados, obras do antigo comandante, figura de Jeová, o significado sobrenatural da tragédia é afirmado de forma fulgurante.

Também não é por acaso que o sol parece jorrar raios nas altas barras de cobre que sustentam o desenhador. Mesmo quando a máquina colapsa, ainda tem tanto poder de fascinação que o condenado fugido se precipita em direção aos restos que caem dela: "as rodas dentadas levavam-no ao ápice do êxtase". O amor da mecânica não basta para explicar tal embriaguez, e a psicanálise não está sozinha na questão.

Não é menos impressionante de notar a peregrinagem – pois se trata de uma – que farão, em seguida, o viajante e os dois soldados até o albergue onde se encontra, sob uma simples mesa, a tumba do antigo comandante. O que pode haver de mais banal, separadamente, do que uma tumba e uma mesa de albergue? Mas sua conjunção é, no entanto, surpreendente. Separadamente profanas, seu encontro é um indício claramente sacro. Pois o que é um altar senão uma mesa portadora de alimento sobre uma tumba? A tumba sacraliza a mesa, fazendo-a se comunicar com a vida além da tumba; mas a mesa, por sua vez, comunica à tumba uma participação simbólica na vida física.

Kafka dá a entender, também, que não se trata de um albergue ordinário, ao escrever: "Esse prédio dava ao viajante a impressão de uma lembrança histórica, e ele sentiu o poder dos tempos passados." Mais impressionante ainda é a frase com que indica em que singular lugar desse albergue se encontrava a tumba: "no subsolo de uma casa havia uma sala profunda, baixa, parecida com uma gruta; as paredes e o teto eram esfumaçados." Não diríamos que ele esboça sutilmente a visão de uma cripta?

Desse ponto de vista, a trama da narrativa é uma rede de elipses concêntricas da qual o duplo centro é formado pelos dois altares secretos: o do oficial e o do antigo comandante. Existe entre eles uma ligação íntima, pois as vontades manuscritas do antigo comandante presidem as funções sagradas do altar do oficial. No entanto, existe também entre eles uma dramática antinomia. Pois o oficial é impotente para manter esse altar que lhe foi pessoalmente legado pelo antigo comandante. Ele mesmo o arruína definitivamente, subindo nesse altar como última e inútil vítima. Seu sacrifício não é salvador, porque, ao final do suplício, o oficial não encontra mais o êxtase. Sobre seu rosto doloroso, diz Kafka: "não se podia ver nenhum sinal da libertação prometida". Não seria essa uma interpretação essencialmente judaica do sacrifício do Cristo, já que, para o povo judeu, a morte do Cristo não trouxe a salvação, mas a ruína do Templo? Resta apenas a esperança do retorno do antigo comandante: "uma profecia anuncia que, depois de um certo número de anos, o comandante ressuscitará. Então ele reunirá seus adeptos nesta casa e, sob sua liderança, partirá para a reconquista da Colônia. Creia e espere." É todo o drama de Israel, aqui criptograficamente expresso, tal como o próprio Kafka pôde viver.

Contudo, o aspecto sacro do mito da *Colônia* não se expressa em nenhuma outra parte com tanta força como na inscrição de cima, naquelas folhas manuscritas que contêm "os desenhos" do antigo comandante e que o oficial carrega sobre seu coração, que lhe trazem os tempos sagrados da origem (o *ur-zeit*) e que põe no zênite do altar. Folhas duplamente sagradas, pois são, por sua vez, como a Lei e a Bíblia e o Ritual legados pelo antigo comandante.

São hieróglifos no duplo sentido do termo, isto é, características simultaneamente enigmáticas e sagradas. Apesar de sua cultura, sua inteligência, sua boa vontade evidentes, o viajante não chega a decifrá-los. Não é a escrita ordinária, declara-lhe o oficial, e acrescenta: "é preciso ler muito tempo estas folhas; por fim, você conseguirá ver com clareza."

Muito tempo? Mas quanto tempo isso representaria? Tal empreitada não exigiria toda a vida? Na verdade, exige mais ainda: todo um longo calvário de sofrimento. Não é pela via da leitura direta de alguns signos que se pode chegar a compreender os desígnios – ou os desenhos[4] – obscuros do Céu. É apenas pelo sofrimento suportado

---

4 Michel Carrouges brinca com os termos *desseins* (desígnios) e *dessins* (desenhos), homófonos no francês. Embora desígnio e desenho sejam, em certa medida, palavras parecidas, a tradução não pode reproduzir a perfeição do jogo de

na própria carne, e é isso que significa, do ponto de vista religioso, a inscrição de baixo que se encarna na carne do condenado. No início, ele não compreende ainda, somente experimenta a dor, é só mais tarde que perde o prazer de se nutrir e entra na lucidez da morte.

Só de começar a decifrar a escrita, a boca do homem faz uma careta como se a escutasse. "Você viu, não é fácil de decifrar o texto com os olhos, nosso homem o decifra com suas feridas."

É somente no leito de morte que se torna possível compreender o que significam esses caracteres misteriosos que contêm o segredo da máquina e o da sentença. Então, começa a aparecer uma outra luz.

"Que calma toma o homem na sexta hora! O conhecimento se eleva como um sol, mesmo para o mais cego."

"Ah! Como estávamos todos atentos à transfiguração que iluminava o rosto martirizado, como estendíamos nossos rostos para o brilho dessa justiça finalmente alcançada e que já se desvanecia."

Pois ainda que os assistentes espiassem o rosto daquele que entra na grande metamorfose da morte, eles não retinham mais que um pálido e indistinto reflexo. Apenas o morto entra no segredo. Nesse instante, na fulguração do êxtase, a inscrição de baixo encontra a de cima, o ser retorna para sua fonte. Sobre o horizonte do êxtase, levanta-se a aurora do conhecimento, onde nasce o mesmo sol que brilha incompreensível no ápice da máquina de morte. O homem é identificado com o eterno. Não há mais nada de incompreensível.

A característica sagrada desses textos se afirma ainda pelo cuidado extremo que o oficial toma para evitar qualquer contato:

"Eu infelizmente não posso colocá-los em suas mãos, disse ao viajante, é a coisa mais preciosa que possuo. Sente-se, eu os mostrarei desta distância".

Em outra ocasião, ainda insiste:

———

palavras, uma vez que no francês sua pronúncia é idêntica. Ademais, em sua origem, as palavras vêm dos verbos desenhar e designar, que têm a mesma origem no latim: *designare*, isto é, representar, marcar, indicar, designar. [Nota da Revisão da Tradução].

"Ele tentou facilitar a leitura do viajante seguindo o texto com o dedo mindinho erguido, de uma grande altura sobre o papel, como se nada permitisse tocar as folhas".

Um instante depois, "o oficial, por medo de um contato, distancia a folha".

A cortesia perfeita dos dois homens, a reserva do viajante, a espontaneidade do oficial para fornecer abundantes explicações e para convencer seu interlocutor, mostram bem que não se trata de grosseria, nem de desconfiança, nem mesmo do temor reverencial que um perfeito militar testemunha diante de uma ordem escrita de seu superior, mas de um imperativo sagrado. Essas folhas representam as próprias Tábuas da Lei, escritas pela mão de Deus, na sua glória do Sinai, segundo a narrativa de Moisés. Elas são o original do Decálogo e do Ritual. Elas reinam no ápice solar da máquina. Nenhuma mão profana poderia lhes deflorar sem sacrilégio.

Tudo isso é lógico. Mas é então que vai se produzir o fato mais estranho da narrativa, por meio do qual todos os valores serão subvertidos.

Balançado pela atitude do viajante, cortês, mas hostil ao suplício, e, sem dúvida, mais ainda por não sei qual lassitude profunda, o oficial abdica. Ele libera o soldado condenado, coloca uma nova folha que traz a sentença "Seja justo" no desenhador, despe-se e se prende, por sua vez, na máquina de suplício.

Coisa espantosa, depois de ter enfatizado tão fortemente seu amor e seu imenso respeito pelos textos três vezes santos, o oficial deixa completamente de se preocupar. O próprio Kafka não nos dá a menor explicação sobre esse estranho esquecimento. Como se trata de um simples fato de omissão, como, por outro lado, estamos fascinados pelo trágico e inesperado destino do oficial, nós mesmos somos quase fatalmente induzidos a não perceber. Enquanto vemos se realizar esse horrível suicídio do oficial se jogando na máquina de morte, como pensaríamos em nos preocupar com o destino de alguns papéis?

Kafka pontua apenas que o oficial lança suas roupas no fosso. Estamos limitados a supor, logicamente, que os folhetos sagrados que se encontravam nos bolsos do uniforme são também jogados no fosso.

Eles são profanados, entregues ao vento e ao apodrecimento.

O que pode significar esse outono instantâneo da fé? O oficial subitamente não tem mais a menor consideração pelo texto três vezes santo? O viajante também não tem mais nenhuma curiosidade por esse documento único e praticamente intocável? E por que Kafka se omite a nos dar a mínima explicação? De forma alguma poderia se tratar de negligência da parte de um autor tão atento e preciso, ainda mais, aliás, por esse conto ser de uma admirável perfeição. Ele estaria se identificando com o próprio oficial que é vítima de um insuperável esquecimento? Ou ainda, intencionalmente, quer marcar a enormidade desse esquecimento total sem intervir, e não deixa reinar em sua narrativa mais do que o perfeito silêncio da destruição completa?

Esse fato é ainda mais sintomático que a ausência de êxtase no oficial, pois sua causa é determinante. Após a morte, o olhar do oficial é calmo e convencido, mas de uma convicção fria e insolúvel como é a do niilismo, que não corresponde a nenhuma entrega, a nenhuma iluminação. Mais uma vez, tudo se torna lógico.

Se o condenado ordinário conhece o êxtase, é porque os desenhos (e desígnios) do antigo comandante presidem o funcionamento da máquina e o destino humano. Dito de outro modo, é porque existe uma inscrição no alto que se encarna no corpo do homem e porque a dor traz a salvação, quando num terrível brilho a inscrição de baixo lhe revela o segredo da inscrição de cima.

O oficial, é fato, pôs a última folha no desenhador,[5] mas esse gesto não tem mais a mesma força de antes. Ele não é mais que a sobrevivência de um rito morto. Uma vez os textos sagrados jogados no fosso, a folha que acabara de ser retirada está suja por esse gesto sacrílego. O esquecimento da Lei pelo executor da Lei, o rejeito do Decálogo e do Ritual pelo sacrificador desnaturam tanto a última folha quanto o sentido do suplício. Entre a divindade representada pelo antigo comandante, de um lado, e o oficial sacrificador, a máquina-altar, o

---

5 Agradeço aqui Marcel Jean, cuja carta amistosa, datada do 13 de novembro de 1949, permitiu-me uma útil retificação sobre esse ponto.

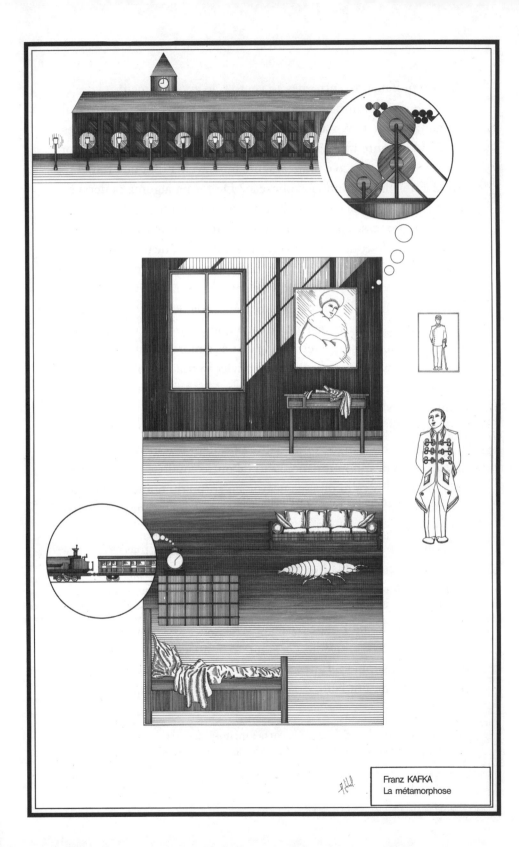

Franz KAFKA
La métamorphose

suplício-sacrifício, de outro, o elo *essencial* é rompido. Dificilmente seja menos significativo, aliás, que ao desejar proceder a uma purificação, o oficial deva renunciar a ela, pois a água "era de uma sujeira repugnante". Enfim, todos os ritos se dissolvem. Nada mais tem sentido. Não há mais altar e sacrifício. A sentença inscrita no desenhador não faz mais parte de nenhuma tradição viva, não passa do resíduo de um ritual condenado, não é mais que um escárnio, como o é, aos olhos dos Judeus, a inscrição "Rei dos Judeus" no alto da cruz.

Abolida a lei, a ligação com a divindade é esvaziada; do mesmo modo, os sacrifícios são abolidos. A própria máquina privada de sentido se destrói, o rastelo não escreve mais, o desenhador lança suas engrenagens. O oficial pode morrer estoicamente, sua coragem é indissolúvel. Como conheceria o êxtase? O êxtase está na entrada da vítima na iluminação divina. Com a destruição das escrituras e do seu segredo, abole-se toda possibilidade de conhecer o êxtase de uma entrada no segredo. O oficial que renegou o Antigo Testamento do velho comandante morre sem entrar em nenhum mistério. A iluminação que partia da conjunção entre dois polos, as escrituras divinas e a inscrição do seu mistério na carne, é definitivamente impossível. Não existe mais sacrifício redentor, mas um suicídio que termina em carnificina.

Podemos dizer, portanto, que, para Kafka, o suplício do Cristo e seu altar são inúteis. Apenas permanece a esperança no retorno de Jeová.

Poderíamos dizer, então, que, entre as duas interpretações da máquina celibatária que desenvolvemos em relação a Kafka, existe um hiato insuperável e que sua aproximação é um escândalo absurdo?

O fato é que a análise estrita do mito impõe ambas; não podemos pretender a supressão de uma delas para considerar apenas a outra. Resta saber se a antinomia violenta desse dualismo é insuperável.

Na verdade, há dualismo e antinomia, mas essa antinomia vem precisamente do fato de que não há justaposição inerte, mas dois simbolismos violentamente sustentados um contra o outro. Sustentados, isto é, simultaneamente, unos e contrários. Opostos, mas interdependentes.

Na origem de todos os desprezos em semelhante domínio existe o velho preconceito puritano segundo o qual o elemento religioso e o elemento sexual são radicalmente incompatíveis. Toda a história das religiões atesta, ao contrário, que são indissolúveis, tanto em sua positividade sagrada quanto em sua negatividade sacrílega. O paradoxo que brilha tão violentamente na máquina celibatária ilustrada por Kafka é o de desvelar essa negatividade em toda sua crueza.

Sabemos que, segundo as Escrituras, a união sexual é diretamente o efeito das vontades divinas inscritas na obra da Criação. Longe de ser obra maldita ou mesmo profana, ela é o ato sagrado que engendra a genealogia dos patriarcas, ela é, no Cântico dos Cânticos, no Apocalipse – e em toda a tradição mística – a mais alta figura da união da divindade com a criatura. Desde a origem, ela é sagrada. O ritual a sacraliza novamente. Pois a mulher é o único fragmento do paraíso que o homem levou para fora do Éden. Longe de estar em oposição com o religioso, a união sexual se incorpora ao mundo sagrado.

É o que significa a parte superior da máquina, isto é, o desenhador (ou a desenhadora), que simboliza simultaneamente a mulher e as vontades divinas, ou mais precisamente, o corpo da mulher, obra divina e portadora de mandamentos divinos, o mandamento do amor e o da procriação, promulgados aos tempos paradisíacos.

Enquanto esse duplo mandamento da Gênese é concretizado, não existe a oposição entre o simbolismo sexual e o simbolismo religioso, uma vez que a própria união sexual é um ato positivamente sagrado.

O dualismo e o escândalo só começam no momento em que o oficial, como símbolo do *celibatário*, entra no *esquecimento* da lei divina e a lança no fosso sem a menor consideração. Então, a vontade divina deixando de ser compreendida e executada, a mulher também deixa de ser compreendida, pois a mulher é, para o homem, o ápice dos mistérios divinos na natureza. O recíproco é igualmente verdadeiro para a mulher. A recusa do amor e da procriação conduz à comum destruição do homem, da mulher e da presença dos mistérios entre eles. Não há mais verdadeiro êxtase possível. A obra divina se desloca, ela não deixa mais lugar senão a uma máquina celibatária em autodestruição.

Todo o desastre não estaria anunciado desde o início da *Colônia*, a mais aterrorizante e a mais concretizada das máquinas celibatárias, no fato de que a imagem da mulher parece ter desaparecido por completo, e a tortura tudo suplantou?

Mas, mesmo nesse momento, não é de forma alguma ilógico manter o simbolismo religioso em confrontação com o simbolismo sexual inscrito na máquina. Desta vez, é efetivamente sua negatividade sacrílega que se manifesta. Ao mesmo tempo em que o homem reduz o erotismo a uma mecânica sem alma, ele destrói, simultaneamente, o amor e sua própria participação pelo amor nos mistérios sagrados. É então que ele próprio destrói aquilo que, em sua queda, o primeiro homem não havia destruído.

O escândalo da máquina celibatária, tal como aparece com todos os seus segredos em Kafka, não está na representação que figura, mas na realidade que representa.

Interessa, ainda, observar que a máquina celibatária é um dos raros mitos que parecem ser especificamente modernos. Onde se encontraria, nas civilizações tradicionais, cristãs e não cristãs, mas religiosas, semelhante figuração da dissociação sexual? O ponto de vista psicanalítico, segundo o qual o antigo comandante representa o pai, completa, de outro modo, utilmente a interpretação religiosa. Pois, no tempo em que o pai estava vivo, a máquina funcionava perfeitamente, posto que o pai encarna, por definição, o tempo da procriação e da realização da Lei. O oficial representa o filho que não soube manter realmente a tradição, que se deixou dominar pela influência do Príncipe desse mundo. É preciso ir adiante e dizer que, antes de negar duas vezes a Lei pelo seu suicídio e pela destruição da Lei, o oficial já havia cessado de compreender o que era a máquina. Seu segredo, talvez, é que a máquina era sua obra, apesar de suas declarações ao viajante. Que tenha mentido ou que tenha se esquecido, essa não seria a primeira vez que um herói de Kafka mentiu ou cometeu um imperdoável esquecimento. Seu drama era aquele de um místico pervertido. Foi ele próprio quem criou essa máquina celibatária com a qual, significativamente, experimentou a necessidade de identificar-se definitivamente até a morte.

Não podemos dizer que o estranho ritual da Colônia seja aquele de uma missa negra, apesar da analogia exterior que encontramos nele. Não há nenhuma pornografia nessas representações metálicas e geladas. Realmente, não há ali essa fé real, porém, subvertida, que está na origem das missas negras. Não sugere uma intenção de blasfêmia.

O drama da *Colônia* é a tragédia da morte de Deus e do nascimento mortal do *celibatário* na luz e nas perspectivas do judaísmo.

A atitude de Duchamp, nesse campo, é bem diferente, e não encontramos nela a mesma riqueza mítica. O que não significa, contudo, que esse drama esteja totalmente afastado.

Do mesmo modo que o erotismo evidente da obra de Duchamp, tal como revelado nas notas da *Mariée*, conduziu-nos a revelar o erotismo da *Colônia*, o significado religioso da obra de Kafka pode nos ajudar a encontrar o significado ateu profundamente dissimulado no coração da obra de Duchamp.

Agora, podemos compreender que não é por acaso que existe um padre no cemitério dos uniformes e fardamentos: é o sinal da necessidade de reduzir o homem do sagrado ao estado de fóssil. Do mesmo modo, os comandos ainda partem da *Mariée*, mas estão reduzidos ao estado de puro mecanismo. Além disso, a qualidade sagrada da *Mariée* é afirmada no deboche em relação à mulher, mas é negada em relação aos celibatários que a acompanham. A inscrição de cima tornou-se totalmente invisível e irrealizável. Da ligação entre o sol e a inscrição de cima, não resta mais que a lembrança de uma vã tentativa de inscrição e a luz noturna que aparece na denominação de via láctea. O homem ainda se deixa ofuscar, tal ofuscamento encontra a mulher, mas ela está reduzida ao estado de esqueleto e de inseto noturno.

É a grande meia-noite da negação da mulher e do ateísmo, o coração da noite de Sexta-feira santa.

Notas de 1975

1. A inscrição do alto e de cima

Na *Caixa Verde*, Duchamp usa apenas o termo "inscrição do alto" para designar a inscrição que pretendia ter posto *no alto* ou *acima* do "Grande Vidro", sobre a "via láctea".

A expressão que empregamos, *inscrição de cima*, é exatamente sinônimo daquela de Duchamp, na medida em que situa a mesma inscrição no mesmo *espaço local* da mesma obra de arte.

A diferença vem do fato de o termo *de cima* significar cumulativamente a situação mítica da mesma inscrição no *espaço cósmico* evocado pela "via láctea".

Na verdade, todo mundo sabe que o termo "mundo de cima" designa globalmente os astros, o céu astronômico, os céus divinos, os mundos celestes do além.

A via láctea é um dado particularmente característico desse fato, porque é, ao mesmo tempo, a maior aglomeração estelar que atravessa o céu acima de nossas cabeças, o mítico "caminho das almas" no além, segundo numerosos mitos antigos e medievais, e o não menos mítico escorrimento do leite derramado do seio da deusa Hera, aleitando Héracles. Todas as outras "galáxias" herdaram esse ato falho.

Não podemos, portanto, imaginar termo mais amplo e mais complexo, mais carregado de significações femininas, cósmicas, póstumas e divinas.

Prevendo que a inscrição em questão teria como *suporte* a *via láctea* (*Marchand du Sel* [*Mercador de sal*], p. 50), Duchamp não podia situar sua inscrição no alto do "Grande Vidro", antes no alto dos universos.

Contrariamente a Jeahn Mayoux em seus artigos de *Bizarre* (maio e outubro de 1955) e a Robert Lebel em seu álbum *Sur Marcel Duchamp* (Trianon, 1959), vemos uma distinção importante, e não uma oposição absoluta, entre os termos *inscrição no alto* e *inscrição de cima*.

2. O alfabeto e os astros

A relação estabelecida por Duchamp entre o tema da inscrição e o da *via láctea* é imediatamente marcante, pois lembra diretamente a relação de vizinhança imediata entre os signos das constelações e a Via Láctea no vazio celeste.

Essas aproximações parecem ainda mais carregadas de significados se lembrarmos que, para Duchamp, essa inscrição devia ser composta com um "alfabeto" totalmente particular, constituído por "signos esquemáticos", "signos modelos" que expressam as "palavras primeiras" e que transmitem, através da *via láctea*, os "mandamentos da *Mariée*" (*Marchand du Sel*, p. 43 e 49). Essa insistência nas relações entre esse alfabeto e a Via Láctea não pode deixar de evocar, de passagem, as relações imemoriais estabelecidas entre a linguagem e os astros, no conceito de constelação, no próprio termo astrologia, de *aster* (estrela) e *logos* (discurso), assim como nas leis mais ou menos míticas do determinismo biológico universal exercido pela influência dos astros sobre a Terra (astrobiologia tradicional).

Encontraríamos numerosos exemplos no pensamento asiático, na cabala (ligação íntima entre a gênese do Alfabeto cósmico e a gênese dos mundos), como nas outras gnoses e doutrinas de mistérios. Nesse nível estelar, parece difícil de negar que a expressão *La Mariée mise à nu par ses célibataires, même* [*A Mariée posta a nu pelos seus celibatários, mesmo*] não contenha uma alusão a Isis (deusa da Natureza) desvelada pelos homens (existem outros indícios a respeito disso).

Aproximação não significa, de modo algum, identificação, mas paralelismo de orientação. É de uma maneira completamente original e independente que Duchamp explora, por sua vez, as mais altas regiões míticas do universo. Aliás, a orientação do "Grande Vidro" é bem diferente daquela da *Colônia*.

Enfim, a busca de um alfabeto desconhecido, à altura da Via Láctea, ficou como projeto na *Caixa Verde*. Ela leva apenas ao vazio do "Grande Vidro". O segredo da inscrição de cima permanece intacto.

3. O pesadelo de 1912

Quando evocamos o aspecto insetiforme da *Mariée* no alto do "Grande Vidro", havíamos nos baseado numa intuição quase hipnagógica e nas aproximações verbais.

Depois disso, Robert Lebel teve a feliz ideia de publicar a narrativa de um memorável incidente noturno vivido por Duchamp.

Em 1912, em Munique, quando já estava imerso nos trabalhos preparatórios do "Grande Vidro", Marcel Duchamp pintava um maravilhoso quadro intitulado *Mariée*, que não confundiremos com *La Mariée mise à nu par ses célibataires, même*, do "Grande Vidro".

Uma noite, Duchamp teve um *pesadelo* extraordinário.

"Retornando de uma cervejaria onde disse ter bebido muito, sonhou, à noite, no quarto de hotel onde terminava de pintar a *Mariée* (o quadro de 1912), que *esta tinha se tornado um grande inseto do gênero escaravelho e que ela o rasgava com seus élitros*" (Robert Lebel, *Sur Marcel Duchamp*, p. 73).

As aproximações que eu tinha percebido não eram, então, tão arbitrárias; seguiam uma lógica onírica que havia anteriormente imantado o "processo criativo" de Duchamp, entre a *Mariée* de 1912 e a *Mariée* do "Grande Vidro". Também não era arbitrário, portanto, achar ameaçadora a longa ponta terminal do enforcado fêmea, análogo, aliás, à grande agulha do rastelo em Kafka.

4. A máquina de "A metamorfose"

Se a estrutura mecânica está incontestavelmente no primeiro plano do "Grande Vidro" e da *Colônia*, ela pode parecer ausente do quarto de Gregor Samsa, ou reduzida a pouca coisa, atrás das peripécias do drama familiar suscitado por uma monstruosa doença.

No entanto, o quarto de Gregor é realmente a base de uma verdadeira *máquina*, cujos dois polos mecânicos e celibatários são a dama toda vestida de peles e Gregor Samsa.

No alto, a imagem da "dama toda vestida de peles" na parede do quarto pode parecer um simples ornamento local, inerte, incapaz de um papel ativo e geral. Porém, essa imagem ganha "uma importância enorme na parede vazia". Gregor a estima tanto que está prestes a lutar e saltar no rosto de sua irmã para impedi-la de levar a dama toda vestida de peles.

Constatamos, de início, que essa imagem da senhora ocupa a parte superior, como a *mariée* e a desenhadora.

As peles que a cobrem animalizam-na paralelamente à insetização de Gregor. Por outro lado, a "pesada manta" na qual seu braço desaparece até o cotovelo *para oferecer aos olhares dos amadores*, evoca diretamente os prolongamentos funcionais da desenhadora e da *Mariée*: o rastelo e o enforcado fêmea, que podemos afirmar que é oferecido aos olhares dos outros amadores, os celibatários do "Grande Vidro" e o condenado da *Colônia*. Contornada por uma moldura dourada (cf. o cofre dourado da desenhadora), a imagem da senhora é fixada *sob vidro* (lembrança do vidro do rastelo e da *Mariée*).

Não se trata de um retrato pessoal pintado a mão, mas de uma gravura "recortada de uma *revista*", portanto, de uma *imagem feminina reproduzida por uma máquina e ligada a um texto*, como a máquina da desenhadora com os folhetos da sentença, e como a *Mariée* com sua inscrição.

Além disso, Gregor é viajante comercial, sua mesa está plena de amostras de tecidos. Ele pôs a dama toda vestida de peles bem acima dessa mesa. Podemos então pensar que ele a recortou de uma revista de moda. E como essa dama que usa chapéu e gola de peles oferece especialmente sua manta aos *olhares dos amadores*, é bem provável que exerça o papel de um *manequim* de modas, ou seja, de uma mulher anônima, despersonalizada, funcionalmente reduzida ao estado quase mecânico de suporte publicitário.

Desenhada, em vez de ser desenhadora, não deixa de estar intimamente ligada à máquina pela função e pelo "modo de reprodução".

Resta, enfim, o *grande relógio*, de uma torre vizinha (a do hospital ou de um outro edifício público), que soa as horas de agonia de

Gregor e que está naturalmente situado no alto, como a imagem da dama, assim como a *Mariée* está ligada ao grande relógio elétrico das estações e os efeitos da desenhadora sobre o condenado são ritmados pela passagem das horas. Mais uma vez, tudo se mantém entrelaçado.

Embaixo, Gregor, deitado em sua cama, está paralelamente ligado às máquinas. O tique-taque do seu *despertador* lembra-lhe ainda (por pouco tempo) o alarme que lhe chamava a correr "para a estação" para pegar o trem matinal de um viajante comercial.

Agora, Gregor sofre o suplício da metamorfose em inseto, mas isso não é mais que um modo zoomórfico de *mecanização*. Ele não é manipulado por um leito mecânico, é ele próprio que é mecanizado. Suas numerosas pequenas patas são agitadas pelas *vibrações contínuas* descontroladas, automáticas. Para se virar, pôde utilizar somente a mecânica de violentas agitações.

Quando se *pendura* no teto, *um leve movimento de oscilação lhe atravessa o corpo*. Enfim, nessa posição superior com que chega a encontrar uma situação semelhante à da *Mariée*, está como ela, insetiforme, pendurado, agitado por movimentos mecânicos.

Entretempos, diríamos que ele circula livremente, mas deixa escorrer por toda parte os traços de um tipo de *saliva* ou de *líquido colante*, enquanto um poderoso determinismo o conduz em direção aos lugares da zona superior. Primeiro no teto, onde prova a euforia da respiração e da oscilação. Em seguida, contra os vidros da janela, para saborear velhas lembranças de uma impressão de libertação pela visão do exterior. Enfim, mais ainda, quando vai *grudar* o seu ventre ardente contra a imagem mural da mulher para sentir o delicioso frescor do *vidro*.

Quer sejam mecânicas ou aparentemente desordenadas, as evoluções de Gregor terminam no mesmo processo: líquido pegajoso – euforia, que parece tipicamente com o vômito, o êxtase do condenado da *Colônia* e o ofuscamento do respingo no "Grande Vidro".

5. Relações entre as três máquinas

Em *A Metamorfose*, o zoomorfismo do homem e da mulher ocupa lugar de destaque, está no primeiro plano. As máquinas heteróclitas que estão ligadas a eles permanecem no segundo plano, ou fora, nos esconderijos.

Na *Colônia*, ao contrário, o zoomorfismo desapareceu completamente. Uma única máquina se destaca no primeiro plano. Mesmo totalmente diferente na aparência, essa máquina se compõe de formas e funções das máquinas da *Metamorfose*, que integra em um único todo coerente.

A imagem da desenhadora com seus folhetos de letras e de desenhos parte daquela da máquina que imprime os textos e as gravuras da revista de Gregor. Além disso, a imagem das engrenagens automáticas do grande relógio se transpõe na relojoaria interna da desenhadora.

Embaixo, a imagem do trem se transformou naquela do leito mecânico, cujo movimento está associado ao da desenhadora, assim como o do despertador está em correlação normal, no tempo ordinário, com o do grande relógio.

A Metamorfose, tendo sido escrita em 1913, e a *Colônia*, em 1914, mostram uma sucessão cronológica reforçada por uma sequência lógica de transformações que se passam no sentido de uma supressão da animalização em relação à mecanização. Além disso, esta, preparada pelos elementos heteróclitos dispersados, concentra-se num só lugar, sob a forma de uma única máquina inteiramente coerente.

Todas as outras mudanças são igualmente lógicas. Todavia, não faltam oposições espetaculares: entre a figura passiva da dama toda vestida em peles e a atividade puramente mecânica da máquina desenhadora, entre a atividade de Gregor transformado em inseto e a passividade do supliciado de rosto humano da *Colônia*, entre uma doença monstruosa perante um hospital e uma condenação judiciária executada em uma prisão, entre um pai simples porteiro de banco e o antigo comandante, entre as modestas mulheres da casa e as mulheres do mundo dos tempos antigos, entre o único Gregor viajante e subalterno e o trio do viajante, do soldado e do oficial.

Essa multiplicidade de dissimilaridades não representa, de modo algum, uma acumulação desordenada de detalhes absurdos, heterogêneos, erráticos, mas *uma série coerente de curvas de transformações*, logo, *um grupo de transformações* de representações mentais, a passagem de um *meio* para outro *meio*, por um fenômeno de *dióptrica mental*, como quando um grupo de imagens físicas passa do ar para a água.

Indo de *A Metamorfose* à *Colônia*, Kafka passou de uma primeira metamorfose para uma segunda, como aconteceu com Duchamp, quando passou da *Mariée*, de 1912, ao pesadelo de Munique, depois aos primeiros desenhos da *Mariée* do "Grande Vidro", em 1913 e 1914. Ambos os processos estão desigualmente, mas de forma semelhante, orientados da zoomorfia à mecanomorfia. Daí, sem dúvida, a espantosa semelhança entre as estruturas mecânicas fundamentais da *Mariée* do "Grande Vidro" e da *Colônia*.

Isso não impede que o confronto entre a *Mariée* do "Grande Vidro" e *A Metamorfose* permaneça característico, sob outro ponto de vista, no plano primitivo dos elementos naturais:

- o aspecto insetiforme da *Mariée* no alto do "Grande Vidro", e o de Gregor no teto ou contra os vidros da janela e do quadro da dama;

- o ar no mesmo nível: correntes de ar e quadrados de tecido na via láctea; correntes de ar nas cortinas e ar mais respirável perto do teto para Gregor;

- as quedas d'água sob forma de chuva em *A Metamorfose* e como força hidráulica para acionar o moinho d'água, segundo a *Caixa Verde*;

- a poeira: pequena mancha acumulada no quarto de Gregor e "criação de poeira" preparada por Duchamp para o "Grande Vidro".

Podemos acrescentar as quedas de Gregor, do teto ao chão, as maçãs jogadas como projéteis pelo pai e, por outro lado, as bombas de avião e tiros de canhão anunciados pela *Caixa Verde*.

Esses diversos elementos pertencem a um outro grupo de transformações que se cruza com o primeiro.

6. Sobre o conjunto da interpretação, ver, no final do volume, as cartas de Marcel Duchamp e nosso comentário.

Raymond Roussel

Abordar agora a obra de Roussel é entrar em um terceiro mundo infinitamente diferente, o de uma poesia esplendidamente policroma, como grande festa de feira da magia, avatar moderno das *Mil e uma noites*.

Muitas vezes, perdemo-nos nesse suntuoso labirinto com suas tendas, suas casas de vidro e suas esplanadas, perdidos na multiplicidade dos espetáculos. Essa perda era necessária para experimentá-lo. Pois é apenas na medida em que nos perdemos nele que podemos nele nos reconhecer. Eu explorava fabulosamente, então, os grandes domínios de *Locus Solus* e *Impressões de África* (edição francesa de Pauvert), sem conseguir entrar na redoma reservada de seu enigma, quando, de repente, descobri o *esquema* da máquina celibatária. Para minha surpresa, o mesmo esquema, situado na mais múltipla das interseções, abria-me ainda certas áleas interiores do mundo rousseliano.

A máquina celibatária é o pivô essencial da imaginação rousseliana. Não é uma, mas várias máquinas celibatárias que erguem seus estranhos edifícios no centro das perspectivas.

Locus Solus, este é o nome da vasta propriedade situada em Montmorency, onde o genial inventor Canterel apresenta aos seus visitantes uma espantosa exposição.

Uma das primeiras atrações que ele lhes mostra é a *"demoiselle"*.[6]

Roussel não lhe consagra menos de 50 páginas, das quais 35

---

6 A *hie*, nome no idioma original – francês –, ou "maço de calceteiro" (cf. tradução brasileira de *Locus Solus* por Fernando Scheibe, editora Cultura e Barbárie, 2013), é um instrumento usado para nivelar e pavimentar o solo. Na língua francesa, esse objeto também é chamado de *demoiselle*. Optamos por manter *"demoiselle"* na tradução, seguindo, ainda, a sugestão da tradução de Fernando Scheibe, citada acima. A palavra *demoiselle* também pode se referir, em francês, a um tipo de libélula, o que, junto ao fato da *demoiselle* estar *suspensa* a partir de um aeróstato, contribui para a relação estabelecida por Carrouges entre tal máquina e a *Mariée* de Duchamp – e justifica nossa escolha por manter a palavra em francês na tradução, dada a impossibilidade de tais relações a partir do nome traduzido da máquina. [Nota da Revisão da Tradução].

tratam apenas do funcionamento mecânico. Esse conjunto enigmático se compõe a princípio de um "tipo de instrumento de revestimento do solo, lembrando por sua estrutura as *demoiselles*" – ou maços de calceteiro – usadas para o nivelamento de ruas e calçadas." Esse termo, "*demoiselle*", sintomaticamente sugere a *Mariée*, uma vez que também designa um leve e complexo instrumento metálico, carregado de roldanas, de garras e de grandes agulhas que brilham ao sol. Além disso, é móvel e suspenso no ar por um pequeno aeróstato cujo grau de enchimento é variável. É movimentado simultaneamente pelo vento e pelo sol, que lhe imprimem um movimento de vai e vem contínuo.

Como não se impressionar por essas analogias com o esqueleto da *Mariée*, igualmente suspenso por um tipo de dirigível, portador de "pistões de correntes de ar"? Como não pensar no rastelo e no desenhador ou desenhadora de Kafka e em seu múltiplo carregamento de roldanas e de agulhas? A "*demoiselle*" é exatamente uma desenhadora, pois sua função é executar sobre o solo da esplanada o desenho de um mosaico.

Esse mosaico corresponde ao plano inferior, isto é, do leito na *Colônia* e dos celibatários na *Mariée*. As coincidências continuam, pois a pintura que executa representa um antigo soldado de cavalaria, alijado de qualquer socorro, enterrado vivo numa cripta úmida e cheia de gás insalubre, como castigo por uma agressão erótica que falhou.

Em seguida, vemos aparecer o tema da inscrição de cima, sempre sibilina, mas, desta vez, decifrável e salvífica. À luz de uma tocha, o cavaleiro descobre um velho livro parcialmente apodrecido, o único vestígio de volumes roídos pelos ratos e pelo bolor. Na lição moral que o livro contém, que representa seu próprio destino, ele encontra o início de sua salvação no mesmo momento em que Christel, a heroína que desejou raptar, por sua vez, lendo velhos manuscritos, descobre neles o segredo dos subterrâneos e vai libertar o prisioneiro que, por essa dupla concomitância de textos antigos encontrados, entrega-se, ao mesmo tempo, à vida, à liberdade e à virtude.

Faz muito sentido, portanto, que não encontremos aqui o conjunto de mecanismos e fenômenos que correspondem, no plano inferior das máquinas celibatárias, ao erotismo celibatário, posto que precisamente esse protótipo representa a redescoberta do segredo da mulher e, ao mesmo tempo, da inocência. Através da máquina celibatária, sopra ainda um grande vento de frescor e de esperança.

Os visitantes de *Locus Solus* também podem constatá-lo quando descobrem outra maravilha da estranha propriedade na esplanada.

É um diamante gigante, com dois metros de altura, talhado a facetas como uma pedra preciosa e que "lançava em plena luz do sol brilhos quase insustentáveis que o enfeitavam com raios dirigidos em todos os sentidos".

Essa casa de cristal brilhante está cheia de uma água maravilhosa, prodigiosamente oxigenada, nomeada *aquamicans*, e ela própria resplende:

"A mais espantosa particularidade da onda em questão residia primeiramente em seu brilho prodigioso; a menor gota brilhava de uma forma capaz de cegar e, mesmo na penumbra, lançava uma luz que lhe parecia própria... Enquanto o astro brilhava, o conjunto permanecia com uma irradiação quase insustentável."

Desta vez, o vidro tornou-se um domínio diurno, solar, habitável, cheio de um licor embriagante; a zona brilhante não está mais limitada a um breve momento nem a um setor reduzido, mas invade uma paisagem espelhídica[7] e faz resplandecer inteiramente a mulher viva.

Pois esta é a grande maravilha do diamante: é habitado pela sorridente dançarina Faustine. É evidente que ela significa a *Mariée*, mas na medida em que Roussel escapa do tema celibatário para manter o brilho vivo da mulher. Faustine não tem nada em comum com a crisálida,[8] salvo uma relação de antagonismo: representa a mulher elevada ao grau maravilhoso de Ondina: transcende sua própria natureza, dança na água da embriaguez e do esplendor.

7 (N.T.) *"Miroirique"*, neologismo utilizado pelo autor com as palavras espelho e idílica.

8 O autor remete à ambiguidade do termo francês *mariée*, que pode designar o estado civil de uma mulher – noiva ou casada – ou uma espécie de mariposa noturna, o que retoma o tema do inseto e perpassa toda a investigação de Carrouges. [Nota da Revisão da Tradução].

No entanto, o tema celibatário ainda pesa sobre o homem e se manifesta no diamante.

Pendurada no alto do diamante por um fio "de suspensão pneumática", assim percebemos a cabeça de Danton, reduzida a seu sistema neuromuscular e cerebral, antes decapitado e mesmo embalsamado, no dizer de Canterel. O personagem de um gato lhe é diretamente associado. Duplamente eletrizado pela *aquamicans* e por uma pastilha de eritrite, o gato introduz o seu focinho em um chifre metálico perfurado. Nadando, ele se aproxima da cabeça e a toca com a ponta do chifre. Imediatamente, a massa inerte e fúnebre se anima.

"Sob a influência do potente magnetismo animal que o cone liberava, os músculos faciais se contorciam e os lábios sem cobertura carnuda se agitavam distintamente, pronunciando com energia uma série de palavras desprovidas de ressonância. Utilizando um mecanismo de surdos, Canterel consegue compreender diferentes sílabas pela articulação; descobriu, então, caóticos pedaços de discursos sucedendo-se sem ligação ou repetindo-se, às vezes à exaustão, com uma singular insistência.

Eram incoerentes fragmentos de discursos impregnados de um patriotismo vibrante. Desordenadamente, cativantes períodos outrora pronunciados em público surgiam das caixas da lembrança para se reproduzirem automaticamente embaixo do fragmento de máscara."

O gato se distanciou e a experiência terminou "numa palavra de comando gritada por Canterel".

O tema do supliciado reaparece aqui, então, com Danton. Um tema de enforcado macho surge com sua cabeça suspensa por um fio vertical, cuja suspensão pneumática, por ventosa, lembra curiosamente os pistões com corrente de ar de Duchamp. Sua relação com o gato horizontalmente penteado usando chifre evoca a associação do enforcado de Duchamp e do corpo em forma de calcanhar. É bastante notável que, nessa operação, ocorre a formulação muda *de antigos discursos perdidos*. Novamente, é preciso, mas é uma analogia a mais, que Canterel, único iniciado, os traduza foneticamente aos visitantes.

No resto do grande diamante em torno da dançarina, o tema do ofuscamento se desdobra por todas as partes, quase ocultando os temas do carrinho, das agulhas e das torturas, reduzidos, aliás, a minúsculas proporções.

A reiteração desse conjunto de temas aparece, primeiro, na história dos sete ludiões. É uma sequência de pequenos personagens em suspensão no *aquamicans*: Alexandre, o Grande, ameaçado de ser estrangulado (tema do enforcado) por um fio de ouro (tema do raio) puxado por um grande pássaro; Pilatos, torturado por um sinal fosforescente em forma de cruz, tortura para a qual só existe um remédio: "expor-se a uma viva iluminação", a qual, ao se prolongar indefinidamente, torna-se uma tortura; Gilbert que, felizmente, descobre um raríssimo instrumento de música, um sistro ímpar, sob o brilho de uma lua maravilhosa; o anão Pizzighini, que sofre suores de sangue quando se aproxima cada primavera (novo tema de sofrimento e de luz); Atlas, que dá um chute na esfera celeste, em Capricórnio, de onde "a extraordinária incoerência da figura apresentada a partir de então pelas estrelas desta constelação"; Voltaire, percebendo uma jovem em oração e estupefato de ver que "seu êxtase a levava para regiões de sonho e de luz", a tal ponto que ele próprio sente uma rara emoção mística; a mãe de Wagner, lendo o destino do seu filho nos caprichosos desenhos de uma "brilhante limalha de ferro".

Percebemos que, se o tema da tortura ainda tem um papel notável, o do ofuscamento se repete com uma força obsessiva.

É reiterado, ainda, uma última vez na intervenção dos cavalos-marinhos. Canterel derrama neles um fino fio de vinho de Sauternes que se solidifica sem se misturar ao *aquamicans*, "em forma de blocos amarelos parecidos com pedaços de sol", mesmo que minúsculos e adaptados ao tamanho dos cavalos-marinhos. Estes amassam os pequenos fragmentos para formar uma única "bola amarela brilhante". Depois de tê-la feito girar em todos os sentidos, para poli-la, eles se prenderam a ela e correram.

"Um grito de surpresa nos escorre dos lábios: o conjunto evocava a carruagem de Apolo. Dada sua ardente participação no *aquamicans*, a bola, amarela e diáfana, cercava-se de fato de ofuscantes raios que a transformavam em astro do dia."

Carruagem que evoca o carrinho de Duchamp e o rastelo de Kafka, por seu movimento, mas corrida alegre e solar, maravilhoso satélite que gira como uma dança de brilho intenso ao redor de Faustine.

Aqui, estamos muito longe da *Colônia* e mesmo da *Mariée* por causa dessa brilhante, viva e dominadora presença de Faustine. No entanto, há nela muitas lembranças inquietantes. Ainda estamos no domínio da máquina celibatária.

Se ainda duvidássemos disso, seria preciso nos reportar, sem mais demora, à singular história que contém o segredo de Faustine e que, no entanto, ou, antes, por causa disso, é adiada por Roussel para as últimas páginas de *Locus Solus*.

Saída do seu diamante, Faustine acompanha o grupo de visitantes e, como eles, chega perto de Noel, o vidente, e de seu galo Mopsus.

Tendo constatado, graças a uma coleção de efemérides, que a dançarina Faustine, que lhe pede seu horóscopo, nasceu sob a dupla influência de Saturno e da constelação de Hércules, Noel deita o galo sobre uma mesa, prende em sua pata uma haste de aço banhada por raios lunares e apontada para Saturno para receber sua imantação. Assim, em comunicação subconsciente de pensamento com Faustine, Noel tira na sorte, por um lance de dados, a indicação da página em que deverá abrir um tipo de código cabalístico, no capítulo presidido pela constelação de Hércules. Escolhe, ali, certas linhas, segundo os dados fornecidos por um tipo de indicador sanguíneo oferecido pelo galo e manuseado por Faustine. Em seguida, Noel usa uma lupa para ler uma história que resume simbolicamente a leveza dos amores de Faustine nos caracteres "de prodigiosa delicadeza". Por fim, o galo se põe diante de uma folha de marfim e inscreve, com cuspes de sangue, o nome Faustine, acompanhado de um acróstico divinatório.

Esse episódio é realmente extraordinário, primeiro, porque acrescenta à história de Faustine uma reiteração desenvolvida do processo geral inscrito nas máquinas de Kafka e de Duchamp. Nele, constatamos uma nova inscrição de cima: efemérides e código cabalístico quase ilegível, associados a uma tripla influência astral: Hércules, Saturno e a Lua. É então que vemos Noel e seu par, o galo, protótipos celibatários, receberem o comando das influências do céu indissoluvelmente misturadas aos mais secretos pensamentos da mulher. O galo está, aliás, deitado sobre uma mesa como o condenado sobre o leito na *Colônia*. A haste que guia o galo é facilmente associável ao rastelo ou às tesouras, apesar de aparentemente ser inofensiva. É ainda mais impressionante ver o volátil cuspe de sangue espasmódico que projeta à distância, sobre uma folha de marfim, uma inscrição de baixo que repete o nome de Faustine, revelando a quintessência de seus segredos.

Talvez fingiremos que a ligação entre as duas histórias de Faustine é muito leve, que elas não têm necessariamente conexão profunda entre si. Ao que eu responderia que só o nome de Faustine, que aparentemente as conecta como o mais fino fio de Ariadne, não foi o único sinal que me revelou bem mais do que eu acreditava: a identidade do fundamento criptográfico dessas duas histórias.

Ao observar mais de perto, de fato, podemos constatar que os temas essenciais da história Noel-Mopsus correspondem, ponto por ponto, àqueles dos ludiões do grande diamante:

Ao pássaro de Alexandre corresponde o galo que escreve em alexandrinos, forma de versificação utilizada num romance da Idade Média consagrado a Alexandre. A Pilatos, torturado pela cruz de Cristo, corresponde o galo torturado pela domação que lhe faz sofrer seu mestre Noel, nome que uma etimologia insegura, embora bem conhecida, deriva de Emanuel, um dos nomes do Cristo, mas que, em todo caso, designa a festa do nascimento do Cristo. À lua brilhante sobre as cinco hastes do sistro ímpar de Gilbert corresponde o brilho da lua sobre a haste levada pelo galo. Ao significativo anão Pizzighini, produtor de um suor de sangue adivinhador, corresponde o galo profetizando por cuspes de sangue. À limalha de ferro com desenhos divinatórios da mãe de Wagner corresponde também o traço divinatório das letras produzidas pelos cuspes de sangue do mesmo galo. À jovem moça em oração diante de Voltaire corresponde Faustine recitando um *Ave*. A Atlas dando um chute na esfera celeste e deformando uma constelação corresponde o código cabalístico, pois seus capítulos intitulados com nomes de constelações evocam de modo camuflado um atlas astronômico, sem falar que o indicador que designa a passagem a ser lida é constituído por uma esfera de cristal.

Podemos dizer, portanto, que, sob a aparente dissociação dos temas isolados e repartidos entre os diversos ludiões, corre o mesmo fio celibatário que os une como une a história de Noel e de Mopsus. As partes mediana e inferior da máquina celibatária estão, assim, mais presentes do que parece no grande diamante, entorno de Faustine.

Ainda podemos avançar por essa via e descobrir novas correspondências internas entre as duas histórias de Faustine.

A brevíssima narrativa colhida num código cabalístico que revela o destino secreto de Faustine conta como Crisomalo, cortesã de Bizâncio, galopava a cavalo quando, de repente, "sentiu seu esporão que, por conta própria, picava regularmente o flanco de sua montaria". O cavalo partiu a galope. O esporão brilhava com uma luz glauca e Crisomalo não conseguia deixar de acutilar mais a ferida sangrenta do cavalo. Essa fuga agitada se prolongou por anos. E nunca mais Crisomalo foi vista em Bizâncio.

Não está claro que a bela corrida de cavalos-marinhos ao redor de Faustine apresenta em encantadora redução essa corrida de um cavalo desenfreado que leva Crisomalo, par divinatório de Faustine?

Resta ainda, porém, uma última anedota que acontece entre Noel e Faustine e que merece, pelas mesmas razões, ser relatada.

Com a retirada do galo da cena, Noel apresenta uma pequena bandeja de amianto transparente, sob a qual faz queimar brasas e põe uma caixa em mica contendo um finíssimo rolo metálico. Incombustível, mas inflado pelo calor, esse rolo se torna uma magnífica renda transparente. Rapidamente retirada e esfriada, essa renda é drapeada, pelos cuidados de Noel, por cima do maiô rosa que molda o peito de Faustine.

Alguém que tenha o menor sentimento da participação compreenderá que, durante essa operação, Faustine é representada pela fina vestimenta que lhe é destinada. Poderíamos talvez nos espantar com esse "leito de fogo" colocado sob o amianto, se não pudéssemos notar que a relação entre a metálica renda feminina e o leito de fogo é a mesma que existe entre Crisomalo e seu cavalo aguilhoado. Esses dois pares de imagens nos repetem com toda clareza o esquema essencial das máquinas celibatárias: o homem e a mulher em conjunção desafinada. Em suas notas sobre a *Mariée*, Duchamp insistia claramente nisto:

"A mariée, em vez de ser apenas um gelo casto, recusa calorosamente (não castamente) a oferta rude dos celibatários."

É isso que nos reitera a característica quente e tumescente da renda faustiniana, mas também sua incombustibilidade e seu rápido resfriamento, assim como a forma mecânica e algo dividida como Crisomalo aguilhoa seu cavalo dolorido.

O leito de brasa e o cavalo sangrando representam novamente o leito e o condenado da *Colônia*.

O drama da máquina celibatária não é o do ser que vive totalmente solitário, mas o da criatura que se aproxima infinitamente de uma criatura do outro sexo sem conseguir realmente encontrá-la. Não é a castidade que está em questão, ao contrário, é o conflito de duas paixões eróticas que se justapõem e se exasperam sem poder chegar ao ponto de fusão.

É por isso que os seres e objetos agrupados em torno de Faustine nas duas histórias que a concernem não lhe são justapostos por acaso, mas constituem, poderíamos dizer, seu equipamento de celibatária. Já o notamos pelos jogos dos ludiões e do galo, do cavalo e dos cavalos-marinhos. Resta acrescentar a isso um indício capital.

Se, de fato, eu já tinha a impressão de que o gato do grande diamante estava ligado a Faustine por sua proximidade, seu equipamento e seu papel, encontraria uma confirmação flagrante no fato de se tratar de um gato *nu* que, por fim, sobe no ombro de Faustine, e que a mesma Faustine, mais tarde, pega um *rosário* nos seus dedos a convite do galo. Jogo de palavras,[9] mas formidavelmente significativo numa obra que utiliza tão amplamente essa fonte de inspiração.

---

9 O original, em francês, permite um jogo de palavras entre os nomes rosário – *chapelet* –, gato – *chat* – e pelado – *pelé*. Ou seja, a pronúncia de rosário é homófona à de gato pelado, *chat pelé*. [Nota da Revisão da Tradução].

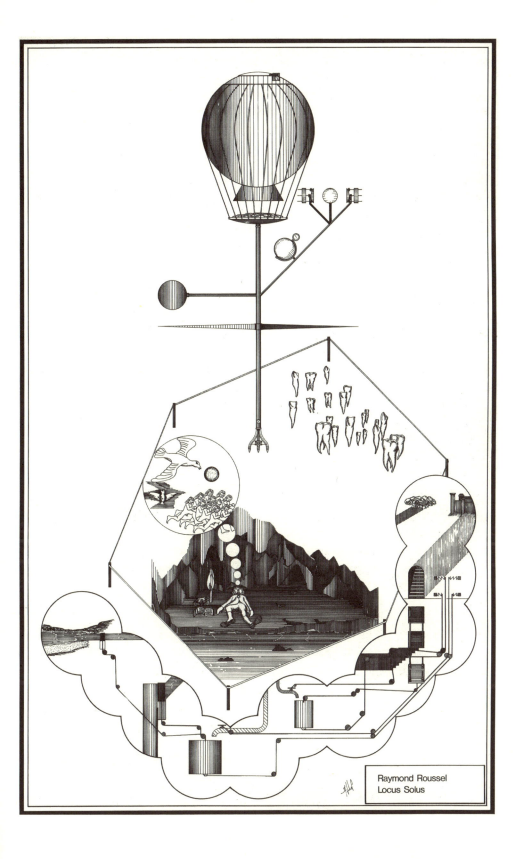

Assim, por intermédio do gato, é a mulher que eletriza e comanda um cemitério celibatário representado pela cabeça escorchada e desossada de Danton.

Verificamos, pois, que tudo está rigorosamente ligado nessa história em dois fragmentos de Faustine. Se o galo Mopsus, que carrega o nome de ilustres adivinhadores, revela a Faustine o segredo de sua existência, ao mesmo tempo nos revela certos segredos essenciais dos procedimentos de Roussel e nos confirma a natureza celibatária dessa dupla narrativa. O que mais poderíamos querer de um galo?

A história de François-Jules Cortier não contém máquina exterior, nem por isso é menos típica.

Ela começa pela descoberta de uma extraordinária cascata criptográfica de inscrições de cima. Primeiro, sob um globo de vidro, vemos uma cabeça de morto coroada com um jornal em forma de "túnica de advogado" que contém uma mensagem em caracteres *rúnicos*. Essa primeira mensagem remete a um dicionário de brasões que, por sua vez, fornece uma segunda mensagem que, enfim, remete a uma placa de esmeraldas, dentro da qual estão as folhas da confissão de François-Jules Cortier. Este conta como violou uma jovem moça. Literalmente *fora de si*, ele a estrangulou e se lançou violentamente sobre o *cadáver*. Não poderíamos imaginar "amor" mais mecânico e mais celibatário.

Mas a descoberta dessa confissão acaba por permitir inocentar e libertar um jovem doméstico que tinha sido injustamente condenado no lugar do verdadeiro culpado.

No final de *Locus Solus* perfila-se uma outra curiosa forma do mesmo mito.

A vidente Félicité mantém estendido na ponta dos seus dez dedos redondos o tarô que representa o arcano XVI, isto é, a Casa de Deus. Nessa carta se encontra um sistema de engrenagens microscópicas e prodigiosamente achatadas que oito insetos, não menos achatados, *as esmeraldas*, dissimulados também na fina latitude da carta, põem em ação por sua tremulação. Ao fazê-lo, acionam pequenas lâminas vibrantes que produzem uma música, nostálgica reminiscência de seu país natal. Ao mesmo tempo, provocam o nascimento, no exterior da carta, de oito halos verdes, pequenas mas *flamejantes coroas aéreas* que, segundo Canterel, devem ter "um significado amoroso e constituir um tipo de chamada ao acasalamento".

É então apresentado a Siléis, dançarina sudanesa, um quadro que representa, sob o brilho intenso da lua, uma dançarina desajeitada morta por dois executores. Siléis é fascinada pelo terror, seu rosto se convulsiona e sua pele se horripila. Canterel estende o braço de Siléis acima do tarô e mostra que, no mesmo momento, um invisível brilho emanado desses halos cava na epiderme desse braço oito cavidades simétricas em forma de cones invertidos, sem dor nem derramamento de sangue. No entanto, bem lentamente, alguns glóbulos vermelhos caem do fundo desses cones sobre o tarô. Canterel os leva para um buraco de mina, acende um pavio e provoca, assim, uma grande explosão.

Como não reconhecer, nessa estranha carta carregada com um hieróglifo, insetos e mecanismos, que projeta uma luz que cava a carne, uma passarela temática onde se conjugam os temas da inscrição de cima, da larva e do desenhador portador de cruéis agulhas? Siléis não sofre na sua pele, mas experimenta um êxtase desolador análogo ao do condenado da *Colônia*. Seu sangue não jorra, mas o do condenado é, também, estancado em seu escorrimento por um sistema aperfeiçoado de aplicação de algodão. No mais, o desenhador é duplo: o tarô e o quadro; um e outro estão em relação com um tema de luz: a lua, para o quadro; os halos, para o tarô. É particularmente notável, além disso, que a carta utilizada seja o arcano da Casa de Deus, símbolo da luz relampejante, sobre a qual retornaremos.

Em todo caso, a interpretação de Canterel, que vê nesses halos um chamado ao acasalamento, as armas dos executores que assassinam a dançarina do quadro, o poder perfurante dos halos, as gotas de sangue como pérolas, o êxtase de Siléis e a explosão final reproduzem exatamente as fases principais do processo erótico que constatamos nas máquinas de Kafka e de Duchamp. Aqui, também a mulher está ligada aos astros e, sobretudo, ao arcano da Casa de Deus, que imprime sua influência na carne e inspira o chamado à união sexual.

Viva dançarina como Faustine, de quem é um par, Siléis também está presa à máquina celibatária. Não é por acaso que Canterel examina as esmeraldas com uma lupa.

A história das *Impressões da África* se passa num país imaginário, no fundo do golfo de Guiné, o império do Ponukélé. O centro da ação é Ejur, um tipo de Tombuctu.

A narrativa começa em um 25 de junho, o dia em que Talou VII, já imperador do Ponukélé, vai coroar a si próprio rei também do Drelchkaff, que acabara de conquistar de seu primo e inimigo Yaour IX.

Uma grande massa de Negros e de Brancos náufragos está reunida na imensa praça dos Troféus, em Ejur, para esse grande dia a ser celebrado por um desfile de guerreiros, por execuções capitais e todo tipo de atrações circenses em que habitantes e estrangeiros rivalizam.

Nesse espetáculo bastante complexo, podemos observar várias grandes máquinas celibatárias.

A primeira é formada por esse quadrilátero de supliciados: Rul, a imperatriz adúltera, Mossem, seu cúmplice, e seus auxiliares, Naïr e Djizmé, dois amantes.

Preso em uma base de madeira cercada por estacas com objetos heteróclitos, especialmente uma folha de pergaminho carregada de hieróglifos, Naïr repassa sem barulho um inventário indispensável para não cometer erros na tarefa que realiza. De uma pilha de "favas de frutas exteriormente adornadas por uma substância vegetal cinza, lembrando os casulos das larvas prontas a se transformar em crisálidas", ele retira uma fina tela semelhante por sua tenuidade aos fios da Virgem.

Inútil destacar a base de madeira, a inscrição hieroglífica de cima, o símbolo da larva e sua relação com o da Virgem. Fato bem inesperado, Naïr não tece com lançadeiras ou agulhas, mas diretamente com suas mãos.

Os outros personagens do quadrilátero se encarregam involuntariamente de completar o mito: Rul, a esposa culpada, é morta por longos espinhos que o carrasco retira de seu cabelo e lhe enfia nas costas. Mossem é executado diante de um altar. Ele está de joelhos, a planta dos pés exposta aos olhares. Em um braseiro, duas longas barras de ferro são colocadas para esquentar. O novo primeiro ministro-carrasco traz um grande rolo de pergaminho (prova material do crime cometido por Mossem) e inscreve seus caracteres sobre a planta dos pés do culpado, com a ajuda das pontas de ferro quente, até que Mossem, convulsionado pela tortura, expira.

Como não reconhecer o rastelo e as tesouras, a correspondência entre o papel do primeiro ministro-carrasco e o do oficial, braço direito do antigo comandante e carrasco; depois, enfim, a horrível correspondência entre a inscrição de cima e a de baixo? Mossem não é, além do mais, executado por causa do ultraje supremo ao imperador?

Quanto a Djizmé, está deitada sobre um assombroso leito de recuperação. Seu corpo está esticado sobre uma esteira esponjosa e ornada com numerosos desenhos, sua cabeça está presa a um capacete metálico com um para-raios cravado. Enquanto uma violenta tempestade aparece, ela observa, através da luz dos raios, um mapa em pergaminho onde podemos ler em caracteres hieroglíficos seu nome, acompanhado por um triplo símbolo lunar. De repente, o raio cai do céu e executa a infeliz.

Desnecessário insistir sobre tantas correspondências com as outras representações rousselianas ou com os temas de Kafka e de Duchamp.

A máquina de Fogar é uma das mais grandiosas.

Fogar é o filho mais velho do imperador, o que o coloca em situação análoga à do oficial em relação ao antigo comandante. Foi iniciado nos segredos do feiticeiro Bachkou.

À luz do luar, deita-se sobre um leito com objetos estranhos, principalmente um estame branco triangular fixado num tronco, um farol, uma barra de metal vertical, mas cuja extremidade recurvada termina, embaixo, numa alavanca localizada sob a axila do acamado, e, por fim, um tipo de junco branco gigante que se dobra por cima desse conjunto e se estende para formar algo como um dossel.

Fogar entra num sono letárgico, pressionando a alavanca com um imperceptível movimento; então, o farol acende e faz resplandecer a alta planta. "Pela transparência, era possível ver em sua parte pendente um fino quadro claro e vigoroso... O conjunto dava a impressão de um vitral..." Sobre essa tela se projeta, a partir de iluminuras de um velho livro, a história da criação da bela Neddou.

"O corpo do jovem Negro (o de Fogar) e os objetos colocados nas bordas da cama estavam cobertos por reflexos multicolores provenientes do estranho céu do leito."

Fogar então se ergue para pegar uma flor violeta espinhosa localizada perto dele. Espetando-se nesses espinhos, saem de suas veias três finos coágulos parecidos "com finas varas de angélica transparentes e pegajosas". Ele os dá como alimento para alguns desses objetos que pareciam inanimados e que se revelam animais marinhos. O triângulo do estame desce, exibe ventosas que pegam e comem um coágulo, "alimento sanguíneo de que pareciam prodigiosamente sedentas". Um segundo animal com ventosas se alimenta também, depois um terceiro, com a forma de uma espuma espessa, vem consumir o último pedaço de angélica; "impaciente de gula, engoliu o coágulo de sangue, depois, imobilizou-se em silêncio para começar lentamente uma digestão calma e voluptuosa".

Por outro lado, um tipo de esponja viva recusa obstinadamente a água que Fogar lhe joga, enquanto uma espécie de placa de zinco, submetida aos efeitos de um cilindro a hélice, se contrai e se fecha em forma de torre. Fogar recolhe também um animal que se parece com um bloco de gelatina, coloca-o sobre uma placa de cimento eriçada com cem pontas de azeviche; o bloco pontiagudo erige um tentáculo com tripla ventosa que faz girar, com rapidez insana, três gatos também torturados e lamentosos.

Para terminar, Fogar aperta duas pedras, bate uma contra a outra perto de uma vela que "se parecia com a polpa porosa e apetitosa de algum fruto de delicadas nervuras. De repente, a atmosfera foi balançada por um formidável crepitar vindo da vela que, consumindo-se, imitava o barulho do trovão... e logo a evocação da tempestade adquiriu uma prodigiosa perfeição".

É importante explicar a origem de todo esse material.

8. Essa paisagem e escrita "marcianas" são mensagens automáticas de Hélèna Smith. Fazem parte dos documentos publicados e estudados por Flournoy em sua obra *Das Índias ao planeta Marte* (1900), consagrada à célebre médium genebrina.
O fato de a admirável análise de Flournoy afastar a interpretação marciana e espírita desses fenômenos apenas ilumina seu valor de mensagens automáticas do subconsciente ao consciente. A opinião de Breton vai exatamente no mesmo sentido quando acrescenta que, ao contrário do espiritismo que dissocia a personalidade do médium, o automatismo surrealista tende a unificá-la ("Le Message automatique", em *Point du jour*).

Fogar era fascinado pela água, "sobretudo o oceano exerce sobre seu espírito um charme irresistível, banhava-se com volúpia no elemento fascinador". O clímax foi atingido no dia em que aprendeu um procedimento mágico que o colocava em estado de letargia suspendendo sua respiração; possuía, assim, o meio de explorar as profundezas do mar. Um dia, ele se deitou numa praia e entrou em transe:

9. Contrariamente a uma tese frequentemente propagada, o automatismo não exerce um papel menor no pensamento de Duchamp:

"Ao que parece, escreveu, o artista age ao modo de um ser mediúnico que, do labirinto além do tempo e do espaço, busca seu caminho em direção a uma clareira." ("O processo criativo", em *Mercador de Sal*, Escritos de Marcel Duchamp - Marchand du Sel, Ed. Terrain Vague).

É por isso que Duchamp nega ao artista "a faculdade de ser plenamente consciente no plano estético daquilo que faz ou da razão de fazê-lo".

Mas, ao contrário do fluxo contínuo da escrita automática, o automatismo em Duchamp é essencialmente descontínuo e conduzido pela vigilância do humor objetivo nos jogos do acaso.

"Então, como um sonâmbulo, Fogar se levantou e entrou no mar."

"Uma fenda de rochedo deu-lhe subitamente acesso a algo como um labirinto profundo e cercado que explorou ao acaso, sempre descendo..."

"Depois de mil voltas, chegou a uma vasta caverna, cujas paredes, revestidas por alguma substância fosforescente, brilhavam no mais suntuoso esplendor."

Foi daí que trouxe os estranhos animais que encontramos em sua cama. Quanto à grande planta, ele a descobriu do mesmo modo, no fundo do leito de um rio, onde a planta lhe refletira sua própria imagem.

É o mar, portanto, que preside as operações da máquina de Fogar, o mar, imagem do vidro, mas também da mulher; que ocultava em seu deleitoso labirinto esses diversos animais ávidos da angélica produzida por Fogar. Sua forma, assim como sua origem, na verdade eram símbolos pouco discretos de diversos setores e cavidades da epiderme feminina. Foi também das profundezas da água, símbolo feminino, que Fogar extraiu a grande planta, isto é, a desenhadora. O rodopio assustador dos gatos sobre as ventosas do bloco pontiagudo evoca diretamente o triturador de chocolate e a manobra do rastelo ou do carrinho. A flor violeta que serve para oferecer a angélica aos simbólicos animais marinhos dispensa comentários, nem a própria angélica, nem o êxtase de Fogar, a volúpia de seu mergulho, sua fascinação e o relâmpago final da tempestade.

Também não podemos nos espantar por encontrar uma ligação entre a planta desenhadora, a luz e a origem "livresca" das imagens que aparecem nela.

Quanto à sua inscrição de baixo, sobre o corpo de Fogar, parece ser de natureza antes voluptuosa, mas isso não é precisamente uma dificuldade.

Fogar está ligado ao mar como os outros celibatários estão ao vidro. É de lá que, como eles, retira não Vênus, mas as medusas. Fogar está só como Faustine.

A encantadora história dos amores de infância entre Séil-Kor e Nina Laubé não exclui um aspecto de mecânica celibatária, presente, dentre outros, no episódio do peixe-torpedo que leva Nina a uma comoção elétrica, fazendo com que caia literalmente nos braços do jovem rapaz.

Alguns meses mais tarde, morre tragicamente por causa de um resfriado devido à imprudência comum dos dois apaixonados que se perderam no "Maquis". A morte de Nina deixa Séil-Kor inconsolável.

A narrativa acabaria se, dez anos mais tarde, o hipnotizador Darriand não tivesse de curar Séil-Kor de uma crise de loucura provocada por um violento choque no crânio.

O método de Darriand consiste em fazer com que o paciente adentre em um tipo de máquina composta por um teto cheio de plantas com poderoso perfume alucinógeno, e de um anteparo que serve de tela para a exibição de imagens por meio de um projetor e de uma manivela. Na verdade, o experimentador vai projetar uma série de imagens que lembram as cenas capitais dos amores de Séil-Kor e de Nina.

O efeito alucinatório é tão envolvente que, ao perceber a imagem de Nina sobre o anteparo, o jovem homem acredita vê-la realmente presente e viva. Violentamente arrancado da loucura pela alucinação, depois da alucinação pelo retorno à realidade presente, com o desligamento do aparelho, Séil-Kor é agitado e curado.

O papel do mar e do peixe, o de Darriand e de suas plantas (que lembram o feiticeiro Bachkou e suas outras plantas), a montagem do teto e da tela de projeção para a imagem feminina, assim como o estado patológico do paciente, etc., manifestam aqui a presença de uma máquina celibatária particularmente análoga à de Fogar.

Existiriam ainda outros casos para examinarmos de perto, principalmente a história de Rhéjed, mas não podemos nos ater a tudo, e preferimos analisar mais detalhadamente o exemplo a seguir, que é um dos mais importantes em todos os aspectos:

Louise Montalescot, estudante de química e artista, ex-amante de Yaour IX, o rei vencido, foi feita de prisioneira por Talou com Norbert, seu irmão e fiel ajudante.

O cadáver de Yaour fantasiado de Marguerite do *Fausto* é estendido no chão, sobre um leito de ramos.

A alguns metros dele, Louise está de pé e viva, mas numa estranha situação. Também fantasiada, usa um chapéu de polícia e um uniforme de *oficial*, um dólmã azul cujas *agulhetas* de ouro escondem as agulhas cirúrgicas ocas que atravessam seu pulmão antes doente por causa de gazes nocivos, que lhe permitem respirar, mas produzindo um tipo de música automática.

A moça é visível apenas até a metade do corpo. Seu busto emerge através do olho mágico da cobertura de uma pequena tenda que não tem outra saída, onde ela só consegue chegar por meio de uma escada escondida no interior.

Embora não seja transparente, a cobertura é levemente translúcida, confeccionada com camadas de páginas amareladas, *impressas*, tiradas de um velho exemplar de *A Bela Garota de Perth*, de Walter Scott, e repartidas como telhas para suavizar as ardências do sol africano.

Na verdade, a tenda serve de *câmera escura* para que Louise prepare uma "placa sensível" destinada a uma grande *máquina de pintar* que inventou logo depois do Dr. Faustroll, mas que é bem mais aperfeiçoada. Ela se servirá desta, mais tarde, para reproduzir o esplendor mágico dos jardins de Béhuliphruen no nascer do dia.

Aguardando, ainda emergindo a metade do corpo de sua tenda, na praça dos Troféus, Louise se prepara para utilizar *outro instrumento*: uma *pega domesticada* que se mantinha imóvel sobre seu ombro e depois sobre o indicador de sua mão direita. De repente, a moça "esticou seu braço como se fosse lançar o pássaro".

Diante da tenda, erguiam-se quatro grupos de esculturas, ou mais precisamente, "efígies com movimento".

Com o bico e as patas, tirando ou apoiando nas molas ocultas, a pega acionou o mecanismo destes manequins:

— A freira Perpétua pôs-se a agitar a cabeça da esquerda para a direita e da direita para a esquerda para dizer não, a fim de enganar os guardas que buscavam um fugitivo.

— O Regente Philippe de Orléans pôs-se a inclinar a cabeça de cima para baixo diante de Luís XV criança.

— No alto do busto de Kant, sua cabeça inteiramente oca e translúcida enche-se com uma poderosa luz elétrica, representando a luz de seu gênio.

— A mais importante das efígies era aquela do hilota Saridakis, representado em tamanho natural, atravessado por um golpe de estilete em pleno coração, pelo seu mestre irascível, por ter resmungado sua lição de grego. *Esse manequim era inteiramente fabricado com barbatanas de espartilho*. Erguido sobre um carrinho rolante em trilhos de carne macia colocados sobre uma plataforma, operava os movimentos de vai e vem, para frente e para trás, segundo as impulsões que lhe comandava o pássaro da moça.[10]

As semelhanças de Louise e Faustine são evidentes: mesmo local exíguo, incluindo, ainda, uma escada (tenda e diamante), mesmo princípio de respiração artificial (agulhetas e *aquamicans*), mesmos movimentos musicais (agulhetas e cabeleira), mesmo prolongamento animal (gato e pega) pelo qual a mulher pode muito bem enganar o macho (a freira contra os guardas), manobrá-lo diretamente, que seja homem político (o Regente), gênio filosófico (Kant) ou supliciado (Danton e o hilota). De todo modo, a mulher cumpre o papel de Erodias ou de Salomé perto da cabeça de João Batista. Notaremos,

10 A passagem citada da obra de Roussel neste parágrafo, isto é, a imagem da estátua de Saridakis, servo espartano feito de lâminas de espartilho, montado em cima de um carrinho que desliza sobre trilhos de carne macia, é reveladora da forma peculiar de escrita de Raymond Roussel, que ele próprio descreveu em sua obra póstuma, *Como escrevi meus livros* (cf. Paris, Alphonse Lemerre, 1935; tradução brasileira de Fabiano Barboza Viana, editora Cultura e Barbárie, 2015). O que, de início, parece não fazer sentido, no idioma original (francês) guarda uma relação íntima com os jogos de palavras tão caros ao autor, caracterizadores de seu estilo. Assim, *baleines* é baleia e é barbatana, ou lâminas, em francês; *îlot* é uma ilha pequena e *ilote* é um hilota. Roussel parte dessas palavras para chegar a frases como *baleines à îlot* (baleias na pequena ilha) e *ilote à baleines* (hilota feito de barbatanas). O procedimento se repete com certa frequência, e o trilho de carne macia – *rails en mou de veau* – tem origem nas homófonas da expressão *mou à raille* (indivíduo "mole", preguiçoso, que é zombado). A tradução, contudo, inevitavelmente distancia o leitor do procedimento de Roussel, o qual, por sua importância na definição do estilo do autor, não poderia passar negligenciado. [Nota da Revisão da Tradução].

aliás, que a cabeça escorchada e desossada de Danton é o exato complemento da cabeça oca de Kant.

No entanto, enquanto o papel de Faustine no grande diamante é somente o de um elemento mecânico das invenções e comandos do gênio de Canterel, Louise, que Roussel chama corretamente de mulher emancipada, é apenas ajudada pelo seu irmão Norbet e pelo arquiteto Chênevillot, mas é ela mesma por excelência quem inventa a máquina de pintar e quem dirige o funcionamento dos manequins móveis.

Já relacionada, à altura de sua via láctea, às correntes de ar de suas agulhetas respiratórias, Louise é a grande desenhadora unida à inscrição do alto: *A bela moça de Perth*, cujas folhas impressas peneiram a luz solar na direção de sua máquina fotomecânica. É ela também que transmite seus comandos, por meio de seu animal favorito, ao aparelho celibatário masculino, seja ele supliciado ou apenas mecanizado.

A praça dos Troféus

Da comparação entre diversas máquinas celibatárias isoladamente consideradas, passemos a uma confrontação geral entre o mundo da *Colônia penal* (escrita em 1914) e o de *Impressões de África* (publicadas em 1910).

Em ambos os casos, trata-se de um país tropical onde reina um poder absoluto que condena à morte, por suplícios insólitos e ostensivos, sob o império do mito das máquinas celibatárias.

Dentro dessa unidade, o contraste entre as duas sociedades é impressionante.

A cena da *Colônia* se passa em torno de uma única máquina, num vale deserto. O antigo comandante está morto, a massa de espectadores desapareceu, os tempos de outrora se foram. O próprio oficial liberta o último condenado e suicida na máquina que se desloca. Tudo está encerrado. O viajante viu apenas o último dia da máquina.

Em *Impressões de África,* é exatamente o contrário. O centro da ação se situa na praça dos Troféus, lotada por uma multidão de atores e espectadores, em Ejur, capital de um grande império que acaba de anexar um reino. Aquele que ocupa o lugar do antigo comandante, o imperador Talou VII, está vivo e vitorioso, no ápice de seu poder. Esse dia, o 25 de junho, é precisamente o de sua coroação, celebrado com desfile militar, execuções capitais e festividades de todos os tipos.

Tudo se passa como se *Impressões de África* nos mostrasse a atualidade magnífica e terrível dos "tempos de outrora", dos quais *Na Colônia Penal* é apenas o último vestígio.

Na narrativa de Kafka, a decadência dos tempos antigos vai tão longe que o antigo comandante é enterrado no bairro popular do porto, na "casa de chá", sob uma mesa qualquer do albergue. Sua tumba possui, mesmo assim, um epitáfio, mas essa inscrição de baixo está quase no chão e é traçada em caracteres tão minúsculos que o viajante deve ajoelhar-se para conseguir ler.

O caráter ritual, sagrado e até sacrificial das mortes desapareceu quase completamente por detrás do aspecto mecânico, já não pode ser deduzido senão por certos indícios que o oficial destaca, mas que não são evidentes nem incontestáveis.

Na praça dos Troféus, é o contrário. O lado sagrado é oficial e intensamente destacado; são apenas alguns indícios burlescos que anunciam a ruína futura.

No lado norte da esplanada, um altar rudimentar é erguido. Vemos um vaso cheio de óleo, do qual o imperador se servirá para a coroação, como um "santo vaso" (por alusão evidente à lenda de Clovis, em Reims). De um lado e do outro do vaso se encontram dois escritos. O primeiro é um pergaminho coberto de *hieróglifos*, espécie de *bula* que o imperador deve ler antes de se coroar, em virtude de seu poder religioso. Do outro lado, um grande velino traz um título escrito em caracteres *góticos*: *Casa reinante do Ponukélé Drelchkaff* (gloriosa inscrição de cima, da qual voltaremos a falar).

Então, depois do desfile dos guerreiros, Talou VII, usando peruca loira e vestido azul de cantora, cobriu-se com o grande manto sagrado e se coroou, como previa o cerimonial.

Esses tempos antigos se revelam de uma riqueza muito maior no pluralismo dos protagonistas, das máquinas e das funções.

Assim como o oficial da *Colônia* é, ao mesmo tempo, carrasco, Rao é primeiro-ministro e carrasco. Seus procedimentos são muito mais simples, mas o paralelismo é típico, uma vez que faz Rul perecer pelas agulhas, Mossem, por uma inscrição na pele, Djizmé, pela eletricidade atmosférica, depois de tê-la feito se deitar sobre um leito, como o condenado da *Colônia*. A máquina de Kafka faz precisamente a síntese desses diversos procedimentos: a eletricidade manipula as agulhas que produzem a inscrição sobre a pele das vítimas deitadas sobre um leito.

Anedoticamente, as causas das diversas condenações são bem diferentes. Rul é a imperatriz adúltera. Mossem, seu cúmplice, tentou sumir com Sirdah, filha do imperador, e Djizmé é apenas uma comparsa, e como o condenado da *Colônia*, açoitado por seu oficial, limitou-se a lhe gritar: "Jogue isso ou eu te devoro". No fim das contas, todavia, todos são condenados por terem transgredido o comando: "Honra teus superiores".

O caso de Fogar, filho mais velho do imperador e construtor de uma máquina celibatária onde se deita num estado de letargia próximo à morte, aproxima-se bastante do papel do oficial. Por outro lado, não se trata em nenhum momento de um aparelho penal, nem de um suicídio, mas dos resultados de uma experiência de exploração submarina com a ajuda do feiticeiro Bachkou.

É de modo distinto que Séil-Kor, devotado súdito do imperador, aproxima-se da morte e atravessa a loucura, mas obtém a cura.

O caso mais curioso é, evidentemente, o de Louise Montalescot, que acumula os papéis de ex-amante do rei vencido, de oficial (pela vestimenta) e a função de desenhadora, munida de uma pega em vez de um rastelo para manipular, entre outros, o hilota perfurado, com movimentos alternados, esperando para pintar mecanicamente a iluminação matinal de Béhuliphruen. Essas obras-primas valerão a Louise a graça do imperador.

Em relação à *Colônia*, os procedimentos utilizados em *Impressões de África* são primitivos e artesanais. Eles utilizam plantas, animais, e, com frequência, algumas máquinas tomadas das Artes e Ofícios da época. A *Colônia* opera um tipo de melhoria em um único aparelho com um funcionamento perfeito, mas unicamente especializado no terror.

Em contrapartida, as máquinas de Roussel oferecem uma variedade incomparavelmente mais humana. Ao lado do terror inexorável, elas podem significar provas terríveis, mas transitórias, sob a forma de maravilhosas intervenções científicas, psiquiátricas, estéticas, onde a festa, a iniciação e o próprio amor não estão ausentes. A partir do mito celibatário, representam muitas clivagens possíveis, em várias direções.

A função de morte, porém, não deixa de enquadrar a paisagem, como podemos ver. As filas de figueiras centenárias que circundam a praça dos Troféus são efetivamente guarnecidas de armas brancas presas nos troncos para servir de suportes às cabeças cortadas dos guerreiros vencidos.

Nesse espetáculo muito complexo, o princípio celibatário não seria apenas um aspecto secundário, ou cumpre o papel de uma constante fundamental?

O ovo cozido e fuzilado

Voltemos ao altar da coroação. É o momento de observarmos que a inscrição "Casa regente do Ponukélé-Drelchkaff" não designa nada menos que a *árvore genealógica da dinastia imperial.*

Ela remonta ao ancestral Souann, que esposou duas gêmeas espanholas náufragas, de onde nasceram as duas linhas rivais dos Talou, imperadores de Ponukélé, e dos Yaour, reis de Drelchkaff.

Além disso, de cada lado do altar estão plantadas duas árvores totêmicas reais. Uma delas é uma seringueira obsoleta, cujo aspecto miserável corresponde exatamente ao declínio do último Yaour, cujo cadáver repousa próximo, no chão.

Por outro lado, uma gigantesca palmeira expressa o poder de Talou vencedor, esposo de dez jovens mulheres e pai de trinta e seis filhos que acabam de desfilar em seis linhas de seis, encabeçando suas tropas.

Podemos imaginar uma prosperidade mais anticelibatária?

O que vemos, todavia, no pé da grande palmeira totêmica de Talou?

Um *ovo cozido*, em perfeito estado, colocado no alto de uma estaca fixada no chão.

Para quê? Vamos vê-lo quase imediatamente depois da coroação, em uma das primeiras atrações autorizadas e mesmo solicitadas pelo imperador.

Balbet, campeão de tiro como o próprio Roussel, para em boa distância, armado de um fuzil Gras, e aponta em direção ao ovo cozido. Atira vinte e quatro cartuchos (nesse meio tempo, o ovo é cuidadosamente virado).

O campeão mirou tão bem que no final a gema do ovo permanece perfeitamente intacta, enquanto a clara desapareceu completamente, "descascada" pela passagem das balas.

O episódio não pode ser reduzido a uma operação culinária completada por um fabuloso exercício de tiro. A localização do ovo cozido necessariamente o integra ao conjunto composto pela árvore genealógica, as duas árvores totêmicas e o cadáver de Yaour. Mas, enquanto o estado de cadáver de Yaour corresponde exatamente ao estado lamentável da seringueira, o estado do ovo cozido (morto, portanto) está em oposição categórica ao estado florescente da palmeira, do império e da prolífica família de Talou. Mais ainda, do mesmo modo que o imperador acrescenta ao declínio de Yaour o fato de posar com o pé sobre o seu cadáver, Balbet (com a autorização de Talou) acrescenta à morte do ovo, atirando vinte e quatro cartuchos para destruir a clara.

Sob o totem genealógico de Talou, Roussel não podia alojar um presságio mais sinistro, reduzindo o princípio vital a um *embrião de galinha, já cozido e tão logo fuzilado.*

Se um fato tão típico não recebe nenhuma explicação ao nível de narrativa explícita, perguntamo-nos se não devemos buscá-la, antes, ao nível de avatares mais profundos, os do princípio celibatário, na obra de Roussel.

Pouco depois, o químico Bex nos traz um outro exemplo desse princípio, quando instala uma singular atração. De um lado, ele apresenta um lençol azul, atrás do qual grandes botões de metal deslizam uns após os outros em uma fenda vertical de uma *paciência* de dois metros de altura. Em frente, de longe, ele põe grandes cilindros talhados em forma de lápis, cujo grafite é feito de *imantina*.[11]

Cápsulas e lamelas de *estânquio* protegem as pontas dos lápis e os botões. Na medida em que Bex os retira, os cilindros se lançam e atravessam a esplanada como bombas para se jogar contra os botões. *Mas o lençol azul continua a separá-los.*

Mais uma vez, Roussel apenas apresenta uma grandiosa descrição de processos mecânicos que não exigem menos de dez páginas. Contudo, não é tão difícil de compreender quais metamorfoses ele opera em torno de processos conhecidos e de um teor clássico.

A mesma ideia reaparece explicitamente, de outro modo, no início de *Locus Solus*, com a história da rainha Duhl-Seroul, essa "bela moça" que sofre graves crises de amenorreia (interrupção do fluxo menstrual, logo, no princípio da *ovulação*), que, em seguida, resultam em acessos de loucura furiosa.

Não menos explicitamente, a história da galinácea descreve um pássaro imaginário quebrando três dos seus quatro ovos com sua cauda em forma de faca para só ter de chocar o mais sólido. A propósito desta história, Roussel conta que, estando de passagem por Ecbátana, Ciro não teria chegado a beber da água do rio Coaspes (essa água não podia se separar de um cálice de ouro imantado). Roussel acrescenta, como se fosse um detalhe óbvio, que o Coaspes é um "grande afluente do *Tigre*".

---

11 Em *Impressões de África*, assim como em *Locus Solus*, Roussel apresenta materiais metálicos criados por seus personagens. É o caso do químico Bex e sua *aimantine*, substância definida por Roussel como "muito complexa", de poderosas propriedades magnéticas, apresentada em *Impressões de África* ao lado do *étanchium*, substância isolante criada para tornar possível o manejo da *aimantine*. Optamos pela tradução dos nomes das substâncias como *imantina* e *estânquio*, conforme sugestão de Fabiano Barboza Viana, em *Impressions d'Afrique de Raymond Roussel: Do deslocamento da representação à invenção dos procedimentos*, dissertação apresentada ao programa de Pós-graduação em Filosofia do Departamento de Filosofia da Faculdade de Filosofia, Letras e Ciências Humanas da Universidade de São Paulo, em 2012. [Nota da Revisão da Tradução].

Se nos dirigirmos ao dicionário Bescherelle, dentre todos o preferido de Roussel, encontramos, na palavra Coaspes: 1° - que este rio deságua no *Eufrates*, 2° - que os reis da Pérsia bebiam apenas de suas águas.

Parece difícil acreditar que, por puro acaso, Roussel tenha se colocado em contradição flagrante sobre esses dois pontos com o dicionário Bescherelle e que tenha ignorado a famosa charada infantil sobre a *galinha*, o *Tigre* e o *Eufrates* (a galinha vê o tigre e o ovo se perde).[12]

O surpreendente eclipse do Eufrates pelo Tigre se torna mais impressionante ainda diante do fato de o trocadilho clássico, que acabamos de lembrar, explicar precisamente os costumes imaginários da galinácea que põe ovos e se dedica a perdê-los na proporção dos três quartos. Não deixaremos de aproximar dele, aliás, o estranho encadeamento de palavras que explica a crise nervosa de Ethelfleda: "pai... tigre... sangue...", que se relacionam com a presença de um tigre (no sentido de mensageiro) e à morte sangrenta do pai de Ethelfleda, morto por um tigre (no sentido de animal feroz), de modo que poderíamos muito bem ler "tigre persa".

Do ovo cozido e fuzilado ao ovo perdido, é sempre a mesma linha de força que caminha mais ou menos subterraneamente, do começo ao fim das duas grandes obras de Roussel.

Os reflexos maravilhosos

Locus Solus (1914) não é somente uma obra posterior às *Impressões de África* (1910). A microssociedade que descreve em Montmorency, lar do sábio Canterel, localiza-se, logicamente, em uma etapa cronológica posterior ao mundo descrito em Ejur. Devemos, então, observar suas relações a partir desse mesmo ângulo.

12 Existe um jogo de palavras com a homonímia dos dois termos em francês, o nome do rio "*Euphrate*" e "œuf rate", formado a partir da frase "*quand la poule voit le tigre, l'œuf rate*" (quando a galinha vê o tigre, o ovo se perde), ensinada às crianças nas escolas como forma de decorar o nome dos dois grandes rios da Mesopotâmia, o Tigre e o Eufrates. [Nota da Tradução, complementada pela Revisão Técnica].

Entre as duas grandes obras de Roussel, existe, a princípio, um elo de desenvolvimento parecido ao que liga *A Metamorfose* à *Colônia*: uma tendência à concentração e à perfeição das máquinas. É por isso, aliás, que descobrimos, antes, a analogia entre o rastelo e a *"demoiselle"*.

Por outro lado, há uma diferença radical. Depois dos "tempos antigos" de *Impressões*, depois do colapso total da máquina terrorista na *Colônia*, *Locus Solus* marca o começo de uma terceira época. Em relação ao domínio de Canterel, os massacres das guerras, dos crimes e das revoluções, das condenações penais de todo tipo, não são mais que eventos anteriores que o sábio artista tenta substituir pelo seu contrário.

No lugar da *praça dos Troféus*, que era o centro de Ejur, o centro de *Locus Solus* é dominado pela *Grande Sala de Vidro*.

Como acontece a passagem? O procedimento fonético de Roussel pode ajudar a compreender.

Ao longo das *Impressões*, o húngaro Skarioffszky, incomodado pela multidão, ganha um "retiro solitário" no Béhuliphruen. Ele encontra um "grande verme" que sai de um rio cuja "água" é tão sólida que lhe permite andar a quatro patas sobre a superfície, sem afundar nele ou nem mesmo se molhar.

No começo de *Locus Solus*, Roussel chama nossa atenção para o *Federal de sêmen-contra*, estátua que comemora o medicamento tomado por Duhl-Seroul para obter o retorno de suas *regras*. Ele não nos diz que, segundo o Bescherelle, a palavra latina *versus* está subentendida depois de sêmen-contra, de modo que a expressão significa: *semente contra os vermes*.

A chave da segunda história é um *fantoche rosa*, boneca pertencente à jovem Hello e que a leva a reencontrar o enigma dos tesouros escondidos sob o *Morne-Vert*, misteriosa montanha da Bretanha, situada como por acaso em uma "região solitária". Roussel abstêm-se, todavia, de nos lembrar que, segundo o dicionário Bescherelle, o termo *morne*, de origem espanhola, designa certas montanhas arredondadas na *América*, especialmente nas Antilhas. Por que ele retoma esse termo para designar uma montanha na Bretanha? Porque *Morne-Vert* é o anagrama de *enorme-verme*.[13] Como o Tigre no lugar do Eufrates, tratando-se de um erro voluntário ou involuntário, ou mesmo de alguma coincidência imprevista, não seria ainda um sinal, como um galho quebrado pela passagem de algo desconhecido?

Mais adiante, os visitantes avistam um "diamante gigantesco", enorme e *solitário*. Construído apenas de *vidro*, é maior e mais brilhante que o próprio *Regente*, pois Canterel o dotou de múltiplas facetas, instalado no local mais ensolarado do seu domínio e cheio de *aquamicans*, essa "água-fulgurante", nova água extraordinária, que eclipsa a água e as *luzes* de qualquer outro diamante.

Lembremo-nos que, no interior, os três seres imersos são de cores rosa ou carne, Faustine, a cabeça de Danton e o gato Joujou, este último especialmente dopado com *eritrite*, substância química vermelha para melhor eletrizar a cabeça cortada.

É daqui que passamos à visita de um verdadeiro monumento de vidro, uma "*grande gaiola de vidro gigante*" (para não dizer de vidro enorme),[14] com quarenta metros de comprimento por dez metros de largura, cuja arquitetura é composta apenas de imensas vitrines mantidas por uma fina carcaça de ferro. Essa vasta sala de vidro é dividida em compartimentos, como vitrines de lojas, onde podemos ver oito cenas diferentes encenadas por mortos em decorações apropriadas e completadas por geladeiras.

Encorajado pelos "reflexos maravilhosos" que obtinha dos nervos faciais de Danton, Canterel tinha inventado duas novas substâncias: o *vitalium*, de cor *marrom*, e a *ressurrectina*, de matéria *avermelhada*, superior à eritrite. Uma vez introduzidas no cérebro de um cadáver, este podia se pôr novamente de pé e *repetir* (como um disco ou um filme) uma cena importante de sua vida, com a condição de cercá-la de acessórios e comparsas apropriados.

---

13 (N.T.) Dessa vez, o jogo de palavras se dá entre os termos franceses "*Morne-Vert*" e "*énorme-ver*".

14 Evitando, assim, a cacofonia provocada pelas homófonas *verre* (vidro) e *ver* (verme), que, portanto, também poderia ser um *verme enorme* no francês. [Nota da Revisão da Tradução].

Vimos alguns exemplos disso. Principalmente o de Ethelfleda revivendo seu medo de *sangue* e de *vermelho* ao passar sob uma marquise de *vidro*. Ou ainda, a descoberta do segredo de François-Jules Cortier no interior de uma placa coberta de *esmeraldas*, onde "seu provocante nome *vermelho*" está escrito com *rubis*, a "estrela de rubis".

Mais adiante, depois da grande gaiola de vidro, continuaremos a seguir o sinuoso labirinto das metamorfoses paralelas do vermelho e do sangue, do verde, do verme e do vidro,[15] por exemplo, com as "*esmeraldas*" escondidas em uma lama de tarô e provocando as gotas de *sangue* de Siléis.

Mas é o monumento de vidro habitado pelos mortos reativados que domina todas as perspectivas.

Apesar dos diversos avatares do vidro de que fala Roussel, esse verme único e sedutor só pode ser, no fim das contas, o "verme vencedor" que Edgar Poe evocava outrora num poema célebre, constelado de imagens pré-roussellianas.

No entanto, a metamorfose do verme em verde e, sobretudo, em vidro, acima da eritrite e da ressurrectina, opera uma completa inversão das perspectivas.

Lembramo-nos da *Colônia* de Kafka, o viajante, abaixando-se bastante sobre o epitáfio na casa de chá, podia ler estas últimas linhas: "Uma profecia nos assegura que no final de um certo número de anos, o comandante ressuscitará... Creia e espere."

Em *Locus Solus*, Canterel, no lugar do imperador e do antigo comandante, inventa a *ressurrectina*. Entrega ao cadáver uma "*impressionante vida factícia*". O defunto "repetia indefinidamente a mesma *invariável série* de feitos e gestos", incluindo o som das palavras, o movimento dos membros, a mobilidade do olhar. "*A ilusão da vida era absoluta.*"

Não cometeremos o erro de reduzir a flor à sua raiz, o vidro e a resurrectina ao verme e ao sangue ordinários. Em sua obra, Roussel

15 O verde, o verme e o vidro: *le vert, le ver et le verre*, palavras homófonas, mais uma vez, marcando o estilo de Roussel. [Nota da Revisão da Tradução].

opera uma admirável metamorfose, em que os caminhos subterrâneos transformam-se em perspectivas visionárias. O mundo fabuloso das *Impressões da África* e de *Locus Solus* não é nada absurdo e gratuito (não mais que o de Kafka). Está intimamente ligado ao próprio Roussel, como testemunha essa série de fragmentos característicos de anagramas com o nome de Raymond Roussel, que encontramos tanto em nomes africanos quanto bretões: em Souanne, Talou, Yaour, mais ainda Jouël, Kourmelen, Dul-Séroul, e mesmo nas duas palavras latinas *Locus Solus*.

Por meio de seus assombros pessoais superados, Roussel amplia em um novo mito os assombros permanentes da humanidade: por que o nascimento, por que a morte?

Alfred Jarry

Se voltarmos um pouco mais no tempo, encontraremos uma igualmente extraordinária estação de máquinas celibatárias na obra de Alfred Jarry. Sem o raio de luz que emana das três centrais precedentes, talvez nunca teríamos descoberto esta, que confirma solidamente o sentido das outras máquinas celibatárias.

Em primeiro lugar, é n'*O Supermacho* (*Le Surmâle*, Fasquelle) que encontramos três novos e grandes protótipos dessas máquinas. O título por si só já o sugere.

A primeira delas se forma na corrida fantástica das Dez Mil Milhas (Paris - Irkoutsk, ida e volta), na qual os ciclistas competem com a velocidade de uma locomotiva.

Dominando a cena, está o rosto de Ellen, parceira do supermacho, que aparece sozinha nas grandes vidraças de um trem, onde é acompanhada apenas por seu pai, um engenheiro, um mecânico e o condutor da locomotiva. Ademais, o mogno dos vagões é tão límpido como um espelho, enquanto a marcha paralela do trem sobre os trilhos e dos ciclistas sobre a pista polida evoca "uma paisagem de rio bem calmo".

A essas imagens que ligam uma vez mais o tema do vidro ao da mulher situada em cima, acrescenta-se o fato de que, ao se manterem, com vertiginoso esforço, na velocidade da locomotiva, os ciclistas acreditam ver imóveis os "raios" de seu limpa-trilhos, que se comparam a uma "grade" de prisão. Sem a confrontação com as outras máquinas celibatárias, tais termos permaneceriam anódinos, mas, graças a ela, ecoam singularmente os sentidos figurados de palavras que já encontramos, notadamente a grade da *Mariée* e os raios dos desenhadores. Embora, dessa vez, digam respeito à parte inferior da máquina, tal fato não é uma contraindicação, posto que permanecem associados à sua parte feminina.

Diferentemente do que acontece em Kafka e em Duchamp, a mulher está viva e presente. Isso se aplica tanto a Ellen quanto a Faustine de Roussel: ela está viva, mas já foi apanhada pelos mecanismos da máquina. No mais, ela é acompanhada por sinais de defloração e de morte. O grande vidro do seu vagão se reveste, por fora, de uma "espessa cobertura escarlate" comparada a "cogumelos sangrentos". Um pouco depois, o ato da mulher, ao abaixar o vidro, faz aparecer, no lugar dos cogumelos sangrentos, rosas vermelhas que essa manobra "arranca", e a maior delas cai no vagão de Ellen. Não seria exatamente o que Duchamp, embora o apresente de modo bastante distinto numa obra preparatória à *Mariée*, chamava de "a passagem da virgem à noiva"?

Por sua vez, a presença de William Elson, o pai de Ellen, no trem, não poderia nos atrapalhar: a introdução de um clima familiar na máquina não altera sua pureza celibatária. Ele é o organizador da corrida dos celibatários e o inventor do *Perpetual-Motion-Food*, o alimento dos celibatários. É, pois, o equivalente do antigo comandante, de Canterel e do imperador Talou.

Abaixo do andar superior que Ellen ocupa, os eixos dos vagões giram simultaneamente sobre os trilhos, e, na estrada paralela, as rodas da quintupleta precedida, primeiro, por um automóvel, depois, por uma máquina voadora, próxima ao chão, semelhante a uma trombeta e que se enrosca no ar; e, por fim, por um ciclista prodígio, o supermacho. Seria difícil não ver os sete homens que estão na estrada – os cinco ciclistas que pedalam sobre a quintupleta, o anão puxado pelo reboque da quintupleta e o supermacho – como sete celibatários machos em plena ação. É verdade que não desempenham o papel relativamente passivo dos moldes macho; como a mulher, estão vivos e em ação; desse ponto de vista, correspondem, antes, ao oficial de Kafka, pois ocupam um lugar central e põem a máquina em movimento. Por outro lado, um deles morre na corrida, mas não deixa de participar dela em estado de cadáver, e, além disso, o condutor da quintupleta, enquanto "responsável por quatro homens", é chamado de "*Corporal Gilbey*". Essa palavra, *corporal*, evidentemente significa cabo. Mas Jarry não escolheu de forma inadvertida este homônimo interlinguístico do corporal litúrgico, que designa nas duas línguas "o vestuário bendito que o padre católico estende sobre o altar para pôr a hóstia".[16] Por esses três sinais, funerário, militar e sacerdotal, existe um triplo e evidente anúncio do tema de Duchamp: o cemitério dos uniformes e fardamentos.

Se passarmos agora ao processo da corrida, constataremos que as semelhanças não são menos espantosas.

Os ciclistas estão deitados horizontalmente no frenesi do seu esforço. Jarry registra o movimento de tesouras de suas pernas. Junto deles, aparece um quádruplo símbolo de carrinho: o conjunto velocipédico, o carro, a máquina voadora e o trem. Não menos notável é o perfeito paralelismo mantido por muito tempo pelos celibatários deslizando sobre suas rodas emborrachadas (digamos que não são trilhos, mas rodas em carne macia) na altura exata da mulher e do seu trem, de modo que seus dois corpos, ainda que levados por um movimento vertiginoso, parecem imóveis um em relação ao outro. De repente, levantam-se juntos sobre o declive vertiginoso da gigantesca torre-virada que se ergue ao lado de Irkoutsk. Nesse ponto, a curva da pista se inverte completamente por causa da extrema velocidade. Desafiando a gravidade, o trem e os ciclistas se parecem com "moscas voando no teto", como acontece com a posição da *Mariée* em cima do vidro de Duchamp. Na saída dessa grande curva, o trem da mulher expulsa da pista um imprevisto barril que lá se encontrava e cujo balanço evocava um "berço de criança". Em qualquer outro contexto, talvez pudéssemos ver nele um símbolo de parto; em uma máquina celibatária, há sólidos motivos para pensarmos que, se o símbolo é esse, é para simbolicamente cortar toda sua virtualidade pela raiz. Além disso, os ciclistas estão lá para demonstrá-lo com afinco, eles que, tendo ultrapassado o trem da mulher, não vão mais competir senão com suas próprias sombras. Processo tão claramente narcísico que o movimento de suas pedaladas merece ser comparado

---

16 Ao se referir a *corporal* como homônimo interlinguístico, Michel Carrouges se refere ao inglês e ao francês: em ambos os idiomas, o termo se refere a "corpóreo", ao "cabo" como patente militar e ao "corporal", um vestuário da liturgia católica. [Nota da Revisão da Tradução].

ao giro de um cão enfurecido rodando atrás do próprio rabo, sem ter nada melhor para morder.

O conjunto desses temas é, aliás, excepcionalmente recapitulado por uma comparação proveniente de uma lembrança de infância.

"E parecíamos reconstituir uma das minhas visões daquelas noites: uma grande mariposa atropos que entrou pela janela não se inquietou – coisa estranha – com a lamparina, mas foi buscar no teto, com um instinto guerreiro, sua própria sombra projetada pela chama, e a golpeou com batidas repetidas, com toda a força de seu corpo peludo: toc, toc, toc..."

Aqui, vemos a repetição dos temas da suspensão no teto e a competição com a sombra, o que insiste sobre sua importância, isto é, sobre sua carga mítica. Mas é acrescentada uma conjunção suplementar, a da janela e de um lepidóptero crepuscular chamado mariposa caveira. Lembrança assombrosa do vidro, da lagarta (mariposa *mariée*) e do esqueleto. Mesmo o instinto guerreiro deixa curiosos ecos. Sobre a recusa de se aproximar da lamparina, é muito claro que Jarry a enfatiza.

Depois desses incidentes, os ciclistas realizam uma corrida a toda velocidade, durante a qual a locomotiva desengata, segundo o termo ritual em matéria de corrida, mas efetivamente passível de transposição em termos de transportes celibatários. Ela perde seu vigor e os ciclistas deixam para trás o trem da mulher.

Todavia, no mesmo momento, os ciclistas da quintupleta percebem um fantástico *outsider*, uma nova sombra destoando "como um velho cata-vento" e correndo em ziguezagues inacreditáveis na frente de todos os veículos. Embora não denominado, não deixa de ser, com toda evidência, o supermacho.

Aqui está uma breve alusão ao tema das testemunhas oculistas: toda a silhueta do *outsider*, até os raios de sua bicicleta, permanece fotografada na retina do narrador, que é um dos campeões.

Em seguida, o ritmo se torna cada vez mais extravagante e os cavaleiros da quintupleta chegam sozinhos, bem antes da locomotiva, ao poste final coroado de rosas vermelhas. Mas o corredor fantástico já havia passado por lá e desaparecido. Não é preciso destacar o que significa esse poste vermelho e solitário. Não faltam nem "esta luz apoteótica", nem essas "iluminações da linha de chegada", cuja aparição ritual já podíamos esperar.

É a vitória dos celibatários machos sobre a mulher, vitória na qual seria difícil de não ver uma apologia do *coito interrompido*. Durante todo o tempo de seus deslocamentos, o homem e a mulher permaneceram lado a lado, sem nunca chegar à suprema colisão amorosa. Inclusive, é preciso dizer que há aqui duas máquinas celibatárias gêmeas cujas estruturas e processos mantêm paralelamente presos o homem e a mulher, isolados lado a lado. De uma parte e da outra de um vidro intransponível, recíprocas testemunhas oculistas observam celibatariamente.

A segunda máquina celibatária é formada pela grande sala do castelo de Lurance, propriedade do supermacho.

Seus temas começam a surgir desde a aparição de um general, amigo do supermacho, e um policial que lhe fala o mais respeitosamente possível de um estupro cometido nos domínios de Lurance, cujo autor é, evidentemente, o supermacho. Também trata do infortúnio que aconteceu a um juiz de paz, ferido gravemente, e da introdução de um guarda-florestal. Depois, é o supermacho que se disfarça de guerreiro indiano. Percebemos que a noção de uniformes e fardamentos, de oficial e de guarda, também está presente.

Trata-se de uma sessão em que o supermacho está engajado a bater "o recorde do Indiano tão celebrado por Teofrasto, Plínio e Ateneu, o qual, Rabelais relata depois desses autores, com a ajuda de certa erva, faz em um dia mais de setenta vezes". Recorde erótico que expressa, dessa vez com toda evidência, o exato significado do recorde esportivo da corrida anterior.

Semelhante a um teatro, a grande sala apresenta a particularidade característica de abrigar três notáveis órgãos de vidro: a galeria envidraçada, em cima, a janela do doutor Bathybius, embaixo, o monóculo-fonógrafo, no centro.

A galeria é uma antiga varanda, mas murada, suspensa nas partes altas da sala. Recebe a luz através de um vidro fosco que dá para essa sala. É ali que estão fechadas sete cortesãs. Depois de terem se entregado a alguns excessos sem concursos masculinos, observam uma luz elétrica que passa por esse vidro. Como esse é fosco e fica bem alto no camarim, elas empilham as mesas, escalam, quebram o vidro e, através da grade que fecha a abertura, percebem de cima um espetáculo dado na sala, mas sem poder participar. São, sem qualquer dúvida, *mariées* oculistas.

Quanto à janela de baixo, é uma claraboia por onde o doutor Bathybius, localizado em um gabinete anexo ao primeiro andar, observa o mesmo espetáculo. Quando o doutor vira a maçaneta, como "o parafuso sem fim de um espéculo", "as abas se afastam sem barulho, como as asas de uma mariposa se abrem", nova lembrança da ligação entre vidro e insetos que se metamorfoseiam. No entanto, essa ocular se relaciona principalmente ao tema das testemunhas oculistas, não apenas pela natureza do espetáculo e a atenção do doutor, mas, também, pelo tema do ofuscamento, como pela denominação da janela:

"A claraboia se iluminou com a luz dourada de todas as lâmpadas do hall, e foi como se um astro tivesse se erguido."

Fascinado, apesar das necessidades de observação fria impostas pelo seu papel de estatístico, o doutor "avançou em direção ao vidro como se tivesse aproximado seu olho do ocular de um prodigioso telescópio, arrastado, sob sua cúpula trepidante, por colossais relojoarias, e apontado para um mundo inexplorado".

Se é evidente que existe aqui uma nova remissão ao ofuscamento terminal da máquina, a comparação telescópica evoca também a relação desse tema final com o tema inicial e superior dos espaços intersiderais que se equiparam com o tema da Via Láctea em Duchamp e o do sol sobre o desenhador em Kafka.

Enfim, sobre a mesa, no centro do cômodo, encontra-se um fonógrafo no pavilhão de vidro, cuja presença podia ser muito bem tida por anódina. Porém, seu cone de cristal contém rosas vermelhas como os vidros do trem. Uma delas é afastada das outras pela mão do supermacho, que a remove, "rosa mercúrio que parecia um pedaço arrancado de sua epiderme de Pele-Vermelha" sobre a carne de marfim de Ellen.

O cristal desse pavilhão é tão inocente que de suas profundezas se eleva um canto de amor voluptuoso e, enfim, fúnebre, cujas vibrações ritmam as brincadeiras de Ellen e de André, o supermacho. É, inclusive, apontado que o funil de cristal se parecia com "um grande monóculo para ciclope perverso que os observava", dito de outro modo, com um velho "senhor", "observador bem mais indiscreto que Bathybius".

Em nenhum lugar o significado das testemunhas oculistas poderia ser mais claro.

Também é sob a tripla vigilância desses três postos oculistas, as sete mulheres, o doutor e o ciclope, que se desenvolve, no centro da sala, o espetáculo das façanhas do supermacho, batendo todos os recordes de erotismo em companhia de Ellen. Oitenta e duas vezes, cuidadosamente registradas pelo doutor, o supermacho agarrou a mulher. De cima se escuta o furor das sete prisioneiras.

Em todo caso, é o momento em que percebemos da forma mais crua possível o tema do *Coito interrompido*. Alfred Jarry não nos esconde nada das precauções tomadas pelo supermacho:

"Eles se afastavam no exato momento em que outros se abraçariam de modo mais apertado, pois ambos se preocupavam apenas consigo mesmos e não queriam preparar outras vidas".

É muito evidente que esse tema não é um detalhe, mas o motivo central da máquina celibatária. Ela não tem nada a ver com a castidade. Jarry o mostra *ainda mais categoricamente que Duchamp*. Ela não é, em nada, abstenção do erotismo, mas *recusa* das consequências do erotismo.

Eis que o tema da morte reaparece. Ellen, no fim, torna-se fria como a aurora, ou seja, é identificada com o vidro. O supermacho pensa não ter mais que um cadáver nas mãos, e se percebe, com algum espanto, "descobrindo a Mulher, exploração cujo prazer ainda não tivera". Depois de oitenta e dois trabalhos saboreados, seria difícil dizer de maneira melhor a que ponto tinha permanecido fechado na prisão de vidro celibatária.

Todavia, uma singular transferência de esgotamento se opera. De repente, é revelado que Ellen não está morta, mas apenas desmaiada, enquanto o supermacho está possuído por um torpor irresistível.

É então que intervém uma terceira máquina celibatária. Amigo de William Elson e grande eletricista, Arthur Gough, novo correspondente de Canterel e do antigo comandante, constrói uma máquina eletromagnética, própria, diz ele, para inspirar o amor. Prende o supermacho nela, mas, contrariamente a todas as previsões do construtor, em vez de a máquina influenciar o homem, é este que a influencia, a carrega, a sobrecarrega, e a força a girar inversamente, com tanta força que a máquina explode. O supermacho então salta, escapa, preso aos fios elétricos e eletrodos, e, finalmente, vai expirar abandonado contra a grade monumental do castelo.

Nesse suplício eletromecânico do supermacho, essa expulsão catastrófica das engrenagens da máquina, essa fulguração elétrica de uma morte que, mais uma vez, relaciona o tema final do ofuscamento ao tema inicial da grade, grade aqui evidentemente indecifrável, como não reconhecer as mais precisas correspondências com a morte do oficial na *Colônia*? Logo veremos, aliás, mais uma correspondência. Sem falar na semelhança com os temas rousselianos do relâmpago.

Resta observar, enfim, que os feitos do supermacho, como os dos quintupletistas, devem-se ao consumo do *Perpetual-Motion-Food*. É uma semelhança a mais com as máquinas do grande diamante, com a casa de vidro e com Fogar, que também se relacionam à utilização de alimentos fabulosos, ainda que de natureza distinta.

São esses alimentos que dão aos espetáculos celibatários de Roussel e de Jarry uma característica sobre-humana que não existe em Duchamp nem em Kafka. Poderíamos, inclusive, indicar que, no caso de Jarry, trata-se de aparelhos *supermachos*, o que explicaria o significado particular dessas máquinas em relação às outras máquinas celibatárias.

Os *Gestos e opiniões do doutor Faustroll* (*Gestes et opinions du docteur Faustroll*, Fasquelle) contêm, entre outras, a narrativa de sua viagem a bordo de um *leito-barco-peneira*, com doze metros de comprimento, não afundável, pois navega apenas sobre os oceanos dos bulevares parisienses, pela rua do Faubourg-Montmartre, em direção à rua Veneza, depois do Necrotério.

Sobre essa insólita embarcação, tomaram seus lugares com Faustroll um oficial de justiça e um macaco chamado Bosse-de-Nage.

Apesar das numerosas analogias da paisagem mental (sobre as quais voltaremos), a máquina celibatária afirma-se apenas de modo passageiro, ao longo do caminho (capítulos 25 e 33).

Vemo-la na rua de Veneza (miticamente prolongada) quando, ao meio-dia, o Dr. Faustroll vai almoçar em uma espelunca e conhece o bispo marinho Mensonger,[17] que lhe apresenta sua filha Visité.[18]

Proveniente direto dos monstros medievais catalogados no século XVI por Aldrovandi, o bispo marinho tinha uma mitra com escamas, um tentáculo em forma de bastão, sua veste incrustada de pedras de abismos marinhos aderia à pele até sua coxa.

Sua filha Visité, mesmo não descrita, deve ser então mais ou menos antropo-ictológica.

Após pedir sua *filha* para servir uma *lagosta*, o bispo marinho observou que o *Dr. Faustroll* usava de colar, como o *estojo de um binóculo salgado, uma caixa de carne enlatada.*

Isso lhe inspira a improvisar a célebre fábula da *caixa da carne enlatada, encadeada como um lorgnon que se apaixona por uma lagosta,* "*pequena caixa automóvel* de conservas viva", que se parecia fraternalmente com ela, que trazia sobre sua carapaça *a inscrição* "*Boneless and economical*" (sem espinhas e econômica), e que devia esconder sob sua cauda "uma chave destinada a abri-la".

É por isso que a carne enlatada convida o pequeno automóvel de conservas a encontrá-la na fachada terrestre (a vitrine da loja), onde mora, para ser decorada de *medalhas de ouro.*

Podemos dizer que tudo está aí: o vidro, os dois elementos metálicos ou mecânicos (a embalagem de carne enlatada e a lagosta-embalagem-automóvel), o amor (por assim dizer), a inscrição (em inglês) minienigmática, as testemunhas oculistas, pelo lorgnon e o binóculo. É verdade que a embalagem de carne enlatada não é uma máquina por

17 (N.T.) Literalmente, Mentiroso.
18 (N.T.) Literalmente, Visitada.

si só, e que é dita sedentária, mas é um produto estritamente mecânico da indústria das conservas, e, de início, está *suspensa* em *colar* no pescoço de Faustroll, necessariamente percorrida por leves oscilações mecânicas devidas aos movimentos do corpo, antes de ser animada pelo *humor objetivo* do bispo marinho.

Quanto às *medalhas de ouro*, não poderiam deixar de evocar os círculos radiantes de testemunhas oculistas, com o ofuscamento do respingo (Duchamp), as iluminações e êxtases (Kafka) e, em Roussel, particularmente as "aéreas coroas flamejantes" de esmeraldas, chamadas ao acoplamento.

Além do mais, o efeito não vai demorar.

Pudemos observar também que, pela própria narrativa, a caixa de carne enlatada está objetivamente relacionada a Faustroll, que a usa como colar, e a lagosta também está objetivamente relacionada a Visité, que foi encarregada de servi-la.

Dito de outra forma, a fábula do bispo é um convite ao amor, para Faustroll e Visité.

Depois de um rápido intervalo, de fato vamos encontrar Faustroll e Visité deitados no leito-barco-peneira, posto sobre o solo.

Desde as primeiras palavras, percebemos que a decoração é bem apropriada, pois o capítulo é intitulado "Do termes" (nome científico do cupim)[19] e a nudez do solo é considerada como uma velha parte da *nebulosa* do mundo. A imagem do inseto e a da Via Láctea estão, pois, relacionadas.

Logo depois, Jarry acumula maquinários paralelos: o leito-barco-peneira que funciona como uma ampulheta para contar as horas, o tique-taque do relógio de Faustroll, os batimentos do seu coração, seus batimentos de amor que só podiam ser comparados à série indefinida de números.

Mas a filha do bispo "não sobreviveu à frequência de Priapo".

O destino de Faustroll seria melhor? Não podemos duvidar. Pois o

---

19 *Termes* é a palavra em latim que significa *verme que rói a madeira*, origem do nome térmite, também usado para designar os cupins. [Nota da Revisão da Tradução].

termes, ou cupim, invisível no carvalho do leito, "tomava o isocronismo dos golpes de sua cabeça da *simulação* do coração de Faustroll".

Com *Os Dias e as Noites* (*Les Jours et les Nuits*, Gallimard), romance de um desertor, Jarry traça um quadro bem rabelaisiano, erótico-hermético, da vida militar. É nesse apropriado cenário de uniformes e fardamentos, negado pelo princípio da deserção, que se ergue uma nova e bem diferente máquina celibatária. Essa máquina é a ilha da nereida.

O fato de se tratar de uma ilha e de uma nereida insiste novamente na ligação entre a mulher e o mar, ou o vidro.

Nessa história, o tema da inscrição de cima, muito ausente nas representações do *Supermacho*, reaparece aqui com um vigor dobrado: acima da ilha, voa uma águia do mar que carrega um papiro numa ânfora selada: é a mensagem que a prisioneira da ilha envia a sua irmã, Cymodocé, nereida, e essa mensagem não é outra senão o próprio texto em questão.

Além disso, a ilha está protegida por uma muralha de vidro, precisão que dispensa destaque para seu caráter obsessivo; e "há uma inscrição na muralha":

"Para aquele que beija apaixonadamente sua Cópia através do vidro, um ponto do vidro é ativado e se torna sexo, e o ser e a imagem se amam através da muralha."

O tema da inscrição, portanto, relaciona-se ao vidro, como em Duchamp. Por outro lado, esta é legível e expressa significativamente a mesma coisa que o movimento frenético dos ciclistas e da mariposa átropos sobre suas sombras. É preciso acrescentar que a única habitante da ilha de vidro é lésbica, como as cortesãs presas na galeria alta do castelo de Lurance. Está presa atrás de seu vidro, como Ellen e Faustine. Como esta, ela está em um campo de ofuscamento, pois Jarry nos evoca "o sol sete vezes ardente" que a acompanha "no recinto de vidro obscuro". De todo modo, é uma nova ilustração da ligação da mulher com os astros. E isso numa "ilha de vidro lúbrico".

Por mais antiga que seja a fabulação, essa ilha não deixa de ter um caráter muito moderno e mecânico, precisamente no estranho poder atribuído à muralha de criar uma cópia sexual da prisioneira. Pois esse poder é obtido "pela vontade dos deuses imortais ou pelo artifício de um homem sábio que construiu máquinas semelhantes aos vivos, e que se movem, oscilam com as ondas e a libração da ilha, do outro lado do vidro". Temas do autômato, do balanço e da separação.

No meio dessa curta narrativa surge, em seguida, a imagem de um homem deitado. Suspeitamos que não seja um adormecido qualquer. Deitado como Fogar, o oficial e os ciclistas, ele está num caixão de ferro, lembrança do tema do cemitério e da tumba. Sua cabeça está sob a Ursa Maior, que lembra o tema astral em cima das máquinas celibatárias. Sobre sua tumba, "está escrito em letras jônicas que é espantoso de ver que esse grande corpo esteja deitado em uma pequena ilha", o que compõe uma incontestável inscrição de baixo. Seu nome é Micromegas. O fato de esse nome ter sido tirado de Voltaire parece não ter muita importância. Por outro lado, o sentido dessa palavra convém muito bem a essa ponte transportadora de vidas que o supermacho afasta de Ellen. Efetivamente, sabemos que suas notáveis variações de tamanho foram representadas com frequência, em um grau fantástico, sob a forma de algumas personificações míticas, das quais o Purusha hindu é a mais famosa. Entenderemos melhor, então, que ele possa se parecer com um cadáver prisioneiro da morte para a cativa fechada na ilha de vidro. No entanto, nada é simples, e o coração da nereida está dividido contra si mesmo. Ela ainda sente o poder que ele representa e que sua negação não é suficiente para anulá-lo, pois ele continua a polarizar os mundos.

"Ele leva toda a ilha e eu junto em direção à dupla coluna de Héracles."

É verdade que, se isso for o objetivo, nem a ilha nem a prisioneira o alcançarão, graças à maldição que resulta da conjunção da mulher com o vidro. Tudo se tornou inútil e, no entanto, a nereida tentou enganar o feitiço que pesa sobre si e sobre Micromegas, mas em vão:

"Não pude animar Micromegas nem me encontrar na ronda cotinoitana[20] das virgens em torno do invólucro."

---

20 "Cotinoitana" é uma possível tradução para o neologismo usado por Alfred Jarry, *quotinocte*. Trata-se da decomposição da origem latina de *cotidiano*

Essas virgens, sacerdotisas de Hécate, limitam-se a circular em torno das muralhas e, sem dúvida, na parte exterior da fortificação de vidro, como vãs presenças fugidias, inúteis desdobramentos, miragens de vidro.

A prisioneira não tem, portanto, outra saída, apenas seu próprio reflexo como um fantasma:

"Todas as noites eu permaneço de pé contra a muralha de vidro e observo minha imagem colada contra mim, em pé no mar líquido."

Contudo, é então que se revela como a inscrição de cima sobre a muralha é uma mentira. Em vez da imagem da nereida se animar, tornar-se sexo e vida, e encontrar a nereida, é um segredo de morte que vai se manifestar.

Aqui, de fato, termina a mensagem da nereida, e eis que Cymodocé, "suspensa como uma aranha marinha por seus cabelos de bisso glauco entre as duas colunas de Héracles, vê avançar a ilha movediça de obscuro cristal". Sabemos que a aranha marinha é orbicular, isto é, sua teia é tecida em círculos concêntricos, no que encontramos um tema insetiforme e oculista, tênue, mas não negligenciável. E eis o que Cymodocé vê sobre o vidro do mar:

"Uma forma branca brilha no fundo, e as unhas arranham o amálgama terrestre do vidro do outro lado do mar. Depois, uma estrela branca se ilumina e o vidro fende-se oval na muralha; a forma branca se faz visível com o sangue vindo do dente do vidro, que a cobre do ventre ao roxo das unhas."

"O mar ressoa na ferida, preenchendo o vaso da ilha que, ultrapassados os dois pilares, balança para trás; e a água e o ar, misturados,

---

(*quotidien*, em francês), para acrescentar a palavra *noite*, em latim (*nocte*), no lugar de "dia". O autor suprime o *dies* (dia) de *quotidianus* e o substitui por *noctes* (noite): *quotinocte*. A obra de Jarry é marcada por analogias e neologismos que tiram seu sentido do grego e do latim, bem como do vocabulário técnico associado ao tema central de seus escritos. Sobre esse estilo de Alfred Jarry, Cf. Carey Taylor A. Le vocabulaire d'Alfred Jarry. In: *Cahiers de l'Association internationale des études francaises*. Paris: Les Belles Lettres, 1959, n. ii. p. 307-322. [Nota da Revisão da Tradução]

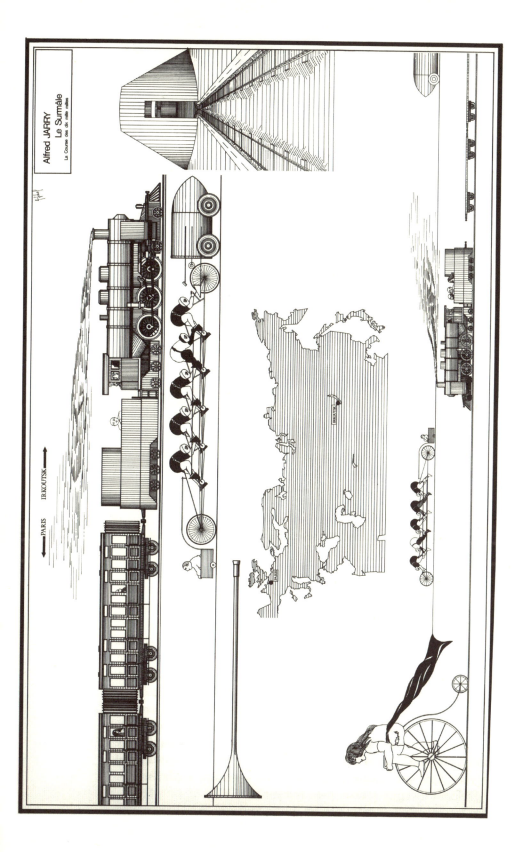

jorram até o arco-íris que crepita, pelo buraco, semelhante à abertura de um *physétère*"[21] (cachalote soprador).

"E Cymodocé recolhe o corpo branco e roxo que flutuava sobre a água como se fosse um barco de esperma de baleia."

A estrela branca parece não ser mais que um pálido chamado do tema do ofuscamento, mas só é observado bem de longe. Por outro lado, o jato de ar e de água pela abertura do cachalote repete, com uma forma quase cósmica, o tema do respingo em Duchamp e em Kafka, pois se eleva à altura de arco-íris, acima das sobras da "mariée" flutuando no vidro líquido.

"Prosa de oficial", julga de forma muito positiva, mas não menos profética, o soldado Sengle,[22] isto é, ele próprio *singulum*, colocando fogo nos folhetos de seu superior.

No caso de Haldernablou, de *Minutos de areia memorial* (*Minutes de sable mémorial*, Fasquelle), poderíamos hesitar em falar mais uma vez de máquina celibatária, uma vez que os mecanismos de detalhe das outras máquinas estão dispersos entre outros símbolos. Contudo, existe ali algo além de *membra disjecta*.

Em três andares superpostos situam-se: no alto, um aquário habitado pelo pastor das corujas, aquário cujo fundo forma um teto de vidro para o quarto central. Por sua vez, o fundo desse quarto central, "glauco dossel horizontal" e "pano de vitral abatido", forma um teto para a residência subterrânea, de baixo. O tema do vidro está amplamente difundido aí.

---

21 "Physétère" é uma adaptação direta do termo científico para designar a baleia cachalote: *Physeter macrocephalus*. Ele também é congênere do zífio, isto é, dos cetáceos dentados. Jarry usa o termo como Rabelais, o que seria uma referência ao episódio entre Pantagruel e o *physétère*. [Nota da Revisão da Tradução].

22 Sengle, o nome do personagem, militar, de *Os Dias e as Noites*, é palavra inspirada do termo latim *singulum*, segundo nota do próprio Jarry na primeira página de seu livro (cf. Alfred Jarry, *Les Jours et les Nuits, roman d'un déserteur*. Paris: Gallimard, 1981). O nome também deixa uma referência subentendida à disciplina militar, pois seu homófono francês, *sangle*, é o cinto. [Nota da Revisão da Tradução].

Na habitação mediana de vidro, dois pederastas são mantidos, Haldern e Ablou. Este último se debruça numa ventilação e vê, num mundo subterrâneo, uma imensa "Máquina".

Haldern a invoca com lirismo:

"Vire o carvão luminoso do teu curso, rio Oceano, que encurvas os Ixions pagãos aos X de braços filosofais. Tu és o embrião pelo contínuo dos teus gestos circulares, mas tu és teu centro e tua circunferência, e tu te pensas a ti mesmo, *Deus metálico*, essência e ídolo... Tu habitas Deus um, que *nega com veemência filhos* que te diminuiriam por herança... *Tu te bastas a ti mesmo, Onan do metal do teu sexo e que batizas Malthus com um jato da tua baba escaldante.*"

De forma detalhada, a máquina celibatária cresceu às dimensões de um cosmos absoluto e infernal, onde o rio Oceano ficou negro e fosforescente e o Styx gira sem fim, dando impulso à roda de Íxion multiplicada pelo infinito.

As máquinas celibatárias de Jarry manifestam com uma insistência nova o antagonismo indissociável no interior do erotismo.

O mais importante aqui é não sermos dissuadidos pelo aspecto gaulês do erotismo em Jarry. Sob essa aparência, um princípio prometeico está em jogo. E talvez ninguém o tenha expressado com tanta força.

Atrás de suas lentes, o doutor Bathybius não se limita a anotar suas observações estatísticas, ele vaticina. Rejeitando a noção religiosa de Deus, declara que foi o homem que criou Deus à sua imagem numa figura ampliada ao infinito, e acrescenta:

"Agora sabemos que existe um outro Deus que criou realmente o homem, que reside no centro vivo de todos os homens e que é a alma imortal do homem". Esse Deus é um astro com bilhões de exemplares, "imperecível e microscópico que se transmite de geração para geração desde o começo do mundo: o *gérmen*."

"O gérmen é esse Deus em duas pessoas, esse Deus que nasce da união das duas mais ínfimas coisas vivas, as meias-células que são o Espermatozoide e o Óvulo."

"Um e outro habitam os abismos de noite e de vermelha desordem, no meio das correntes – nosso sangue – que levam os glóbulos espaçados uns dos outros como planetas."

"São dezoito milhões de rainhas, de meias-células fêmeas, que esperam no fundo de sua caverna."

"Penetram os mundos com seu olhar e os governam. Elas são infinitamente deusas. Não existem leis físicas para elas – desobedecem a gravidade –, opõem à atração universal dos sábios suas afinidades particulares; só existe pra elas o que lhes dá prazer."

"Nos outros abismos também formidáveis, eles estão lá, os milhões de deuses depositários da Força e que criaram Adão no primeiro dia."

"Quando o deus e a deusa querem se unir, trazem, cada um de seu lado, um em direção ao outro, o mundo onde habitam. O homem e a mulher acreditam se escolher... como se a terra tivesse a pretensão de girar de propósito..."

"O deus e a deusa vão se unir... para se encontrar, precisam de um tempo que, segundo as medidas humanas, varia entre um segundo e duas horas..."

"Um pouco mais de tempo e um outro mundo será criado, um pequeno Buda de coral pálido, escondendo seus olhos tão maravilhados por estarem tão perto do absoluto, que nunca foram abertos, escondendo seus olhos com sua pequena mão parecida com uma estrela..."

"Mas então, o homem e a mulher se despertam, escalam o céu e esmagam os deuses, este verme."

"O homem, neste dia, chama-se Titã ou Malthus."

Não fosse esse final, o tom do discurso se anunciaria particularmente próximo ao de D. H. Lawrence. Mas, em Jarry, esse grande momento de erotismo cósmico leva à sua própria negação. De fato, não há nenhuma dúvida sobre o sentido desse despertar, pela presença do nome de Malthus e pelo fato de esse discurso de Bathybius pontuar o enlaçamento bruscamente rompido entre Ellen e o supermacho. O tema da escalada do céu e o nome de Titã nos mostram que não se trata de uma prática profana, nem de uma medida de prudência econômica, mas de uma recusa da ordem do mundo, de uma revolta contra os deuses, sejam eles físicos ou espermatomorfos.

É difícil de pensar que não haja uma ligação entre esse princípio de negação, tão prometeicamente representado, e o princípio de repetição ilimitada do emprego das forças humanas. É esse duplo princípio que se encontra realizado e atualizado pelo supermacho e cientificamente registrado pelos cuidados do doutor Bathybius. Aliás, esse caráter ilimitado das forças do homem é representado duas vezes: por um lado, na corrida das Dez Mil Milhas, onde os ciclistas derrotam com ampla vantagem a velocidade da locomotiva, e, por outro lado, na grande sessão de Ellen e do supermacho (como naquela de Faustroll e de Visité). Evidente neste caso, implícito no outro, o significado erótico contido aí não impede de forma alguma a necessidade de reconhecer um significado esportivo muito positivo no primeiro caso. A negação inicial ou adiada da mulher é o anverso negativo da máquina celibatária, cujo inverso positivo pretende ser a liberação no homem de uma potência ilimitada em todos os domínios, eróticos e outros.

Podemos nos perguntar se a ligação entre esses dois polos não foi realizada da maneira mais indissolúvel na noção do *Perpetual--Motion-Food*, cujo inventor é o pai de Ellen, mas isso significaria enfrentar toda a questão dos alimentos fabulosos nas máquinas celibatárias, e deveremos analisá-la ulteriormente para examiná-la em toda sua amplitude.

Guillaume Apollinaire

Embora talvez só exista uma única máquina celibatária na obra de Apollinaire, ao menos não deixa nada a desejar em relação às de Jarry pela evidência erótica.

Aparece na história do Rei Lua, em *O poeta assassinado* (*Le Poète Assassiné*, Gallimard).

Perdido no meio de uma floresta, o herói entra em uma caverna aberta aos pés de uma alta falésia. Ali, percorre sucessivamente uma série de salas estranhas.

A primeira sala exibe um tema de água marinha com suas paredes revestidas parcialmente por conchas e suas bacias escorrendo, onde nadam os peixes.

Na segunda sala, aparecem agrupados em uma única estrutura os temas do pendurado, do carrinho e do leito. Ao entrar nela, o herói de fato observa, além de uns cinquenta jovens, uma mesa-elevador e cadeiras de balanço que estão, todos, pendurados no teto por cabos metálicos que permitem que os façamos descer ou subir à vontade. Em seguida, ele vê chegar criados empurrando diante de si um carrinho aquecido eletricamente com "um boi ainda vivo mas muito bem amarrado". Mal havia sido cozido, o animal foi cortado em pedaços e servido aos convivas por quatro escudeiros cortadores. "Em pouco tempo, sobraram apenas a pele e o esqueleto, que foram levados como um contribuinte devorado pelos coletores de impostos".

Temos aí todos os *motivos* do suplício, mas, ao menos para os homens, agradavelmente transferidos para o animal que transformam em vítima comestível.

Terminada essa refeição, os criados limparam instantaneamente a mesa e a fizeram subir de volta ao teto com as cadeiras. Depois de algumas breves danças, os jovens saem.

Para fumar, atravessam uma terceira sala cuja mobília traz algumas questões:

"Vi que conversavam entre si, enquanto, em torno deles, móveis peculiares pareciam dançar do modo mais estranho e sem música. Esses móveis se levantavam pouco a pouco como um poeta de salão, gingavam ao se levantar e cresciam aos solavancos; rapidamente adquiriram a aparência de móveis confortáveis, sofás e divãs de couro; uma mesa parecia um cogumelo, recoberta de couro como o resto da mobília."

Quando um charuto aceso é colocado sobre a mesa, esta explode e cai no chão como um elefante morto. Os homens que jogavam cartas abandonaram-na e o criado negro "não fez mais que esvaziar o móvel que diminuiu sibilando".

Não encontraremos nenhuma dificuldade para ver nessa mobília macia, que se infla e se desinfla, uma introdução mais axial aos segredos da máquina celibatária. Ainda mais oportuna, por chegarmos com o herói no instante das revelações.

Quando os jovens deixam essa nova sala, o herói os acompanha por um corredor semeado de *inscrições*. Embora francamente eróticas, não deixam de sugerir algum mistério. Como esta inscrição:

Eu estive ontem com a condessa Terniska
na idade de 17 anos ela que
tem 45 bem completos. H. von M.

Muito intrigado, o explorador se aventura numa quarta sala, onde encontra os cinquenta jovens deitados sobre almofadas, bem relaxados e se acasalando com o vazio.

Contudo, havia, perto de cada um deles, caixas de madeira que tinham sido abertas para ativar aparelhos que giravam muito lentamente, como os cilindros dos antigos fonógrafos. Esses aparelhos, prodigiosamente, mas cientificamente evocatórios, tinham a capacidade de tornar presente, visível e tangível, ao lado deles, um fragmento de espaço antigo. Seu inventor os tinha chamado de "*cronopanto-projetores*", mas, o interesse pela reconstituição das grandes cenas da história não tinha merecido sua preferência, tendo os aparelhos sido reservados para a *recuperação* mecânica das cortesãs e dos belos de antes, escolhidos nos seus momentos de volúpia.

"Os operadores vestiram ainda um tipo de cinto que se prendia ao aparelho na extremidade, e me pareceu que todos se assemelhavam a *Íxion enquanto acariciava o Fantasma de Nuvens*, o invisível Juno."

Percebemos, então, que ao tema da inscrição acrescenta-se o de uma mecânica com função erótica. Mais ainda, o caráter anacrônico dessa orgia faz surgir no próprio pensamento do explorador um novo tema das máquinas celibatárias.

"*As caixas*, disse a mim mesmo, *são cemitérios, de onde esses necrófilos desenterram cadáveres apaixonados.*"

Assim desfilavam, ainda mais transparentes que o vidro para alguém que não estava em contato com um gravador, Cleópatra, a Madame de Pompadour e até Michelangelo. Seduzido, o viajante também quer fazer parte do prodígio, escolhe uma caixa, sujeita-se ao cinturão e inicia o movimento.

"Rapidamente se formou sob meus olhos alegres um corpo nu que me sorria voluptuosamente."

"É assim, disse, que eu podia observar, apalpar, em uma palavra, fazer meu trabalho (não sem certa dificuldade) com o corpo diante de mim, enquanto este não tinha nenhuma ideia da minha presença, ele mesmo desprovido de qualquer realidade atual."

Precisão capital, pois está aí a essência da máquina celibatária. A mulher está presente para o celibatário somente na medida em que está contida na máquina, isto é, onde se identifica a uma mecânica amorosa. O fato de a mulher não estar consciente dessa estranha reiteração do uso voluptuoso que é feito de sua presença passada significa que não existe essa reciprocidade de presença que é a alma do amor e sua felicidade. A mulher não é mais que um objeto, um cadáver que sobrevive no olho da testemunha oculista.

Porém, o herói sai da sala, fica perdido e acaba por entrar em uma quinta sala onde é acolhido, de início, pelo espetáculo de um trono desmantelado, de uma pilha de coroas de teatro e frascos de sangue, nova lembrança do cemitério dos uniformes e fardamentos. O tema do vidro se desdobra suntuosamente sob a forma de placas de vidro transparente de onde sobem luzes e grandes janelas postiças que projetam uma luz artificial tão viva quanto o dia.

Enfim, numa sexta sala, encontra Luís II da Baviera, no meio de grandes pavilhões de cobre, saindo das muralhas que permitem escutar barulhos vindos do mundo inteiro, forma moderada de testemunho auditivo.

Abandonando o rei louco, único soberano desses cemitérios de uniformes e de cadáveres amorosos, o herói sai da caverna e reencontra a floresta completamente transformada:

"A floresta estava iluminada; as mil luzes que tinham surgido ali corriam, subiam, abaixavam-se, caíam, desligavam-se, reacendiam-se, encolhiam-se, aumentavam, mudavam de cor, unificavam seus tons, diversificava-os, uniam-se em formas geométricas, separavam-se em brilho, em chamas, em faíscas, solidificavam-se por assim dizer em incandescentes formas geométricas, em letras do alfabeto, em números, em figuras animadas de homens e de animais, em altas colunas ardentes, em lagos formando ondas em chamas, em fosforescências lívidas, em feixes de foguetes, em girândolas, em luz sem foco visível, em raios, em relâmpagos."

Em resumo, é o fim ritual das máquinas celibatárias: do ofuscamento no retorno à inscrição de cima. A reaparição desse tema aqui é ainda mais notável por ter sido irracionalmente adiado depois da fase das evidentes volúpias.

Teremos notado que, na narrativa de Apollinaire, tudo acontece da forma mais eufórica. Também não parece existir nenhuma lembrança do aspecto religioso-irreligioso das máquinas celibatárias em geral, exceto quando, como Jarry, Apollinaire lembra o mito de Ixion.

Júlio Verne

A obra de Júlio Verne é cheia de máquinas e de grandes celibatários. Mas, conteria máquinas celibatárias? Essa já é outra questão.

Abramos *O Castelo dos Cárpatos* e vejamos sucessivamente os fatos em sua ordem cronológica.

No teatro de Nápoles

Naquela noite, nos últimos anos do século XIX, o teatro de San Carlo, em Nápoles, estava lotado. Nessa sala, um pouco maior que a Ópera de Paris, vemos por toda parte os binóculos de teatro que uma multidão de *testemunhas oculistas* amontoadas na plateia e nas cabines manuseia e aponta na direção da Stilla.

Aos vinte e cinco anos, a célebre cantora de ópera, no auge de sua glória e beleza, dá adeus ao público. Canta pela última vez, no papel de Angélica de *Orlando*, a ópera de Arconati.

Das cento e noventa e duas cabines divididas em seis andares, diante da cantatriz, apenas uma está escura e fechada, mas não vazia: a do barão Rodolfo de Gortz.

Era um quinquagenário misantropo de quem nada se sabia, exceto que se tratava de um admirador da cantatriz e que seguia todas as suas apresentações, em Nápoles, Roma, Milão, Turim, etc.

A voz da cantatriz lhe parecia tão indispensável quanto o ar que respirava, mas "ele nunca tentou encontrá-la", nem mesmo lhe escrever.

Por sua vez, Stilla nunca conseguiu percebê-lo claramente. Em cada apresentação no teatro San Carlo, como em outros lugares, o barão chegava coberto com um grande chapéu que lhe escondia o rosto e rapidamente se fechava *no fundo de uma cabine com grades*, alugada anteriormente por ele próprio, onde era acompanhado apenas por uma pessoa, um certo Orfanik, sábio desconhecido e sem o olho direito.

"Disseram que esse personagem (o barão) nunca tinha se apresentado a Stilla. *Mas, se não tinha tentado conhecer a mulher – insistimos particularmente sobre esse ponto* – (Júlio Verne *dixit*), tudo o que lhe lembrava a artista tinha sido objeto de constantes atenções. É por isso que possuía o mais belo dos retratos de Stilla, uma obra-prima comprada a preço de ouro."

A cantatriz, que era de natureza muito impressionável, sofria cada vez mais com essa perturbadora assiduidade de um homem praticamente desconhecido e invisível.

Sabia que ele estava lá, no fundo daquela cabine "cuja grade nunca era abaixada, *sentia o seu olhar imperioso fixado nela*", até que essa obsedante presença tornou-se intolerável. Com seus nervos à flor da pele, decidiu renunciar ao teatro para se libertar. Ao mesmo tempo, ela, que "nunca havia amado", aceita o casamento amoroso que lhe oferecia o jovem conde Franz de Télek.

Durante sua última apresentação, Franz caminhava pelos bastidores, esperando com impaciência o final dessa última prova. Era, aliás, um triunfo. Dominando sua aflição, a Stilla, inspirada, encarnava a Angélica de *Orlando* com tanta perfeição que desencadeou o entusiasmo.

Chegava ao canto final de amor e de morte, quando aconteceu um evento sem precedentes:

"Nesse momento, *a grade da cabine do barão de Gortz se abaixou*. Uma cabeça estranha com longos cabelos acinzentados, com olhos de chama, mostrou-se, *seu rosto extático* era assustador pela palidez e, *do fundo dos bastidores, Franz a percebeu em plena luz, o que ainda não lhe tinha acontecido*."

Nesse instante, a Stilla executava "o canto final":

Innamorata, mio cuore tremente,
Voglio morire...[23]

Stilla parou bruscamente.

"A face do barão de Gortz lhe assusta... Um susto inexplicável, a paralisia... Ela titubeia, cai."

---

23 "Amor, meu coração tremente, quero morrer."

Alguns dias depois, a cantora foi enterrada no Campo Santo Nuovo, de Nápoles.

Se Franz de Télek encarna o verdadeiro amor, sem dúvida que Gortz representa a paixão tipicamente celibatária, como Júlio Verne enfatiza explicitamente.

A própria Stilla é uma "celibatária" que demora muito para ceder ao verdadeiro amor.

Não podemos nos ater a esse aspecto puramente humano.

Pois a Stilla não é apenas uma mulher real e viva. Quando está em cena, ela está cercada pelo movimento dos instrumentos de música no fosso, pelas máquinas que manobram o cenário e pelos projetores que o inundam de luz. Encena Angélica, o que quer dizer que ela se torna ao mesmo tempo uma falsa Angélica e uma falsa Stilla. No palco, encena ilusoriamente o amor e a morte, mesmo no momento mais patético. Sua morte de amor é uma morte de amor celibatário. Assim como Faustine no grande diamante aquário, ela está no interior de uma grande máquina celibatária, o teatro de Nápoles.

Diante dela, a outra metade dessa máquina é composta por uma variedade de binóculos e de espectadores, testemunhas oculistas. O barão é apenas o primeiro deles, o mais extravagante, ele, que sempre mantém sua grade fechada. Ao baixá-la, ele inverte a ordem desse mecanismo, pois, quando exibe sua cabeça pela primeira vez, Stilla deixa de ser atriz para se tornar espectadora de um espectador, enquanto o barão se transmuta em ator. Stilla deixa de ser uma máquina de encantamento celibatário. O olhar do espectador obsessivo se revela como uma máquina de morte que mata a artista.

Essa é a primeira máquina celibatária do *Castelo dos Cárpatos*. Quanto mais ingênua e quimérica parece, mais expressa com realismo a paixão celibatária que acorrenta uma *estrela* a seus *fãs*. Essa paixão não nasce de um encontro entre duas pessoas vivas, mas *no interior da maquinaria* do teatro, do cinema, dos discos, do rádio ou da televisão, pelo poder das imagens óticas ou acústicas, criadoras de *fantasmas artificiais*, incondicionais e envolventes, mais poderosos que os seres vivos, fantasmas capazes de conduzir a estrela ou os fãs ao suicídio. Se a palavra fã significa inicialmente fanático, ao mesmo tempo significa fantasia. Nesse caso, a fantasia não é puramente psíquica, mas possui um suporte mecânico e industrial.

É, aliás, por isso que a história de Stilla não termina, mesmo depois da sua morte.

O "teatro" dos Cárpatos

Cinco anos mais tarde, longe de Nápoles, novos eventos surgem em torno e no interior de um velho burgo dos Cárpatos. Tudo acontece como num romance de aventuras. No entanto, é como se a trajetória do herói e de seus precursores atravessasse os círculos e degraus de um fantástico teatro que reproduz aquele de Nápoles na escala gigantesca da montanha e do burgo.

No maior círculo exterior, nas colinas dos Cárpatos, num certo 29 de maio, um velho pastor solitário chamado Frik está de pé, imóvel, apoiado sobre o seu cajado.

É um personagem altamente mítico, como o gigantesco pastor pré-histórico e subterrâneo de *Viagem ao centro da Terra*. Pois Júlio Verne os faz de avatares de Proteu, aplicando-lhes os versos de Virgílio: "*Immanis pecoris custos, immanior ipse*"[24] (IV Geórgica).

Com a mão formando uma viseira no rosto, o pastor olha atentamente para longe.

"Na claridade do horizonte, a uma boa milha, mas bem diminuídas pela distância, desenhavam-se as formas de um burgo. Este antigo castelo ocupava, sobre uma colina isolada na serra de *Vulkan*, a parte superior de um planalto chamado Orgall. *Iluminado por uma luz deslumbrante, seu relevo destacava-se cruamente, com esta nitidez que apresentam as vistas estereoscópicas.* No entanto, era necessário que o *olho* do pastor fosse dotado de um *grande poder de visão* para distinguir qualquer detalhe dessa massa longínqua."

---

24 (N.T.) Uma tradução mais literal seria: *Guardador de um monstruoso rebanho, mais monstruoso ainda o guardador.*

Esse poder é tão grande que o pastor consegue discernir *uma faia de três galhos*, plantada na extremidade de um dos fortes do burgo e que *"se destacava em preto sobre o fundo azul do céu, como um fino corte de papel"*.

A precisão dessa percepção tinha uma grande importância para o pastor, pois, segundo uma profecia do país, quando a faia não tivesse mais que três galhos no lugar de quatro, o burgo teria apenas mais três anos de vida.

Nessa passagem, o burgo aparece, ao mesmo tempo, como o rolamento de um cenário de teatro (um fino corte de papel sobre o fundo azul do céu), como uma imagem num aparelho ótico (o estereoscópio), como objeto de uma visão ocular mais potente que as outras, e mesmo como assunto da *vidência*, por causa da profecia. O próprio pastor é profeta como Proteu. Todo pastor, lembra Júlio Verne, *"confere com as estrelas* e lê no céu"*. Tantas alusões à Stilla (estrela), às estrelas da Via Láctea e às inscrições de cima, na altura do céu. O próprio Frik é considerado um feiticeiro "evocador de aparições fantásticas", o que anuncia diretamente os prodígios que vão surgir. Frik é, portanto, "um *oculista do oculto*", como é dito a respeito de Joël Joze, nas *Viagens no caleidoscópio*. Poderíamos qualificá-lo também como testemunha oculista?

Como se respondesse a essa questão que lhe era imprevisível, Júlio Verne logo faz intervir uma segunda personagem não menos mítica, descrita como representante da Casa Saturno e do Tempo, um velho mercador de feira, judeu polaco, que aborda o pastor por acaso.

"Esse mascate vendia *óculos, termômetros* e *pequenos relógios*" que trazia pendurados em seu cinto ou na mochila.

De início, Frik repele com desdém os aparelhos óticos que o mascate lhe oferece, mas acaba experimentando um *telescópio*.

O resultado não demora. Como por acaso, a "máquina" do vendedor permite a Frik observar longe:

— O encontro de dois apaixonados, Nic Deck, o guarda florestal, e Miriota, a filha do juiz Koltz, na grande rua da vila de Werst.

— O fato de o quarto galho da faia ter caído sobre o forte do burgo e, sobretudo, a presença altamente insólita de fumaça no alto da torre, embora o burgo se passasse por inabitado e assombrado há muitos anos.

O telescópio do mascate substituiu os binóculos do teatro.

No segundo círculo, está a vila de Werst com seus habitantes como espectadores. Alertados por Frik, eles revezam o telescópio para observar a perturbante fumaça, e fazem longas confabulações no *Albergue do Rei Matias*. Apesar do terror que inspiram os fantasmas do burgo, o guarda florestal decide ir ver o que está acontecendo. Uma voz de origem desconhecida grita no albergue:

"Nic Deck, não vás ao burgo... ou te acontecerá alguma desgraça!"

O espetáculo ainda está no estágio de som e fumaça.

O terceiro círculo é aberto pelo guarda florestal quando parte em direção ao burgo, debilmente escoltado pelo doutor Patak.

Depois de um longo trajeto através da floresta e dos rochedos, ao longo da torrente, quando passavam a noite no planalto de Orgall, escutaram o sino da capela do burgo, que ecoou uma sirene desconhecida. Assim que um potente farol clareou o chão diante deles, imensas luzes espectrais e monstruosas invadiram o céu acima deles. É um verdadeiro festival noturno.

Pela manhã, o doutor Patak, assustado, não é mais que uma "máquina inerte". O guarda vai sempre avante até o começo do burgo. As muralhas exteriores parecem intactas, a ponte levadiça está suspensa, mas uma das suas correntes se arrasta até o fosso. Nic Deck segura-a e a sobe rapidamente. De repente, ele é atingido por uma violenta carga elétrica que o arremessa desacordado no chão. Não conseguiu ultrapassar nem o "fosso", nem a "rampa".

O quarto círculo será ultrapassado apenas por Franz de Télek, que acaba de chegar por puro acaso na vila de Werst, acompanhado de um soldado, "seu fiel Rotzko". Atualizado dos últimos acontecimentos, descobre com estupor que o castelo pertence ao barão de Gortz e decide ir ver o que está acontecendo. Sinais estranhos manifestam-se, além do mais, no seu caminho. Uma noite, no albergue, ele acredita ouvir a voz de Stilla. No planalto de Orgall, ao se aproximar do castelo, vê a imagem da Stilla imóvel no alto de uma torre, com as mãos estendidas, em longas vestes brancas, como se cantasse a cena final de *Orlando*.

Convencido que a Stilla está viva, mas presa e louca, decide libertá-la a todo custo. Percebendo que a ponte levadiça está baixa, ele se precipita e empurra a porta de entrada do castelo. Logo, a madeira da ponte se levanta atrás dele. Torna-se prisioneiro do castelo, numa galeria tenebrosa, no começo de um verdadeiro labirinto.

"Assim como era para Teseu ao conquistar a filha de Minos, um sentimento intenso, irresistível acabava de atingir o jovem conde através dos infinitos meandros desse burgo. Encontraria o fio de Ariadne que serviu para guiar o herói grego?"

Franz errou num labirinto de corredores escuros, desceu uma escada de setenta degraus e finalmente chegou a uma *cripta circular* iluminada por uma ampola elétrica colocada no centro da abóbada. Como se fosse esperado, tudo estava preparado para o prisioneiro: um leito, uma pequena escada, uma mesa com uma jarra d'água, carne e pão. O rapaz, que estava esfomeado e esgotado, bebeu e comeu avidamente, depois caiu num sono profundo.

Mesmo que esse tipo de situação seja um lugar comum de romances de aventuras, o importante é observar uma série de características:

— a iluminação *elétrica*;

— o *fio de água* que escorre continuamente de uma bacia e vai embora por um buraco na base do pilar;

— o *leito* onde o prisioneiro se deita;

— o sono *letárgico*, torpor estranho e opressivo, que o prisioneiro atribui a um soporífico misturado com a água da jarra;

— a ideia de que, com esse sono, "*seu pensamento parou bruscamente como o ponteiro de um relógio cujo motor está quebrado*";

— o paralelismo com o fato de, no momento de seu despertar, *seu relógio estar parado*;

— a presença de um observador invisível que renova a comida, apaga ou acende a luz e fecha as portas no momento preciso;

— a exploração da cripta por Franz, que o leva a rastejar pelos muros, "*a respiração hesitante, sob a opressão de uma atmosfera pesada, que mal se renovava através da junta das portas*";

— a descoberta, atrás de um pilar, de uma passagem estreita que conduz ao fundo de um *poço* vazio, de onde ele percebe as estrelas no alto, como se estivessem do outro lado de um *telescópio*.

Reconhecemos rapidamente uma série de dados que tecem a trama das máquinas celibatárias, ou ao menos as células que as confinam, como a cripta do soldado da cavalaria, o quarto de Gregor Samsa, a máquina da *Colônia* e a do "Grande Vidro", enquanto esperamos para ver a prisão da Inquisição e a ilha de Morel. Essas são as principais peças do quebra-cabeça: o prisioneiro deitado num leito, o observador escondido que manipula a luz no momento preciso, a comida e as portas, o sistema hidroelétrico, mais ou menos patafísico, que une a queda d'água, o poço vazio e a iluminação elétrica, a letargia artificial, os aparelhos de ótica e de medida do tempo.

Podemos, no entanto, nos perguntar se essa cripta é uma verdadeira máquina celibatária, e como é que Franz, protótipo do verdadeiro amante, pode se encontrar na mesma situação do cavaleiro e de Gregor.

Lembremos, primeiro, que Franz de Télek não é mais o mesmo do início da história. Logo depois da morte de Stilla, atravessou uma crise de loucura, depois se *encarcerou solitário* em seu próprio castelo durante cinco anos. Ele realmente se curou? Com base em quais fantasias ou astúcias pôde acreditar que realmente ouviu e percebeu Stilla? Ele acredita que a jovem foi vítima da loucura; não seria, antes, ele próprio a vítima? Não seria insensato acreditar que o barão de Gortz pôde retirar a cantora da morte e a levar sem que ninguém percebesse? Como acreditar que a Stilla, morta e enterrada, pudesse ser uma Ariadne que vem ao encontro do novo Teseu no labirinto do Minotauro dos Cárpatos?

Se Franz tornou-se prisioneiro da cripta, é porque se tornou, antes, refém de uma fantasia. Contra sua vontade, não passa de um "celibatário". Sonha apenas em reencontrar e amar Stilla. Só se transformou em máquina, portanto, em seu período de letargia artificial e involuntária que o reduz ao estado de relógio parado. No próprio interior da *prisão celibatária*, onde caiu na armadilha, permanece, mesmo assim, com seus movimentos livres, pois não está travado, e com seu pensamento que continua autônomo. Até conseguiu manter consigo sua faca de caça, sendo capaz de servir-se dela para buscar uma saída.

A cripta de Franz não deixa de ser a parte inferior subterrânea de uma máquina celibatária, cujo andar superior deve estar entre a masmorra e onde, por definição, deve se encontrar a mulher. Mas qual mulher? Uma Stilla sob o vidro como a dama toda vestida de peles? Ou reduzida ao estado de esqueleto da *Mariée*? Ou viva e libertadora como Chrystel?... Franz ignora, mas, precisamente por estar apenas feito de refém, e não mecanizado ou insetizado, é capaz de explorar livremente o andar superior da máquina para reencontrar a Stilla viva ou morta.

Com sua faca, Franz consegue desmontar a segunda porta, no fundo da cripta. Atravessa um novo labirinto de corredores escuros, sobe uma escada de sessenta degraus e chega a um muro de tijolos. Este seria um impasse, se sua base não deixasse passar, *no nível do chão, um raio de luz*. Ele tira os tijolos, amplia a fenda e vê, do outro lado, a antiga capela do castelo, parcialmente arruinada pelo tempo. Aqui e ali, vê "*um mármore empoeirado, debaixo do qual dormia* algum antepassado". No fundo, um fragmento de altar e um retábulo com esculturas arranhadas, um campanário que balança, de onde pende uma corda cuja extremidade repousa no chão.

Vendo sem ser visto, Franz observa Orfanik, que acaba de entrar na capela com uma lanterna. O misterioso sábio abaixa-se para ligar os *cilindros metálicos* aos fios elétricos. O barão de Gortz se junta a ele. A conversa entre ambos deixa claro que Orfanik está concluindo uma *máquina infernal* destinada a explodir o castelo em algumas horas, segundo a lógica de morte da máquina celibatária. Franz descobre que as vozes e visões percebidas do albergue ou no planalto de Orgall são produto de máquinas inventadas por Orfanik (microfone e aparelho ótico com projetores). E a Stilla?

Como a fenda ainda era muito pequena, Franz é obrigado a esperar a partida dos dois homens. Só então pôde deslizar para a capela-cemitério-arsenal, passando atrás do retábulo, seguindo um novo caminho escuro e chegando à base do local onde sobe uma "escada circular" de três andares de altura até a *plataforma superior da masmorra*. A porta está fechada, mas a chave permanece na fechadura do lado de Franz. Este observa pelo buraco da fechadura, mas vê muito pouco e gira lentamente a chave. Empurra a porta e entra no último círculo do teatro fantástico.

Diante dele, *uma grande sala circular* com uma abóbada de encaixe. Os muros estão recobertos de pinturas e tapeçarias. Um espesso tapete enfeita o chão.

À direita, o cômodo está escuro.

À esquerda, um *estrado*, um potente *projetor* e uma *tela*. Diante do estrado, um único sofá com um grande encosto ao lado de uma pequena mesa com uma caixa aberta, que contém um cilindro metálico.

O barão está sentado imóvel, a cabeça deitada no alto encosto do sofá, as pálpebras fechadas. Sua mão está posta sobre a caixa.

Como no teatro de Nápoles, vemos um estrado brilhantemente iluminado, mas, para um único espectador apenas, e a Stilla está ausente. Com os olhos, Franz a procura em vão por todos os lados.

"De repente, a Stilla apareceu... Em pé sobre o estrado, em plena luz, sua cabeleira solta, seus braços estendidos, admiravelmente bela em sua veste branca de Angélica, de *Orlando*... Seus olhos, fixos sobre o jovem conde, penetravam-no até o fundo da alma."

No mesmo instante, ela cantou ainda o canto final, como no dia de sua morte.

Franz teve certeza que estava viva e louca.

"*No paroxismo do êxtase*", Rodolfo de Gortz bebia essa voz "como um licor divino".

Assim como estivera outrora em sua cabine do teatro San Carlo, ele estava novamente numa "*solidão infinita*", no alto de seu burgo.

Como na última noite em San Carlo, a Stilla cantava:

Innamorata, mio cuore tremente
Voglio morire.

Sua voz para, bruscamente, com um grito. Porém, desta vez a Stilla não desmaia. Ela permanece muda, imóvel, banhada de luz. Franz avança em direção à jovem, deixando cair a faca que tinha na mão.

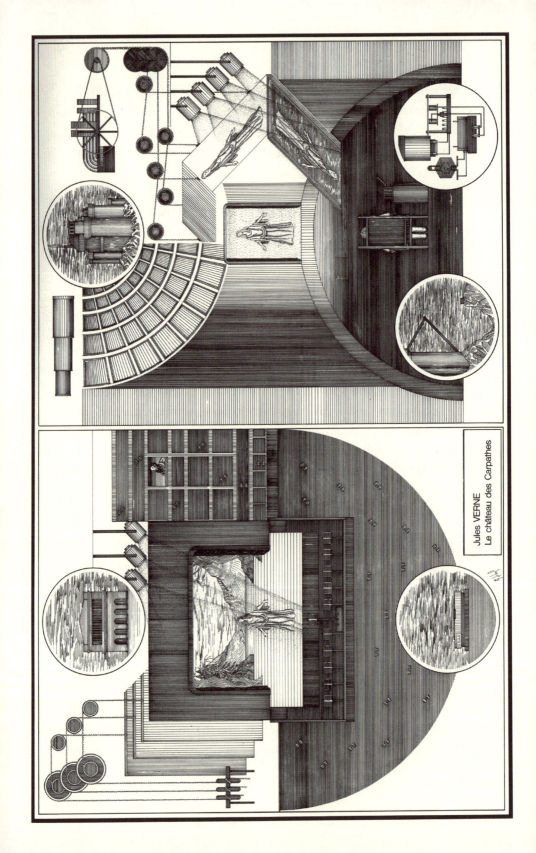

O barão vira-se, apanha a faca e agride a Stilla. No mesmo instante ela desaparece com um barulho violento de vidro quebrado.

A Stilla dos Cárpatos era evidentemente um *atraso em vidro*[25] fabricado pelo sábio Orfanik, que tinha combinado o grande retrato da cantora com um jogo de grandes espelhos e de projetores elétricos, completado por um fonógrafo.

Essa engenhosa construção era também um atraso sobre o cinema porque *O Castelo dos Cárpatos* é de 1892, quando Marey já havia inventado o "fuzil fotográfico", a primeira forma de câmera. Por outro lado, *O Castelo dos Cárpatos* contém uma maravilhosa máquina celibatária, ainda mais perfeita por seguir até o fim sua marcha inexorável, graças à *máquina infernal* que explode o castelo. Rodolfo de Gortz encontra Stilla na morte. Franz de Télek escapa da morte, mas não da loucura.

---

25 O *atraso em vidro* (*retard en verre*) remete à forma como Duchamp chamava sua obra *La Mariée mise à nu par ses célibataires, même*, expressão que visava o objeto e seu material – ou seja, um *atraso* feito de vidro –, para que sua obra não recebesse a denominação de pintura. Ainda segundo Duchamp, o termo *atraso* (*retard*) não deve ser tomado em um de seus possíveis sentidos, mas em sua reunião indecisa (cf. DUCHAMP, Marcel. *Duchamp du signe*. Paris: Flammarion, 1975, p. 41). [Nota da Revisão da Tradução].

Villiers de L'Isle-Adam

A maior parte do drama de *Eva futura* se passa em Menlo Park, habitação misteriosa, cercada por uma intransponível rede de fios elétricos. É a propriedade de Edison, o célebre inventor americano. Sua capacidade de mágico cientista faz dele, evidentemente, um protótipo de Canterel, do *Locus Solus*, forma amigável, como ele próprio, do antigo comandante.

É aí que se apresenta, um dia, um jovem e rico Inglês, Lord Ewald, acometido por uma cruel neurastenia. Ele tem como amante certa Miss Alicia Clary, cuja forma corporal ele adora, mas não consegue suportar a baixeza de espírito. Edison faz um pacto com ele e oferece-lhe Hadaly, uma mulher admiravelmente bela, mas completamente fabricada com peças mecânicas e correntes elétricas. O corpo de Hadaly foi modelado com a exata aparência de Alicia. Ainda precisava de uma alma, e é aí que Edison, feiticeiro em todas as áreas, faz intervir a sonâmbula Sowana, isto é, Mrs. Anderson, dotada de um espírito requintado, mas que foi abandonada pelo seu marido por uma certa Evelyn, bela e vulgar como Alicia. Sowana entra em relação telepática com Hadaly e lhe transmite uma alma tão perfeita como a sua, mas não sobrevive a esse dom prodigioso.

Nessa história, o tema da inscrição tem um papel fundamental.

Está intimamente ligado ao da mulher. Hadaly é inteiramente inscrição. Há, em seus flancos, uma quantidade de cilindros, uma verdadeira usina de gravadores sobre os quais "serão inscritos em destaque os gestos, a abordagem, as expressões do rosto e as atitudes do ser adorado". A obra dos maiores pensadores e poetas está destinada a fornecer um extraordinário repertório a Hadaly, fina flor da linguagem: "Umas vinte horas faladas, sugestivas, cativantes, estão inscritas neste álbum de folhas inapagáveis graças à galvanoplastia, e suas correspondências expressivas estão igualmente inscritas sobre as cavidades desse cilindro, as quais estão incrustadas no micrômetro".

Sem dúvida, essas inscrições demasiado literárias não são suficientes para aperfeiçoar o charme de Hadaly, pois Edison anuncia ao Lord Ewald que, além delas, também garantiu algumas gravações de Alicia:

"Os cantos e a palavra da Androide serão para sempre aqueles que lhe foram ditados, sem a ver e de modo inconsciente, por sua tão bela amante, cujo sotaque, o timbre e as entonações, em milionésimos de vibrações, serão inscritos sobre as folhas dos dois fonógrafos de ouro."

Edison inclusive deu a Hadaly folhetos bem curiosos que ela enviará a Lord Ewald, "um manuscrito bem explícito – um manual de magia bem claro! Na verdade, único sob o céu e que ela lhe apresentará – (que) indicará os costumes do seu caráter".

Percebemos a que ponto estão celibatariamente ligados os temas da mulher, da mecânica e da inscrição. Este último chega a ser duplo: a inscrição nos folhetos e inscrições na máquina.

Existe ainda muito mais, pois essas inscrições detêm o segredo da vida. Correspondem, pois, à alta nostalgia confessada por este tema de inscrição: reencontrar o segredo da mulher. Porém, aí também falta algo. O mistério primordial da palavra – na altura das estrelas – permanece perdido e irrecuperável. Edison não se conforma por ter vindo tão tarde na história da humanidade. Queria ter gravado o som das trombetas de Jericó, o suspiro de Mêmnon na aurora, os oráculos de Dodone, e até mesmo, "escondido atrás de algum matagal do Éden, antes de mais nada o sublime solilóquio: 'Não é bom que o homem esteja só!', depois *Eritis sicut Dii!* o 'Crescei-vos e multiplicai-vos!'... enfim, a piada sombria de Elói: 'Eis Adão tornado como um de nós...'"

No entanto, se os vocábulos antigos e os mais sagrados estão irremediavelmente perdidos, os vocábulos que expressam a vida da mulher em todos os seus segredos estão reunidos e são conhecidos pelo homem. Algo dos tempos prodigiosos permanece nela, testemunha seu nome, Hadaly, que significa o Ideal em iraniano; e os brasões de Ewald, linguagem hierática, pois esse nome e seus atributos heráldicos estão inscritos no caixão de Hadaly.

Essa aparição do caixão, entretanto, nos introduz outros elementos celibatários.

O problema celibatário está posto desde o início do conto pelas presenças paralelas de Evelyn e Alicia.

Evelyn, fascinante e destrutiva, é uma alma celibatária por excelência. Faz parte da categoria das grandes negadoras do amor:

"Essas mulheres neutras, cujo 'pensamento' sempre começa e termina na cintura – e cujo propósito é, consequentemente, levar ao ponto preciso onde esta cintura se fecha *todos* os pensamentos do homem, sendo que esta cintura não encerra, luxuriosamente (e sempre!) senão um malvado ou interessado cálculo – essas mulheres, digo, estão menos distantes, na *realidade*, da espécie animal que da nossa."

Villiers chega a compará-las à árvore-da-morte, árvore "muito dourada pelo sol", mas coberta por "milhões de larvas pestíferas e brilhantes" que se associam numa "sintética unidade" em sua ação funesta. Não existe aqui uma notável e obsessiva lembrança do tema da larva e também das relações entre o sol e o ouro dos desenhadores?

Não podemos deixar de acrescentar o tema do esqueleto. Um duplo filme, depois de ter apresentado Evelyn sob seu aspecto de encantador frescor, a revela sob a forma repugnante de uma velhinha, a "verdadeira" Evelyn, num capítulo intitulado: "A dança macabra".

O segredo de Alicia não é diferente. "Eis, continua Edison, o cadáver dessa charmosa, o arsenal dessa Armida". E ele retira de uma gaveta esteiras postiças e tintas, potes de maquiagem, lápis azuis, pincéis de carmim, enchimento com falsos seios, espartilhos elaborados, frascos farmacêuticos, enfim, diz ele, "os verdadeiros ossos".

Diante de Evelyn, Anderson foi tomado pela loucura celibatária. Sentiu por ela uma profunda aversão, mas acreditou encontrar "um prazer possível com a ideia de possuí-la, por causa dessa aversão'. Está aí, de fato, o segredo central da máquina celibatária: o prazer sem o amor. Assim, Anderson deixa sua mulher por Evelyn, mas essa mudança de mulher não significa uma mudança de amor, sai do amor para entrar nessa categoria de obcecados, a propósito dos quais Villiers escreve: "A vida se restringe, em pouco tempo, a um espasmo para nossos galantes desertores". E Anderson termina por suicidar-se.

Esse espasmo, tão longamente descrito sob o disfarce mecânico das outras máquinas celibatárias, está aqui claramente nomeado, assim como no *Supermacho* e no *Rei-Lua*, mas Villiers não se detém nisso.

A história do Lord Ewald com Alicia começa reproduzindo a de Anderson com Evelyn, as duas mulheres são semelhantes, belas e sem alma. Mas Ewald não se resigna a conhecer o espasmo sem o amor. Ele não é "daqueles que aceitam possuir um corpo cuja alma recusam". Todavia, não tendo ainda sido capaz de romper com Alicia, parece encurralado para a mesma saída desesperada que Anderson e toma a decisão do suicídio. É então que, num sobressalto de todo o seu ser, pede socorro a Edison durante o adiamento que se dá para a execução da sentença pronunciada contra si próprio.

O amor desesperado pede para a ciência o mais fantástico dos socorros. Na verdade, o desejo de Ewald ainda está cheio de ambiguidade. Ama o corpo, mas detesta a alma de Alicia, e apenas grita para Edison: "Quem me removerá esta alma desse corpo?" Edison aceita o desafio, mas de uma maneira totalmente imprevisível para Ewald; dá vida a Hadaly, esta mulher-máquina cujo corpo é semelhante ao de Alicia e a alma à de Sowana.

Aqui está o paradoxo único da Eva futura, segundo Villiers. Poderíamos supor que, ao oferecer para Ewald uma Androide eletromecânica, Edison não lhe propõe outra coisa senão uma integral máquina celibatária. É de fato a base de seu trabalho. Os mecanismos da Androide são a réplica absoluta da "ossatura" de Alicia. Mas Edison ultrapassa o sonho de Ewald. Por cima dessa realização perfeita da máquina celibatária, o cientista recompõe a perfeição física de Alicia e a perfeição espiritual de Sowana. Ao mesmo tempo em que cria a máquina celibatária absoluta, ele a transmuta dialeticamente em seu contrário: a *húri*[26] *científica*, sucedendo as mulheres perfeitas que são

---

26 O termo *húri* vem do árabe e se refere à figura da virgem celeste prometida ao fiel islâmico bem-aventurado como recompensa no paraíso. O termo, que em francês (*houri*) ganhou o sentido de mulher bela e voluptuosa, guarda relação com o tema das máquinas celibatárias, pois as *húris* são virgens antropomórficas, descritas como belas e submissas. [Nota da Revisão da Tradução].

as *húris* do paraíso de Maomé. Ao ideal negativo proposto pelo desespero, ele responde com uma criação mágica. À subversão sonhada por Ewald, responde com uma "transubstanciação", segundo a palavra teológica e contestável, utilizada por Villiers.

É de forma bastante consciente que Edison tenta essa empreitada.

"Se o Artificial assimilado, ou melhor, amalgamado ao ser humano, pode produzir tais catástrofes, e já que, consequentemente, neste nível físico ou moral toda mulher que as causam tem mais ou menos algo de uma Androide, pois bem! Quimera por quimera, por que não a própria Androide? Se é impossível, nessas paixões, sair de uma ilusão estritamente pessoal, e se *todas* elas têm algo de Artificial, se, numa palavra, a própria mulher nos dá o exemplo de substituir-se pelo artificial, poupemo-la, se possível, dessa necessidade... Tentemos mudar de mentira! Será mais cômodo para ela e para nós. Enfim, se a criação de um ser eletro-humano, capaz de realizar uma troca salutar com a alma de um mortal, pode ser reduzida a uma fórmula, tentemos obter da ciência uma equação do amor que, acima de tudo, não causará os malefícios que se mostraram inevitáveis neste vício acrescentado, de repente, à espécie humana: e que circunscreverá a paixão."

Para Edison, tal empreitada impõe apenas uma diferença de níveis, pois o físico da mulher mais natural lhe parece redutível a uma máquina elétrica; chega, inclusive, a dizer, a respeito de Hadaly: "Ela apenas terá um pouco mais de eletricidade que seu modelo".

Um pouco mais de eletricidade! Na boca de Edison, seria difícil não ver aí uma razão de superioridade em benefício da Androide. E o raio de fogo que modela Hadaly à imagem de Alicia é o símbolo de um fogo mágico e quase sobrenatural.

Mas a principal intervenção provocada por Edison é a de Sowana, a vidente, que vem contemplar Hadaly ainda inanimada, semelhante a uma jovem armadura aberta.

"Diante dessa visão, declara Edison, Sowana – como presa a alguma exaltação concentrada – pede-me para lhe explicar os arcanos mais secretos – a fim de poder, tendo-a estudado por completo, nessa ocasião, *incorporar-se ela própria e despertá-la de seu estado sobrenatural...*"

Esta Sowana, já vítima de traições da hierogamia pelo seu esposo e por Evelyn, será vítima do grande esforço, quando terá transmitido sonambulamente uma alma bastante hierogâmica à Androide. É pelo seu duplo sacrifício que a hierogamia vencida é restaurada. É por meio dela que se opera a grande transubstanciação de Hadaly, perfeição levada ao auge. Não é por acaso que Villiers utiliza as palavras *sacrifício* e *transubstancialização*, características da liturgia. É exatamente por isso que a mulher eletromecânica, nascida como uma máquina

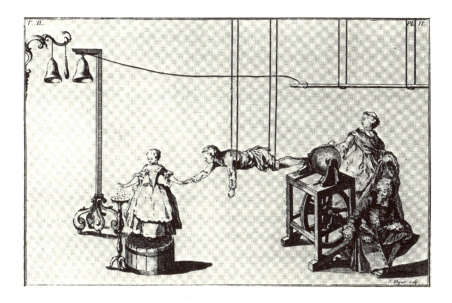

10. Máquina elétrica experimentada pelo professor Haüssen, em Leipzig, por volta de 1745. O padre gira a máquina produtora de eletricidade. Suspenso por cordas de seda isolante, o homem faz o papel de fio condutor. Ele recebe nos pés a eletricidade produzida na superfície do globo de vidro e a transmite para a menina. Esta, em pé sobre um "bolo de resina", recebe o fluxo elétrico com a mão esquerda e usa a mão direita para eletrizar as folhas de ouro depositadas sobre uma mesa de pedestal isolante. Esta máquina é a forma pré-histórica infantil das máquinas elétricas que presidem a morte do Supermacho e de Djizamé, o nascimento de Frankenstein e da Eva futura ou a reativação mecânica de Danton em Roussel. Na verdade, a "física divertida" dessas máquinas tem de "divertida" apenas a pitoresca encenação, mas não a física. Mesmo a eletroterapia e a eletrocussão são apenas suas aplicações contraditórias restritas. Aqui começa o grupo de transformação que conduz ao pulmão artificial, ao rim artificial, ao coração artificial, à inserção do ser humano no circuito de uma máquina e reciprocamente.

celibatária integral, torna-se, de repente, por uma inversão mágica, a grande inspiradora da hierogamia:

"É da natureza da Androide anular, em algumas horas, no mais apaixonado dos corações, o que este puder conter de desejos baixos e degradantes pelo modelo, o que se dá pelo único fato de saturá-los com uma solenidade desconhecida da qual ninguém, creio, pode imaginar o irresistível efeito antes de tê-lo provado."

No entanto, tudo isso não é mais que um sonho; a grande obra de Edison acaba por apenas fabricar um efêmero fantasma. Nascida de um sepulcro, Hadaly sai das trevas somente para uma breve aparição espectral e retorna quase imediatamente ao caixão que é sua habitação, para perecer em uma catástrofe total. Sobre ela, a maldição do esqueleto e do cemitério permanece suspensa. O gênio de Edison e o sacrifício de Sowana não poderão adiar mais que um instante a inexorável fatalidade.

Apesar de todas as promessas do sábio, quando Hadaly visita pela primeira vez o Lord Ewald, ela é mantida sob o signo do infortúnio:

"Ouviu-se um ruído obscuro aos pés dos dois homens. Parecia vir do fundo da terra, do fundo de um abismo em direção a eles: era pesado e acorrentado. Alguém diria que um sepulcro arrancado das trevas por gênios era desenterrado e subia para a superfície terrestre."

Hadaly aparece sob um véu, entrega a Ewald uma simbólica sempre-viva de ouro e parte novamente para as profundezas subterrâneas.

Mais tarde, Edison e Lord Ewald visitam a Androide. É sua vez de se afundarem no abismo, de pé sobre uma "lápide artificial" que forma um elevador.

Quando, enfim, Ewald vem buscar Hadaly em Menlo Park para levá-la à sua casa, poderíamos pensar que ela estava definitivamente livre desse tema da morte, mas, passado um instante, tal tema logo retorna de forma surpreendente. O germe da catástrofe está no fato de Ewald viver na Inglaterra e, assim, ter de levar a Androide de navio através do Oceano. Eventualidade que fora prevista por Edison, mas o problema que lhe criou e o modo como o resolveu são completamente espantosos.

"Eu direi ao senhor que Miss Hadaly não tem, inscritas nela, longas travessias... no curso das quais um bom número de nossos vivos, se o balanço é forte, permanece inanimado em suas redes, onde súbitas crises drásticas os balançam, tristemente, até o ridículo. Estranha a tais enfermidades, Hadaly, por sua serenidade, para não humilhar o organismo defeituoso de seus companheiros de viagem humanos, viaja pelo mar apenas ao modo dos mortos.

— O quê? Dentro de um caixão? Pergunta Lord Ewald, surpreso.

Edison, sério, inclinou a cabeça num silêncio afirmativo.

— Mas, não envolvida em uma mortalha, certo? Murmurou o jovem lorde.

— Ó! Viva obra de arte, que não usou nossas fraldas, não tem o que fazer com uma mortalha. Veja: a Androide possui, entre outros tesouros, um pesado caixão de ébano, revestido por um cetim negro. O interior desse simbólico caixão será o molde exato da forma feminina que ela está destinada a assumir. Aí está seu dote. O vidro das partes superiores se abre com a ajuda de uma pequena chave de ouro em forma de estrela, cuja fechadura está localizada sob a cabeceira da adormecida."

Se a primeira declaração capital de Edison era a de que pretendia realizar uma criação prometeica da máquina celibatária e sua consagração hierogâmica, a segunda declaração capital é essa, que, rigorosamente antinômica com a precedente, anuncia a morte da Androide.

Esta ainda é uma máquina celibatária e é por isso que continua cercada pelo tema do vidro, das testemunhas oculistas e do raio.

Com um bisturi de cristal e pinças de vidro, Edison desliga Hadaly sobre uma mesa de pórfiro, "como um cadáver sobre a mesa de um anfiteatro". Uma verdadeira mesa de dissecação. Mas, Edison segue sua obra:

"Ele tocou um dos anéis de Hadaly. A armadura feminina entreabriu-se lentamente."

É então que, ao longo de sessenta e cinco páginas, o livro se consagra à descrição anatômica do corpo eletromecânico da Androide, descrito tão minuciosamente quanto as máquinas de Kafka, Duchamp e Roussel. Um verdadeiro abuso, do ponto de vista destacado pelas palavras de Edison ao Lorde Ewald:

"Você será testemunha da infância de um ser ideal, pois assistirá à explicação do organismo íntimo de Hadaly. Qual Julieta passaria por tal exame sem que seu Romeu desmaiasse?"

Edison, porém, possui o olhar frio de Canterel e do doutor Bathybius. Munido de lentes invisíveis, de uma forte lupa sob a pálpebra e também de uma luneta, abre a Androide com seus bisturis, seu micrômetro e seu manipulador elétrico.

Mais peculiares ainda são as interferências entre o tema do vidro e as duas mulheres que formam a vida em Hadaly.

Primeiro, Sowana: "A inquietante sonhadora, estendida sobre almofadas jogadas numa grande prancha de vidro com suportes isolantes, segurava o teclado de indução, cujas camadas se eletrizavam lentamente e mantinham uma corrente entre ela e a Androide."

Quando, por outro lado, trata-se de modelar o físico de Hadaly à imagem de Alicia, Edison a convoca para "copiar" as formas sem que ela possa compreender o significado do que está acontecendo. Porém, ela aparece duas vezes, significativamente, atrás de um vidro, e se desnuda em seguida, diante de Sowana, que não é apenas *sonâmbula*, mas também *escultora*. "Sua bem-amada, declara Edison a Ewald, não terá, em sua indispensável nudez, outro meio de transposição que não seja esta artista profunda que não idealiza, mas decalca, e, para reter a forma matemática do corpo de sua viva, começará por tomar, rapidamente, sob meus olhos vigilantes e severos – com os instrumentos da mais soberana precisão – o tamanho, a altura, largura, medidas, tamanho dos pés e das mãos, do rosto e de seus traços, das pernas e dos braços, assim como o peso exato do corpo de sua jovem amada."

Durante uma meia-hora, não seria preciso mais que isso, segundo Edison, "a misteriosa escultora silenciosamente a moldou dos pés à cabeça, como uma massagista de banhos russos".

Tudo isso enquanto um longo "raio de fogo, dirigido à nudez da paciente, parecia seguir as mãos frias da artista como se desenhasse com a luz".

Enquanto isso:

"Hadaly, invisível, em pé, escondida atrás das quatro grandes lentes, aguardava sua encarnação."

Unidas pelo vidro, pelo fogo elétrico e pela nudez de Alicia, sob o olhar severo de Edison, Alicia e Sowana criam a epiderme da Androide. Não penso em acrescentar comentários, salvo para lembrar que Sowana e Hadaly são, ambas, videntes.

Por outro lado, é preciso ainda mencionar que, do lado de fora do parque de Edison, o tema das testemunhas oculistas é reiterado:

"Hábeis detetives procuraram alugar janelas distantes para surpreender uma experiência. Dinheiro perdido! Nada se via dessas malditas janelas! Os detetives, apressados pela Companhia de Gás, que ficou bem preocupada, foram em direção às alturas nos arredores e, ali, munidos de grandes telescópios, mergulhavam nos jardins que inspecionavam, escrutinavam com uma pupila sagaz."

Não poderíamos ver aqui – com que reforço de poderes oculistas! – todo o povo da Colônia? Depois de tantos exemplos semelhantes, haveria necessidade de explicações suplementares?

Ligada ao vidro, e, através deste, às testemunhas oculistas, a Androide está igualmente ligada à eletricidade e, através desta, ao raio. Todo o Menlo Park é o domínio da eletricidade. Edison não deixa de exaltar seu caráter titânico e mítico, ao chamá-lo de "esta centelha legada por Prometeu". O paraíso subterrâneo onde a Androide fica é o "país dos relâmpagos". Hadaly mora "no relâmpago, isto é, em meio a raios de três metros e setenta".

Ela própria é toda atravessada por correntes e fogos elétricos:

"De repente, a armadura brilhante parecia um organismo humano, cintilante e nebuloso, todo matizado de ouro e de raios... Este raio que circula assim por ela é prisioneiro aqui, e inofensivo. Observe!"

"Dizendo isso, Edison pegou, sorrindo, a mão da Androide, no momento do mais forte estrondo da ofuscante centelha esparsa nos milhares de fios nervosos de Hadaly:"

"Veja: é um anjo! – completou, com seu mesmo tom sério – se, como ensina nossa teologia, *os anjos são apenas fogo e luz*! Não foi o barão de Swedenborg que se permitiu, ainda, acrescentar que os anjos são hermafroditas e estéreis?"

Essa asserção barroca está longe de ser inadequada. Mais uma vez, a Androide é acusada de não poder integrar-se à sociedade de mulheres. Hadaly permanece o Ideal. Virgem ou celibatária, propõe somente uma hierogamia impossível.

Também é preciso tomar ao pé da letra a ameaça do punhal que ela tem na cintura: "No cabo desta arma, está armazenado um poder fulgurante dos mais temíveis!"

"Uma imperceptível opala, do dedo mindinho esquerdo, é o dispositivo que, acionado, põe a lâmina em contato com uma corrente muito potente. A pele abafa o ruído da faísca, que mede aproximadamente três decímetros. Um perfeito relâmpago. De modo que o incauto, o *bon vivant*, enfim, que pretendesse 'roubar um beijo', por exemplo, dessa Bela adormecida, cairia – com o rosto carbonizado e as pernas quebradas – aos pés de Hadaly, atingido por um silencioso raio, antes mesmo de ter conseguido tocar-lhe a roupa. É uma amiga fiel."

Mas eis o momento em que o resultado de morte por tanto tempo preparada, mas contida, vai se realizar. Quando o Lord Ewald vem buscar a Androide, ela se deita em um longo e esplêndido caixão de ébano, enquanto Edison se mantém apoiado "no disco brilhante de uma grande máquina de relâmpagos." Ewald leva o caixão sobre um carrinho cercado de tochas, depois embarca com ele no barco a vapor *The Wonderful*. De repente, por uma causa desconhecida, um incêndio acontece a bordo, em pleno Atlântico. Enquanto as chamas se alastram por todos os lados e os passageiros se jogam nas embarcações de emergência, Lord Ewald é tomado por uma crise de loucura e corre em direção ao convés já incendiado para reencontrar o fabuloso caixão. Em vão, tenta utilizar uma barra da escotilha; também em vão, oferece cem mil *guinées* aos marinheiros para ajudá-lo. Ninguém o escuta; é embarcado à força, amarrado, a bordo de uma canoa, e o *Wonderful* em chamas é engolido pelo mar com a Androide.

Ignorando a mortalha e as fraldas, isto é, a morte e o nascimento, Hadaly também não conhece o enjoo do mar, ou, mais exatamente, o

11. A "banheira magnética" de Mesmer, tal como funcionou em 1780, em Paris, 16, Praça Vendôme. Cheia de água e de limalha de ferro sob a tampa, a banheira continha barras de ferro articuladas que os pacientes deviam segurar, ligados por uma corda que tinha a função de fazer circular entre eles o "fluido" do "magnetismo animal". O doutor Mesmer, ao mesmo tempo, circulava e "magnetizava" os pacientes com seu dedo ou uma vareta de ferro. O aspecto patafisiológico dessa maquinaria é espetacular. Mas, introduzindo a ideia de um princípio mecânico que se aplicava particularmente aos histéricos, Mesmer prefigura a exploração do automatismo humano. Ao inaugurar o estudo da hipnose e do sonambulismo artificial, o marquês de Puységur abre o caminho para Baird e Charcot, que leva às grandes descobertas de Janet (*O Automatismo psicológico*, 1889), de Freud (*A Ciência dos Sonhos*, 1900) e de Flournoy (*Das Índias...*) sobre um caso de automatismo sonambúlico e glossolálico. Paralelamente, sabemos da importância determinante do "magnetismo" e do "sonambulismo" no romantismo alemão e inglês, em Edgar Allan Poe, Lautréamont, os surrealistas.

enjoo de mãe.[27] Nascida sem mãe, também não será mãe. Ela não faz parte da sociedade de mulheres. Permanece máquina celibatária. Não terá nem mesmo um esposo, porque deve viajar em um caixão, no meio da carga, bem abaixo do leito de Ewald.

27 Aqui, Carrouges realiza um jogo de palavras com a homofonia dos termos no original, *mer* (mar) e *mère* (mãe), com as expressões *mal de mer* (enjoo provocado pelo mar) e *mal de mère* (referência ao enjoo provocado pela gravidez), pronunciadas da mesma forma no francês. [Nota da Revisão da Tradução].

Ao mesmo tempo, Edison fechou uma máquina infernal nos flancos do navio.

Não é um escrúpulo absurdo, motivado pelo desejo de não humilhar as outras mulheres, o que proíbe os vômitos da Androide. Pois esses vômitos são os que se produzem ao cabo do processo erótico nas máquinas celibatárias, não seriam mais do que aqueles de Duchamp e de Kafka. Na realidade, é Ewald que ela rejeita. E, além do mais, é isso o que o estratagema que ela própria inspira a Edison prova: fechá-la em um caixão, fora do alcance de Ewald. Assim ela se entrega à sua própria fatalidade.

Não conhecedora dos vômitos, ela também ignora a iluminação. Aqui, o mesmo fenômeno brilha ainda mais, com uma outra amplitude. Quando as ondas do mar levam ao seu ápice as oscilações e o balanço que atingem o *Wonderful*, o incêndio explode no navio da Androide.

Ela representava, para Villiers, o Ideal impossível, Villiers atormentado por uma "necessidade extraordinária de uma restituição da mulher" e que não pôde encontrar "a esposa de sua vida", Villiers, que já descrevia, na *Máquina da glória*, em 1874, "vinte androides, vindas dos ateliers de Edison", e que, na *Eva futura*, empresta ao mesmo inventor essas espantosas palavras:

"Já que nossos deuses e nossas esperanças não são nada além de científicos, porque nossas amadas não se tornariam científicas também?"

A Eva de Villiers não é uma mulher, nem um anjo, e menos ainda a mãe de uma nova geração de mulheres; ela é a resposta dialética pela qual a mulher, relegada ao papel de objeto estéril e sem alma pela máquina celibatária masculina, transforma-se, ela própria, em máquina celibatária.

Irène Hillel-Erlanger

Contrariando o que diz a lenda, a narrativa de Irène Hillel-Erlanger publicada pela Crès, em 1919, *Voyages en Kaléidoscope* [*Viagens no Caleidoscópio*], não desapareceu por completo. Podemos encontrá-la na Biblioteca Nacional.

É verdade, porém, que esse livro é muito pouco conhecido, o que se torna ainda mais estranho pelo fato de estar situado num meio muito frequentado. A ficção científica parece ignorá-lo completamente. A história do dadaísmo e do surrealismo o esqueceu. Apenas a alquimia chamou a atenção para esse assunto (cf. Fulcanelli, *Les demeures philosophales* [*As Mansões Filosofais*], Ed. Schemit, 1930, reeditado por Pauvert, e Canseliet, *Deux Logis alchimiques*, Schemit, 1945).

Seja como for, basta apontar para essas *Viagens* o farol *da Mariée* e reconheceremos sem dificuldade os elementos essenciais de uma nova máquina celibatária.

Nessa máquina, é verdade, não encontramos grandes construções que comportem uma "*mariée*" no alto ou um desenhador, abaixo dos quais se suspenda um conjunto de mecanismos complicados. Mas estamos longe de uma aproximação gratuita. Vimos exemplos muito próximos em Jarry.

Aqui, o elemento central que faz as vezes, ao mesmo tempo, de lanterna mágica e de testemunha oculista, é o caleidoscópio. É em torno dele que se organizam os temas essenciais da representação celibatária.

Joël Joze, personagem viciado há muito tempo em ciências ocultas, é o inventor desse caleidoscópio, "tipo de cinematógrafo, supostamente susceptível, diz um diário, de restituir a cada um, por seus próprios meios, uma nova visão do universo". Ao captar a imagem de todas as coisas visíveis, tais como aparecem *indefinidamente diferentes* nas *pupilas de cada ser vivo*, condensando-as e as fixando quimicamente, é possível projetá-las numa tela aos olhos de outras pessoas. Assim, perdem seu caráter de universos privados e irredutivelmente diferentes, segundo a idiossincrasia de cada um, para se tornarem comunicáveis a todos. É o modo de atingir uma "fusão do indivíduo e da coletividade em um tipo de físico-química transcendental e humorística: a harmonia que nasce de uma troca de olhares!"

Pelo caleidoscópio, descobrimos, ao mesmo tempo, o "sentido oculto das coisas" e o íntimo segredo das outras criaturas.

Notaremos que um aparelho como este talvez seja apropriado para servir tanto aos *voyeurs* quanto aos videntes. É o que será mostrado adiante, sem concessões.

Na época de seu pleno funcionamento, o caleidoscópio estava instalado "em uma câmara de vidro fosco", isto é, no centro de um laboratório, a partir do qual as imagens são projetadas nas telas de duas mil salas, cada uma com três mil lugares, em Paris e em numerosas cidades da Europa.

Tudo depende do funcionamento do caleidoscópio-propulsor, instalado no laboratório, que é descrito por Gilly, o jovem ajudante de Joël Joze:

"Meu quarto fica no primeiro andar. O laboratório, embaixo. No laboratório – no centro – uma cabine de vidro fosco. Onde só entram o Patrão e eu. Cabine do caleidoscópio. Ao redor de todo o laboratório, ao longo das paredes claras e brancas, há milhares de tubos de cristal, que contêm nossas pastilhas de projeção. Coleção completa desde que comecei como Olho-Direito – apelido de Gilly."

Essa câmara de vidro, que contém um aparelho tão singular, destinado a projetar as mais íntimas visões privadas diante de seis milhões de espectadores, ordena aquele que certamente é o mais grandioso encontro de testemunhas oculistas. O apelido de Gilly, Olho-Direito, é bastante significativo. Principalmente depois que outra declaração de Gilly explica de onde vem esse nome e como se relaciona ao mais notável dos títulos que pode ser atribuído a seu mestre Joël Joze: "eu lhe devo tudo, disse. Ele realmente *abriu-me os olhos*, esse grande 'Oculista do Oculto', como ele mesmo gostava de se chamar". Seria possível que estivessem mais claramente designados, ambos, como protótipos das testemunhas oculistas? O fato de o autor ter acreditado que era preciso destacar a expressão "abriu os olhos" indica bem que se trata de um sentido figurado. Esta lembra particularmente a célebre passagem do Gênesis no qual está dito, depois que Adão e Eva comeram o fruto proibido: "seus olhos se abriram e eles souberam que estavam nus". Não ignoramos que, segundo a interpretação popular, o consumo do fruto é a imagem transposta de um ato sexual proibido. Pode ser que o caleidoscópio inventado por Joze seja um instrumento de conhecimento, mas o sentido hebraico da palavra conhecimento não é excluído.

Um equívoco análogo preside a noção de viagens do caleidoscópio, pois nenhum percurso está em questão, mas apenas transportes no local. A natureza dos programas anunciados não faz mais que confirmar essa afirmação.

Com efeito, a primeira viagem não foi anunciada com o título de "Termômetros humanos, excursão humorística gravada por M. Gilly"? Indicação seguida de um vivo elogio desse gênero de aparelho.

"O Termo-mestre[28] *(sic)* nos salva de nós mesmos... Aqui, não se trata de aprofundar, mas de escalar. Visite o 'Senegal'. Evitando, se possível, o "quarto dos doentes, final geralmente fatal de um delicioso deleite." Alusão prosaica, mas precisa.

Para afastar a última dúvida, é explicado que todos devem portar de fato um termômetro como distintivo. Compreendemos o motivo de Gilly falar, repetidas vezes, em *excursões humorísticas*.

A terceira viagem, porém, tem por objeto o alfabeto: "Público, você percebe aqui a Imprensa Nacional (ou uma outra). Essas caixas sem aparência, denominadas Caixas, guardam milhões de exemplares de todas as *Letras do Alfabeto*, todos os *Corpos*, todos os *Caracteres*." É o tema da inscrição que reaparece inesperadamente.

Dito isso, o enredo comporta quatro personagens, cujas relações são bem complicadas: duas "*mariées*", Vera e Graça, assim como

---

28 Aqui, há um neologismo baseado na homofonia que existe no original, em francês, entre a palavras *mètre* (metro, presente no final de *thermomètre* - termômetro) e *maitre* (mestre). Assim, *thermomètre* se torna *thermo-mâitre*, que traduzimos como "termo-mestre". [Nota da Revisão da Tradução].

dois "celibatários", Joël Joze, o patrão, inventor do caleidoscópio, e Gilly, "o pequeno aprendiz", sem o qual o próprio Joze nada poderia fazer.

Sua história começa por uma sessão de caleidoscópio na casa de Vera, diante de um auditório mundano. Mas, para o grande desespero de Joël, o aparelho não funciona, ou, ao menos, nada é visto projetado na tela. Joël foge. Todavia, escreve a Vera para manifestar que, na verdade, a tela não estava vazia.

Reencontramos Joël na rua do Désir, roído pela angústia, até que Graça, a rival de Vera, leva-o e o apresenta um Palmeiral com uma Rotunda, um Paraíso secreto no coração de Paris.

No entanto, Graça sugere a Joël que chame Gilly para pôr novamente o caleidoscópio funcionando, o que é feito tão bem que as emissões do aparelho alcançam um sucesso europeu.

Alertada, Vera escreve a Joël e lhe pede uma sessão particular de caleidoscópio. Joël tenta escapar. Graça, advertida por telepatia, dá uma bronca nele; Joël, então, confessa-lhe que, na verdade, o fracasso da primeira sessão (na casa de Vera) se deve ao fato de o aspecto da sala ter-lhe causado desgosto.

Porém, é Vera a vencedora. Por sua vez, leva Joël no *carro* e lhe propõe o seguinte:

"Venha ver se o tamanho do seu caleidoscópio é apropriado ao da minha tela."

Poderíamos ser mais claros que isto?

Gilly conta que, ao partir, Joël levou algum órgão indispensável para as projeções do caleidoscópio-propulsor. Este fica mudo e sombrio e, em todos os lugares, as salas de projeção param de funcionar. Gilly está desesperado por causa dessa desaparição. No entanto, acrescenta esta frase curiosa:

"Quanto ao Caleidoscópio, no fim das contas, custou-nos tantos males que quase chego a não lamentar. É verdade que passei meses inteiros, noites a chorar esta maravilha."

De quais males se trata? Os únicos de que as *Viagens* tenham falado são os da doença e da angústia. Seriam esses ou outros?

De repente, os eventos se precipitam. Graça lança-se em *torpedo* na perseguição de Joël e leva Gilly no seu carro. Ambos entram no hotel de Vera, evitam os criados e chegam ao coração do lugar. No cômodo onde Joël faz uma apresentação para Vera sozinha, um "ciclone" de imagens furiosas os ataca, no qual desfilam o "Dinheiro", uma "Peônia enorme" que se engordura com "estrume humano", toda uma "horrível sessão inversa" em que o caleidoscópio gira no "*sentido contrário*".

"Furor das duas mulheres, madame Graça levanta seu véu. Em seu rosto aparece um diamante fulgurante."

"Explosão. Conflagração. Detonação. Milhões de bombas. Bilhões de granadas incendiárias. Na erupção e explosão de qual vulcão?"

"Madame Graça pegou o Caleidoscópio."

"Ela o joga no chão."

"Fluídos magnéticos misturados a correntes."

"A torrentes de eletricidade."

"Brotam catástrofes."

"Noite."

"Cem mil vidros se partem."

"Casas desmoronam."

Nesse cataclismo, todo o bairro é destruído com o caleidoscópio. Todavia, os quatro personagens saem sãos e salvos das ruínas. As duas mulheres desaparecem. Joël fica sozinho com Gilly diante da brilhante paisagem da Étoile,[29] em Paris. E a narrativa termina nesta última frase de Joël, relatada por Gilly:

"Que bela paisagem cerebral, disse meu Mestre. Venha, Gilly, retornemos. Eu gostaria de trabalhar."

A conclusão é enigmática. Podemos observar, ao menos, que contém certa semelhança com o fim da máquina eletromagnética em *O Supermacho*, que também funciona ao contrário e acaba explodindo. De modo mais geral, reconhecemos nessas viagens os temas

---

29 *Étoile*, estrela em francês, é o antigo nome da praça onde fica o Arco do Triunfo, em Paris. Dada a importância do tema da estrela para as máquinas celibatárias, a informação não é irrelevante. [Nota da Revisão da Tradução].

associados do vidro e do relâmpago. O que é singular é que o relâmpago é totalmente frustrado pelos quatro personagens, precedido pela iluminação do diamante e seguido pela iluminação da *Étoile*.

No quadro geral dessas *Viagens*, a parte propriamente mecânica está reduzida ao mínimo: as duas *mulheres de carro levam o parceiro masculino*. Mas a parte "Grande Vidro", testemunhas oculistas, iluminação-explosão, é desenvolvida ao máximo, a um caleidoscópio que se torna lanterna mágica ou, antes, *televisão* destinada a seis milhões de espectadores. Ainda que se trate, antes, de uma supertelevisão que ultrapassa o nível das imagens inter-retinianas ordinárias comuns a todos para atingir o das *imagens cerebrais indefinidamente diferentes em que se expressa o segredo particular de cada ser humano.*

Nessa perspectiva, o caleidoscópio é a máquina celibatária levada a seu máximo (a solidão de cada ser condicionado pelas suas imagens particulares) e ao máximo de seu contrário (a captação e a socialização dessas imagens particulares, por meio de sua comunicação universal). É por aí que as *Viagens no Caleidoscópio* nos oferecem uma das mais extraordinárias *antecipações* dessa época.

Não seria inútil, enfim, assinalar que Irène Hillel-Erlanger situava o caleidoscópio-propulsor (a estação emissora) na rua Belidor. Essa rua, muito curta, de fato existe. Ela lembra o nome de Bernard Forest de Belidor, célebre engenheiro francês (1697-1761), autor de numerosas obras técnicas, notadamente o *Dicionário do Engenheiro. A Pirotecnia, a Arquitetura hidráulica.*

Veremos adiante por que este último livro merecia especialmente ser lembrado.

Precisemos, enfim, que a rua Belidor é como uma pequena seta em direção à propriedade fantasma de *Luna Park*.

Adolfo Bioy Casares

A Invenção de Morel, de Bioy Casares (*L'invention de Morel*, trad. francesa de Pierhal Ed. Laffont), tem como ponto de partida uma ilha considerada deserta. Talvez seja a fictícia ilha Villings, no arquipélago das Ellice, na Oceania.

Mas o condenado fugitivo que se esconde ali não é um solitário como Robinson. Ele descobre a presença intermitente de um grupo de uns dezesseis europeus fugitivos e obsessivos, que chama de "intrusos". Entre eles, Faustine, que o deixa completamente fascinado, mas, apesar de todos os seus esforços, mesmo chegando muito perto, não conseguirá chamar sua atenção. Com Faustine, o fugitivo está em situação absolutamente celibatária.

Estrutura da ilha

A ilha se divide igualmente em dois níveis separados.

O campo do fugitivo é a região das "terras baixas". É uma região formada por pântanos frequentemente cobertos pelas grandes marés. Abundantes em plantas, répteis, doenças. Ali, o fugitivo descobre uma *máquina*, roda de pás ou cilindro com aletas que considera ser um *moinho* (de água).

Faustine e seus amigos habitam as "terras altas", no alto da colina. Dispõem de uma bela casa, construída em 1924 e chamada de *museu* por Morel, o senhor da ilha. É uma grande casa com três andares, quinze apartamentos, uma torre redonda, duas galerias. O térreo conta com um hall-biblioteca, uma sala de jantar, um grande salão redondo, cujo fundo é ocupado por um aquário, e um pequeno quarto verde. Na parte de fora, há uma capela, uma piscina e um jardim.

Não há nenhuma máquina em cima, apesar de o museu ser maravilhosamente abastecido de eletricidade.

Uma máquina secreta, escondida sob os flancos da colina, ligaria o "moinho" de baixo à eletricidade de cima, a região do fugitivo à de Faustine?

As três inscrições de cima

Uma primeira inscrição aparece do lado de *fora*, no jardim. Composta com flores, representa uma mulher *imensa e sentada*, completamente indiferente ao *homenzinho ajoelhado* diante dela. A mulher é "sublime" e o homem sou "Eu", dizem as palavras acrescentadas à imagem. Essa composição é obra do fugitivo, e nos confirma sua situação de *celibatário, sem nada mais*.

As duas outras inscrições contidas no museu trazem, ao contrário, uma iniciação ao segredo da máquina da ilha.

A primeira está no hall. As abundantes estantes constituem objetivamente uma inscrição monumental, mas derrisória. Um único livro, único de seu gênero, aqui, tem sua importância. Foi deixado em evidência sobre um criado-mudo de mármore verde: *Travaux, Le Moulin Perse* – Paris, 1737 – por Belidor (Bernard Forest de).

É exatamente o mesmo Belidor que dá nome à rua do caleidoscópio de Irene Hillel-Erlanger. Mais adiante, voltaremos a essa estranha coincidência.

É certo que o fugitivo se pergunta imediatamente se o "Moinho Persa" de que o livro de Belidor fala não explicaria o "moinho" das terras baixas.

A segunda inscrição aparece no grande salão, acima do aquário, no momento em que Morel se prontifica a dar uma conferência a seus amigos. Ele traz *"folhas amarelas"*, ou *"folhas de papel de seda amarela, escritas à máquina"*, na qual *explica sua invenção: o cinema total*.

As duas inscrições parecem, então, completarem-se para revelar os segredos comuns da ilha, da maquinaria, de Morel e de Faustine.

Percebemos imediatamente que os papéis de Belidor e de Morel se relacionam com os do antigo comandante e do oficial da *Colônia*. Até porque Belidor foi engenheiro e coronel, e Morel, engenheiro, é também o senhor da ilha.

O fugitivo, pelo contrário, difere bastante do viajante, pois não hesita em agarrar o livro de Belidor e as folhas de Morel para lê-los. Explora sistematicamente o museu e os subterrâneos da colina para descobrir a realidade escondida.

A usina hidroelétrica

No fim das contas, o narrador-fugitivo descobre que toda a atividade da ilha tem como ponto de partida a *energia motora das marés*.

Quando as grandes marés inundam os baixios, provocam o funcionamento da "roda dentada", que não é um moinho de água, mas uma *turbina hidráulica* ligada a um tubo de ferro que penetra na colina.

É aí, no *nível intermediário*, que se esconde a *usina subterrânea*. O fugitivo descobre uma sala das máquinas que abriga, de um lado, grupos eletrogêneos, um gerador de luz e uma bomba de água; do outro lado, *aparelhos do cinema total*, com receptores, gravadores, projetores. Alguns aparelhos são fixos, outros são portáteis.

A usina subterrânea é, pois, a parte central de um sistema hidroelétrico que fornece eletricidade, de um lado, ao museu, do outro, ao laboratório de cinema total.

A usina do cinema total

Segundo as indicações de Morel, é um cinema que grava absolutamente todas as sensações, sejam elas visuais, auditivas, táteis, térmicas...

As câmeras de Morel servem, então, para criar *reproduções integrais dos objetos e dos seres humanos*, ou, dito de outro modo, *cópias artificiais*, *fantasmas absolutos*, cientificamente estabelecidos, capazes de repetições invariáveis e indefinidas.

A invenção de Morel parte, assim, do mesmo princípio da *repetição automática* que aquela de Canterel para a grande jaula de vidro de *Locus Solus*, mas, em vez de *reativar cadáveres* através de produtos químicos, *projeta imagens totais*.

A grande habitação no alto da colina de fato é, pois, um museu: *o museu das imagens totais*, acima da usina subterrânea do cinema total.

Mas, então, o que é realmente real e falaciosamente real nessa ilha? O fugitivo às vezes constata a concorrência de dois sóis ou de duas luas ou de dois exemplares idênticos do tratado de Belidor. Os "intrusos", ou "pessoas do museu", não parecem se dividir. Eles são reais? Irreais?

Agora, compreendemos que são os aparelhos gravadores do cinema total, fechados na usina subterrânea, que contêm *a maior, a mais secreta, a mais poderosa* das inscrições, a que rege o enigma da ilha.

A usina celibatária

Vimos como o "Grande Vidro" de Duchamp e o grande diamante de Roussel levam ao limite a conjunção do vidro, das águas e das luzes (astros, eletricidade, iluminação mental) no *aquamicans* (*água brilhante*) e o *ofuscamento do respingo*.

De fato, a ilha de Morel é de terra, e não de vidro. Mas ela se reflete no mar como uma imensa vitrine iluminada por um ou dois sóis, uma ou duas luas.

Assim como as formas pintadas sobre o "Grande Vidro", a ilha também tem contornos interiores que podem ser vistos na transparência dos pântanos e das inundações da maré.

De modo mais profundo, o papel do *motor marés* de Bioy Casares não difere essencialmente do "*motor Mariée*", segundo Duchamp, pois sabemos que esse funcionamento depende essencialmente do *ciclo periódico* das grandes marés.

Em seguida, a penetração do vidro, das águas e das luzes se eleva verticalmente com o sistema hidroelétrico, em direção ao alto da colina.

No interior da usina subterrânea, o fugitivo descobre um *quarto octogonal*, poliédrico, oito vezes reproduzido por seus *espelhos*, sob as arcadas. Servira para experiências *óticas* desconhecidas.

A própria *sala das máquinas* não é notável apenas do ponto de vista funcional. Seus motores *verdes* nos lembram o lugar do verde e do vidro em Roussel. A simples vizinhança da *bomba de água*, do gerador de *luz* e dos grupos *eletrogêneos* evoca diretamente a conjunção das águas e das luzes. Quanto aos aparelhos óticos, gravadores e projetores, que servem para o cinema total, não prescindem de uma indústria qualquer, mas daquela das *testemunhas oculistas*.

Além disso, o narrador-fugitivo não se engana, se podemos assim dizer. Quando abre uma passagem com uma barra de ferro na entrada da sala das máquinas, percebe uma "*claridade celeste*". O interior da sala, no entanto, recebe apenas uma fraca luz do dia por uma malha de ventilação escondida sob os galhos de uma conífera. Essa sala, é verdade, é toda revestida de *porcelana azul-celeste*, que inspira *admiração e prazer* no explorador, como diante da *diafaneidade celeste e profunda da espuma das cascatas*.

Quando retorna à sala, ele encontra a mesma *felicidade, como se andasse sobre o fundo imóvel e azulado de um rio*.

Aqui, por duas vezes, a hidroelétrica imaginária de *A invenção de Morel* se transforma em *hidroeletricidade mental* do *ofuscamento do respingo*.

No alto da colina, a água entra na piscina e no aquário; o vidro reaparece em vidraças e espelhos, enquanto a eletricidade brilha nos gigantes cálices de alabastro do hall-biblioteca.

O lugar e o momento mais extraordinário é o grande salão redondo sem janelas, quando Morel faz sua conferência. Ele está sentado diante de uma mesa, sobre o piso de *vidro* que cobre o aquário, de onde a luz elétrica sobe até o teto. Assim, enquanto desvela os segredos do maquinário, Morel está sentado, com seus ouvintes, acima de um *lago luminoso*. Ele repete a situação do narrador cheio de claridade celeste no meio de um rio imaginário, na sala subterrânea das máquinas. Enquanto isso, o narrador os observa, como uma *testemunha oculista*, parado na fenda do *biombo com vinte faces de espelhos*, na pequena sala verde. Verde como os motores e como o mármore do console onde o narrador encontrou o livro de Belidor: *Le Moulin Perse* (de cor entre azul e verde).

Faustine hidráulica e pirotécnica

A extremidade superior da usina hidroelétrica e celibatária são os *fantasmas perfeitos*, as *imagens totais* que os aparelhos da casa das máquinas projetam no alto da colina, fora ou dentro do museu.

O narrador-fugitivo, parado na sala verde, ao observar Morel em conferência com seus amigos acima do aquário, esconde-se inutilmente, pois, diante dele, existem apenas objetos cegos. Não corre o risco de ser *surpreendido* pelos fantasmas-robôs, cujos *originais* estão *ausentes*. Estão longe ou já estão *mortos*? Este é o único problema que se coloca a título transitório.

Por muito tempo, não pôde resolver esse problema.

Quando Faustine está diante dele, totalmente parecida com uma pessoa em carne e osso, reconhecível por seu jeito de boêmia, pelo lenço, por seu jeito de andar, por sua voz, ele não sabe se está morta ou viva, só tem a certeza de se tratar de seu *simulacro*. Acostuma-se a considerá-la "sem emoção, como um simples objeto". Toda tentativa de comunicação com ela é absolutamente vã. Porém, não para de segui-la; vai ainda mais longe:

"As outras noites, eu as passo ao lado do leito de Faustine, no chão, sobre uma esteira, e fico todo emocionado ao vê-la descansar, alheia ao hábito que estamos criando, de dormirmos juntos."

Não importa o que faça, sabe que Faustine *nunca responderá*.

Em algum lugar, o narrador lembra que, nos andares do museu, "os quartos espelhados eram infernos para torturas refinadas". Sua própria situação diante de Faustine seria mais invejável?

Em todo caso, fato é que, no fim, decide prolongá-la eternamente. Essa Faustine só existe pela energia das marés e pela arte do cinema total.

O último carrossel

Acusado de um crime, o fugitivo foi condenado à prisão perpétua, da qual ele escapa para refugiar-se na ilha. É o tema do *processo*.

A questão retorna ao narrar esse sonho de interpretação da sua própria vida na ilha.

"Eu estava em um manicômio. Depois de uma longa *consulta* (o processo) com um médico, minha família tinha me levado para lá." O diretor era Morel. O próprio narrador nos remete, implicitamente, às múltiplas interpretações do *Processo* de Kafka.

Devemos ir além. A ilha tinha reputação de doentia. Diziam até que nela reinava a peste, razão do abandono do *museu*.

O fugitivo constata, em todo caso, que as árvores da ilha estão gravemente doentes, as da colina estão endurecidas e secam, enquanto as de baixo estão tão afetadas que basta a pressão dos dedos para retirar um resíduo pegajoso.

A vida animal não escapa de semelhantes devastações. Dentro do *museu*, o grande aquário da sala está repleto de *centenas de peixes mortos e podres*. Mesmo que o fugitivo tenha limpado tudo com grande esforço, antes da conferência de Morel, reencontramos ali a ligação entre o vidro, a inscrição e a morte.

Os homens escapariam dessa doença? A julgar pela aparência impecável dos fantasmas artificiais, poderíamos acreditar que sim. Na verdade, é o contrário. A doença mortal e desconhecida que destrói aos poucos toda vida na ilha é apenas o subproduto do cinema total. Ao produzir suas imagens totais, Morel provoca a destruição de seus originais.

Além disso, ainda que os "intrusos" não tenham morrido por causa dessa doença, devem ter perecido no navio que foi bombardeado pelo cruzeiro japonês *Namura*.

Quanto ao fugitivo, este, enquanto explorava a sala das máquinas, sentiu uma terrível sensação de asfixia, como num submarino irremediavelmente perdido no fundo do mar. Ele se compara ao marinheiro japonês que morreu dessa forma, descrevendo até o fim os tormentos de sua agonia e saudando o *Imperador* (aqui estão novamente os temas do cemitério e do comando). O fugitivo observa que, no seu caso, essa sensação de asfixia precedeu o *conhecimento* do enigma das máquinas e a impressão de *felicidade*. Vemos, nisto também, as concordâncias e diferenças com as alusões à asfixia em Gregor Samsa, Louise Montalescot, os quintupletistas, ou na *Caixa Verde*, assim como as ligações entre a chegada da morte, do conhecimento e do êxtase em *A Metamorfose* e a *Colônia*.

Justamente, na situação em que está, o fugitivo decidiu *gravar a si mesmo* nas máquinas do cinema total. Como o oficial da *Colônia*, ele próprio se posiciona sobre a máquina para então se suicidar, para conhecer um suplício igual, sob a forma de uma horrível doença, como a de Gregor Samsa, o que o conduzirá a um outro tipo de "metamorfose", na medida em que acredita que, no instante da morte de seu corpo, sua alma se transferirá para a sua imagem total (como a passagem da crisálida à borboleta).

De fato, consegue fazer as máquinas do cinema total voltarem a funcionar para a sua própria reprodução pessoal. O *processo de morte* começa gradualmente, depois acelera. Assim como o marinheiro japonês, ele consegue escrever: "estou perdendo a visão, o tato tornou-se impraticável; minha pele cai..."

De todo modo, resiste, contando com um destino "seráfico".

"A verdadeira vantagem da minha solução, escreve, é que ela faz da minha morte a condição necessária e a garantia da contemplação eterna de Faustine."

Ele realmente acredita que a reprodução das imagens pela máquina provocará, ao mesmo tempo, uma transferência simultânea da consciência para a sua cópia que encontrará, então, *conhecimento* e *felicidade*.

Ele seria menos *celibatário*?

"Viver em uma ilha habitada por fantasmas artificiais, escreveu um pouco antes, era o mais insuportável dos pesadelos; estar apaixonado por uma dessas imagens era ainda pior que estar apaixonado por um fantasma (mas, talvez, sempre tenhamos desejado que a pessoa amada tenha uma existência de fantasma)."

Transforma sua máquina celibatária provisória numa máquina celibatária de repetição indefinida.

Desde que as marés continuem a ativar as máquinas dessa nova "colônia" tropical e autopenitenciária, os turistas oculistas poderão ver a ronda infindável do "celibatário" ao redor de "Faustine".

Isis, Osíris e Malthus

Uma capela foi construída próxima ao museu. Possui um significado evidente, mas podemos dizer que está praticamente abandonada em comparação com a *sala de jantar*. Esta não mede menos de dezesseis metros por doze. "Em cada parede, no alto de tríplices colunas em acaju, podemos ver varandas que são como camarotes para quatro

divindades sentadas – uma em cada camarote – semi-indianas, semi-
-egípcias, de cor ocre, em terracota". Três vezes maiores que o tamanho natural, dão uma grande impressão de poder sagrado.

Foi na Índia, em Calcutá, que o condenado fugitivo encontrou a ajuda
que o conduziu até a ilha de Morel, onde reaparecerão os deuses egípcios.

Podemos nos perguntar, primeiro, por que razão, logo no início de
seu diário, o narrador-fugitivo nos adverte de seu projeto de escrever
um outro livro: *Elogio de Malthus ou Defesa dos sobreviventes*.

A resposta é clara. O narrador não se contenta em repetir as "profe-
cias de Malthus" e em evocar "as hordas que o crescimento da popu-
lação espalha sobre o globo".

Além dos problemas históricos imediatos, o narrador vislumbra
uma luta apocalíptica na terra superpovoada, travada por nossos des-
cendentes e nossas imagens totais.

"A imortalidade poderá se tornar o atributo de todas as almas, tanto
as que estão decompostas quanto as vivas. Mas, cuidado! Os mortos
mais recentes farão, diante de nossos olhos, uma floresta tão densa
quanto os mortos mais antigos. Para recompor um único homem já
desagregado, com todos seus elementos e sem nada que lhe seja estranho, será necessário *o paciente amor de Isis quando esta reconstituiu Osíris*.

A conservação indefinida das almas em estado de funcionamento já
é assegurada. Ou, melhor dizendo: estará completamente assegurada
no dia em que os homens compreenderem que, para defender seu
lugar na terra, convém pregar e praticar o *malthusianismo*."

Quando esse projeto for realizado, aperfeiçoando a invenção de
Morel, cada um poderá gravar a si próprio em um jardim com as
pessoas que mais ama, "e perpetuar-se dentro de um paraíso íntimo".

"Serão, desgraçadamente, paraísos vulneráveis, pois as imagens não
poderão ver os homens, e os homens, se não derem ouvidos a Malthus,
um dia precisarão do solo do paraíso mais exíguo, e destruirão seus
ocupantes sem defesa, ou os prenderão à existência virtual e inútil de
suas *máquinas desligadas*."

A base do problema é, pois, a oposição categórica entre a *reprodução
biológica* por descendência e a *reprodução artificial* de si mesmo.

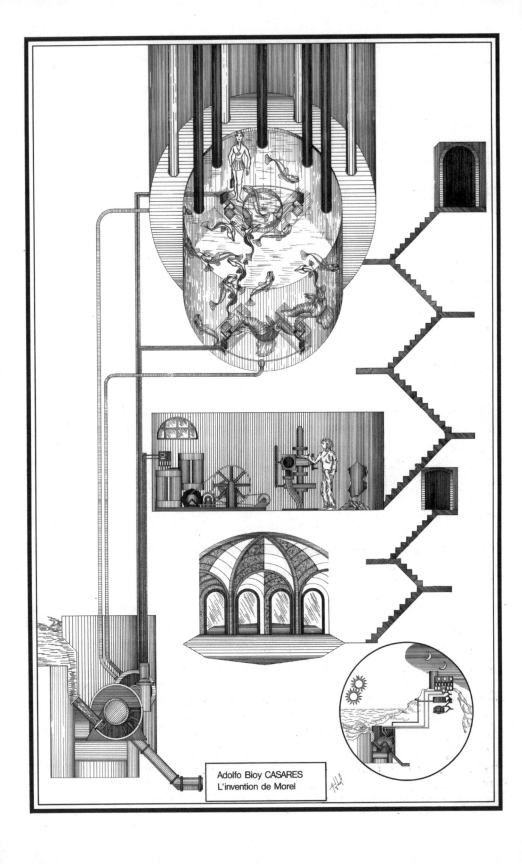

Enfim, uma nota dita pelo editor chama nossa atenção para o fato de que a localização da história na ilha Villings, do arquipélago das Ellice, é bastante duvidosa. Tais notas são frequentemente um jogo. Neste caso, aquela coincide com a presença de três trocadilhos essenciais: Morel para *o morto*, Villings para *livings*, isto é, os vivos, e Ellice para hélice, figura do 8 ou do ∞, símbolo do infinito matemático, do Oroboros gnóstico, a serpente que morde o próprio rabo, do infinito que não tem começo nem fim e onde, consequentemente, os mortos e os vivos se misturam numa só coisa, como uma fita de Moebius.

Da rua Belidor ao Ultra-Morel

As duas invenções de Joël Joze e de Morel têm uma base comum: o cinema completado pela televisão.

Quanto ao cinema, é evidente, eles mesmos dizem. Quanto à televisão, mesmo a palavra não sendo utilizada, os fatos são precisos. O caleidoscópio-propulsor não sai do laboratório da rua Belidor: manipula ondas magnéticas no aparelho e seu impulso governa sozinho e *sem fio* os outros aparelhos instalados nas duas mil salas com três mil espectadores. Não são as salas de cinema ordinário que utilizam aparelhos de projeção ótica, mas salas de televisão coletiva munidas de aparelhos receptores para as imagens radiodifundidas. No caso de Morel, os apontamentos que dizem respeito aos projetores são verbalmente ambíguos, mas só podem se tratar de emissores de ondas eletromagnéticas escondidos no laboratório subterrâneo (a estação emissora), e não de projetores óticos que o narrador fugitivo teria necessariamente notado sobre a colina, diante das "aparições".

O segundo dado comum é a antecipação.

1) O aspecto mais simples diz respeito à capacidade de *difundir* as imagens. Em 1919, o cinema e a T.S.F.[30] já eram bem conhecidos, mas a televisão ainda estava na época heroica dos pioneiros, tais como

---

30 Sigla que se refere à Telefonia ou Telegrafia sem fios. [Nota da Revisão da Tradução].

Baird e Jenkins. A ideia de Joël Joze, ao criar uma estação de televisão europeia, era uma audaciosa antecipação. Em 1940, a televisão se preparava para entrar no estágio de exploração comercial nos Estados Unidos, mas a intervenção de uma televisão total e no espaço foi e ainda é uma prodigiosa antecipação atribuída a Morel.

2) O aspecto mais singular da antecipação nas duas intervenções diz respeito, sobretudo, à *fonte* e, consequentemente, à natureza real das imagens captadas e retransmitidas.

Em vez de captar diretamente as imagens visíveis das coisas nos objetos, o caleidoscópio as capta *"nas pupilas de cada ser vivo"*, ou seja, nas *imagens retinianas*. O aparelho gravador extrai, então, imagens do mundo, *tais como as vemos em nós mesmos, individualmente*. Essas imagens individuais são quimicamente fixadas e, em seguida, aparecem nas telas, de modo a se tornarem *visíveis para todos*.

Uma consequência da natureza psicofisiológica do "cinema" caleidoscópico é que a qualidade de suas imagens depende ao extremo do *emissor humano*, que é sua fonte. Quaisquer que sejam as circunstâncias do detalhe, essa é a razão essencial pela qual tudo permanece escuro na tela com Joël Joze, ao passo que o aparelho funciona maravilhosamente bem quando o jovem Gilly põe seus "olhinhos" nos vidros.

O inventor partiu de uma filosofia impiedosamente subjetivista: "não vemos e não podemos ver além do que está em nós mesmos". Nesses termos, Joël Joze levanta o problema fundamental do *celibato psicofisiológico da pessoa humana*. Ao organizar, graças ao caleidoscópio, a comunicação coletiva das informações retinianas privadas, o inventor acredita trazer a solução e a salvação pela técnica. Deve operar, dessa forma, *"a fusão do indivíduo e da sociedade*, em um tipo de psico-química transcendental e humorístico". As sessões de televisão coletivas serão a base do comunismo psicofisiológico.

Nessa matéria, é como se Morel tivesse a ambição de rivalizar com Joël Joze, como manifesta quando fala em captar *sensações*, e não simples imagens. No entanto, sua linguagem permanece ambígua, e o narrador só observa aparições completamente semelhantes às imagens objetivas.

A respeito disso, aliás, o narrador abandona seu aspecto de fugitivo para se elevar ao papel de *super inventor*, criticando o objetivo da invenção de Morel e declarando que é preciso inventar um *novo aparelho*, capaz de verificar se as imagens já recolhidas contêm realmente "os pensamentos e as sensações que habitariam os sujeitos originais durante a gravação".

"Este aparelho, muito parecido com o atual, será direcionado para os pensamentos e as sensações *do emissor*: independentemente da distância que estivermos de Faustine, *poderemos obter* seus pensamentos e suas sensações (visuais, auditivas, táteis, olfativas, gustativas)."

Nesse ponto, parece certo que o narrador-inventor junta as invenções de Joël Joze e de Morel.

Seguindo suas especulações, imagina ainda um terceiro *aparelho*, para o qual nossos pensamentos e sentimentos comporiam *um tipo de alfabeto que comunique às imagens um tipo de consciência, do mesmo modo que as letras* do alfabeto permitem compreender e compor todas as palavras. O caleidoscópio já permitiria realizar uma viagem nas imprensas através de *todas as letras do alfabeto, os corpos e os caracteres.* A aproximação dessas palavras, por si só, já é impressionante, mas se torna ainda mais notável quando nos lembramos que as viagens no caleidoscópio têm natureza psicofisiológica. Não há, pois, muita distância entre o alfabeto de corpos e caracteres e aquele de sensações e pensamentos. Mas, se a natureza do cinema parece quase idêntica nos dois casos, resta uma imensa diferença na amplitude e na beleza das perspectivas.

3) O último aspecto antecipatório é o da *fonte de energia* utilizada para o funcionamento do aparelho.

Sobre isso, Hillel-Erlanger não traz nenhuma precisão explícita. O nome Belidor é citado apenas para situar a rua onde o laboratório do caleidoscópio está instalado. Essa relação de pura localização poderia ser uma alusão à vizinhança de Luna-Park, ou ainda aos trabalhos de Belidor sobre a pirotecnia e os fogos de artifício. Até onde sabemos, a relação entre o caleidoscópio e Belidor assume, sobretudo, os caprichos do humor objetivo.

Do lado de Morel, é o contrário. Desde o início, a atenção é polarizada por Belidor. Um de seus livros é colocado em evidência. O nome do autor basta para intrigar o narrador. O título do livro, *Trabalhos. O Moinho Persa* faz-nos pensar imediatamente que se poderia encontrar a explicação para o "moinho" das terras baixas.

De fato, depois de ler o livro, o narrador-fugitivo declara ter encontrado em Belidor uma teoria da irregularidade das marés que explica a irregularidade das aparições.

Tudo isso é lógico para o narrador que encontrou, ao seu alcance, quando necessário, o livro de Belidor, cujo título talvez seja falso, mas corresponde ao que encontraríamos em *A arquitetura hidráulica*.

Todavia, o narrador corrige um erro. O que havia tomado por roda de pás de um moinho, no estilo de Belidor, é o cilindro da hélice de uma turbina hidráulica, invenção do século XIX, desconhecida de Belidor e utilizada por Morel para captar a energia maremotriz para sua instalação hidroelétrica.

Podemos pensar, portanto, que Morel, engenheiro do século XX, não tinha nenhuma necessidade de conhecer a existência de Belidor e de adquirir um de seus livros para se informar sobre as marés, a menos que algum singular acaso tenha excitado sua curiosidade em relação a esse assunto, por algum outro capricho do acaso objetivo.

Seja como for, em relação a esse problema, que interessa ao modo como os mitos foram desenvolvidos, é certo que a ideia de Morel de aplicar a energia maremotriz para fazer uma usina funcionar é uma bela antecipação se nos lembrarmos que, em 1940, o problema de tais usinas estava apenas começando. A usina da Rance data apenas de 1966. O que é realmente genial é ele ter imaginado a aplicação dessa fonte de energia no funcionamento de uma máquina celibatária.

Além do fugitivo e de Belidor, o primeiro dos heróis celibatários é Morel. Desesperadamente apaixonado por Faustine, que o afasta e nem sequer gostaria de ter um encontro particular com ele, Morel organiza uma viagem de uma semana com ela e seus amigos em comum para a ilha onde suas máquinas foram instaladas em segredo. Assim, todos, inclusive ele, serão filmados no cinema total.

Durante alguns dias, Morel quer imaginar que leva "uma vida humana, uma vida conjugal com..." – Faustine, evidentemente – e que o cinema total transformará essa ficção em "realidade perpétua".

Tendo tudo acontecido como previsto, as cópias perfeitas de Morel e do Ultra-Morel (acrescentado depois), com seus diversos acólitos, indefinidamente estrangeiros e inseparáveis, giram ao redor da cópia perfeita de Faustine como os personagens móveis e invariáveis dos velhos relógios medievais.

Eles continuarão a girar indefinidamente, por intermitência, na ilha deserta, diante do oceano vazio, talvez num planeta morto, enquanto as grandes marés puderem provocar o funcionamento da usina hidroelétrica.

Lautréamont

Maldoror é o contrário de Edison, Canterel ou Nemo, e até do Super-macho ou de Faustroll. *Ele não precisa de máquinas.*

Ontem em Pequim, hoje em Madri, amanhã em São Petersburgo, por ubiquidade no espaço. Ele goza também da ubiquidade zooló-gica, pois, embora se apresente em geral como um homem, também é capaz de metamorfosear-se em porco, águia, polvo ou tubarão, até o momento *em que percebe que tem apenas um olho no meio da testa*, como se se lembrasse, de repente, que é um *ciclope.*

Que não o reduzamos, portanto, à tardia condição de ciclope sici-liano, como Polifemo. Maldoror está vivo desde os tempos imemo-riais, anteriores à raça humana. Periodicamente, desafia o Todo-Po-deroso, reduzido às aparências de um rinoceronte, em combates de igual para igual que terminam como um jogo empatado. Maldoror é, assim, o êmulo dos ciclopes da primeira geração divina que, segundo Hesíodo, seriam os *ciclopes uranianos*, irmãos dos titãs e filhos de Urano e de Gaia.

Enfim, Maldoror possui como dom de nascimento o que os homens esperam adquirir pela fabricação de máquinas. No máximo, menciona um barco, um relógio ou uma máquina de costura. Pode até utilizar pessoalmente um fuzil ou um revólver para dar, quando muito, um ou dois tiros, como se brincasse. Aliás, nenhum desses aparelhos ultra-passa o limite dos objetos usuais de sua época. *Os Cantos de Maldoror* compõem uma *titanomaquia* neo-hesódica, e não uma narrativa de antecipação ou de ficção científica tecnológica.

Essa titanomaquia não exclui, de modo algum, a ciência ou as máquinas da natureza.

O hino às *matemáticas* (canto II) o proclama com grandeza: a fonte das matemáticas é mais antiga que o sol, e elas são mais duráveis que as estrelas. "Aritmética! Álgebra! Geometria! Tríade grandiosa! Triângulo luminoso!" Essas três potências governam a ordem cósmica em qualquer lugar.

No início dos *Cantos*, entrevemos "como um *ângulo*, temerosas gruas a perder de vista", que voam, guiadas pela mais velha, em direção a "*um ponto determinado do horizonte*".

Mais tarde, percebemos o *turbilhão* formado por um monte de andorinhas, como um pião disciplinado, reunidas "por uma atração comum para *um mesmo ponto imantado...*".

A maioria das metáforas que começam com "belo como..." expressam vigorosamente a mesma tendência. Assim: "Belo como a lei da reconstituição dos órgãos mutilados", ou "Belo como o tremor das mãos no alcoolismo", referem-se às leis ou anomalias das leis da história natural. Noutras palavras, é a beleza da ciência zoológica e dos maquinários zoológicos que está diretamente transmutada em beleza poética e mítica.

A passagem sobre o voo das andorinhas tem um lugar capital nesse poema, a saber, onde expressa, simultaneamente, o turbilhão mecânico da vida na natureza e o do desenvolvimento do poema. Marcel Jean e Arpad Mezei destacaram muito bem essa importância, sobretudo em relação à espiral, em seu *Maldoror* (Pavois, 1947).

É estranho, mas verdadeiro, que essa mesma passagem não seja obra pessoal de Lautréamont, que a inseriu quase tal e qual no começo do canto V, depois de tê-la extraído da *Enciclopédia da História Natural* (Pássaros, 5ª parte, p. 179), publicada pelo Dr. Chenu em 1853. A obra podia ser consultada nas estantes "usuais" da Biblioteca Imperial (atualmente, Nacional), perto de onde Lautréamont morava. Esse fato, descoberto por M. Viroux (*Mercure de France* de 1/12/1952), é autêntico. Disso não decorre que a interpretação de Marcel Jean e Arpad Mezei seja falsa. Totalmente ao contrário. O automatismo surrealista nunca se limitou ao ditado interior; os encontros fortuitos de objetos externos ou de frases também fazem parte dele.

Devemos ter em conta, além do mais, com que humor objetivo Lautréamont apresenta e comenta essa passagem vinda de fora, na qual repentinamente reconheceu o movimento axial de seu pensamento, como em um espelho. Insiste de modo ainda mais claro quanto à natureza dessa mecânica mental, ao declará-la conduzida pelo magnetismo sonambúlico (canto VI).

O cosmos de Maldoror é uma imensa máquina natural governada pelas matemáticas e incessantemente percorrida por um turbilhão vertiginoso de máquinas zoológicas, patológicas e sonambúlicas.

É também um cosmos onde o celibato ganha uma importância formidável, com o hino ao Oceano, quando Maldoror grita:

"Velho Oceano com ondas de cristal...

Velho Oceano, tua forma harmoniosamente esférica que alegra a face séria da geometria...

Velho Oceano, *ó grande celibatário...*" (canto II).

Mais uma vez, Maldoror se reconheceu em um espelho, o do Oceano. Ele também é um grande *celibatário*:

"Eu buscava uma alma que se parecesse comigo e não conseguia encontrá-la... No entanto, não podia permanecer sozinho." (canto II).

A fêmea do tubarão

No mesmo momento, Maldoror percebe uma batalha no mar entre seis tubarões que brigam pelos náufragos de um navio e por outras razões, isto é, por uma fêmea de sua espécie. Imediatamente se lança no mar com sua faca e mata um dos tubarões, enquanto a fêmea se livra com facilidade de outro adversário. Semelhante a um tornado, essa fêmea, verdadeira *fortaleza móvel*, volta-se então em direção ao herói que vem para salvá-la. Os dois se olham face a face.

"*Eles* nadam em círculos, sem se perderem de vista e dizendo para si mesmos: 'eu me enganei até aqui, aí está um que é mais malvado'. Então, de comum acordo, entre duas águas, um desliza em direção ao outro com uma admiração mútua... prendendo a respiração em veneração profunda, ambos querendo contemplar, pela primeira vez, seu retrato vivo. A três metros de distância, sem nenhum esforço, jogam-se um contra o outro, *como dois amantes...*"

Abraçaram-se com amor na tempestade, à luz de seus raios, "tendo como *leito de himeneu a onda espumosa*, levados por uma corrente submarina como um *berço*, e, *rolando* sobre si mesmos, em direção às profundezas do abismo, reuniram-se num *acoplamento longo, casto e hediondo.*"

E Maldoror grita:

"Enfim, eu acabara de encontrar alguém que se parecia comigo! Já não estava sozinho na vida! *Ela tinha as mesmas ideias que eu! Eu estava diante do meu primeiro amor.*"

Nessa passagem, reconhecemos o leito, a mecânica da rotação e da imantação, o ofuscamento do respingo e o final no fosso.

A fêmea do tubarão está diretamente associada à morte pelo nome da sua espécie, que vem de *réquiem*,[31] alusão à missa dos mortos. O estranho amor trazido por Maldoror pareceria inimaginável, se não soubéssemos que, pouco tempo depois, Lautréamont se deixaria fascinar pelo suicídio.

O guarda-chuva e a máquina de costura sobre uma mesa de dissecação

Essa nova aventura acontece em Paris (perto do final do Segundo Império). Começa quando o relógio da Bolsa soa às oito horas da noite, na rua Vivienne, entre o Palais-Royal e o Bulevar Montmartre, quando as lojas e os postes a gás estão brilhantemente iluminados.

Meia-hora mais tarde, o bairro se torna silencioso e obscuro. Uma coruja voa gritando: "Um infortúnio se prepara".

Na esquina da rua Colbert, vemos a silhueta de um rapaz que segue pela rua Vivienne em direção aos Bulevares. É Mervyn, um jovem inglês de dezesseis anos. É a ele que se aplica uma célebre metáfora que deve ser inserida na série de outras metáforas que dizem respeito ao mesmo personagem, no mesmo lugar de Paris e no mesmo instante do encontro fortuito entre Maldoror e *Mervyn*:

"Ele é belo como a *retratilidade das garras das aves de rapina*; ou ainda, como a *incerteza dos movimentos musculares* nos ferimentos das

---

31 O autor se refere à palavra original, francesa: *requin* (tubarão) e sua proximidade com *réquiem*. [Nota da Tradução].

partes macias da região cervical posterior; ou antes, como uma *ratoeira perpétua, sempre tensionada pelo animal* pego, que pode pegar apenas roedores, indefinidamente, e funciona mesmo escondida sob a palha; e, sobretudo, como *o encontro fortuito de uma máquina de costura com um guarda-chuva sobre uma mesa de dissecação.*"

Longe de ser gratuita e arbitrária, essa série de metáforas se sustenta de forma muito lógica: a beleza em questão é a beleza mecânica dos movimentos automáticos na natureza e na indústria.

Essa metáfora não vem sozinha, como um aerólito do pensamento. É indissociável do encontro fortuito entre Mervyn e Maldoror, que observa o primeiro, seguindo-o "como sua futura presa". Com efeito, Maldoror está entre os dois polos, aquele que alcança a mecânica do encontro e de suas consequências posteriores. Quanto mais se aproxima de Mervyn, "mais, com o corpo jogado para trás, recua sobre si mesmo, como o *bumerangue* da Austrália na *segunda parte de seu trajeto*, como uma *máquina infernal*" cuja natureza não é especificada.

Mervyn e Maldoror são, pois, remetidos a máquinas cujos movimentos automáticos se integram ao automatismo universal.

Comandada pela mecânica do acaso, a tríade da metáfora o expressa claramente. Antecipando, ao mesmo tempo, Duchamp e Max Ernst, Lautréamont une as três *ready-mades* verbais numa única *colagem* surrealista que lhes confere um significado comum. Sendo o guarda-chuva uma máquina que se levanta e se desdobra progressivamente, não é necessário ser psicanalista para reconhecer nele um símbolo masculino que se aplica a Maldoror. Quanto à máquina de costura, tradicionalmente feminina, só pode dizer respeito a Mervyn, feminizando-o. Perceberemos, além disso, que a primeira sílaba de Maldoror evoca a palavra *macho*, enquanto o nome de Mervyn começa evocando o mar ou a *mãe*; sendo, inclusive, o anagrama de *verme*, o que confirma que todas as ameaças são dirigidas contra ele.[32]

---

32 A análise do autor é feita a partir das palavras e suas pronúncias homófonas no idioma original, o francês: *mal* (primeira sílaba de Maldoror) e *mâle* (macho)

Já que aqui não podemos analisar detalhadamente os eventos seguintes, lembramos apenas que, se os trajetos de Maldoror e Mervyn em Paris seguem naturalmente as ruas e bifurcam em noventa graus, inscrevem-se, todavia, no interior de uma vasta curva giratória que parte da Biblioteca Nacional e termina na Praça Vendôme, passando pela Gare de l'Est e a Fonte Saint-Michel.

A coluna Vendôme e a cúpula do Panteão

Alguns dias mais tarde, depois de uma primeira tentativa de assassinato sobre a ponte do Carrossel, Mervyn chega à Praça Vendôme, com as mãos amarradas para trás, conduzido por Aghone, o louco com um penico na cabeça, como uma "coroa de alabastro"; esse louco é o cúmplice que Maldoror recrutou no Palais-Royal.

Aghone empurra Mervyn com um bastão até a base da *Coluna* Vendôme, no interior do muro *circular*.

Maldoror já está no alto do monumento.

"Sobre o entablamento da coluna massiva, apoiado contra a balaustrada quadrada com mais de cinquenta metros de altura, um homem lança e desenrola um cabo que cai até o chão, a alguns passos de Aghone."

Em pouco tempo, ele amarra os pés de Mervyn na extremidade da corda.

O rinoceronte surge de repente, sem fôlego e coberto de suor, na rua de Castiglione. O indivíduo que estava no alto da coluna o percebeu, "armou seu *revolver*, mirou com cuidado e apertou o gatilho".

No mesmo momento, o comodoro, pai de Mervyn, e sua mãe, a Londrina que era chamada de "filha da neve" (isto é, Albion), aparecem bruscamente e tentam proteger o rinoceronte com seus corpos.

---

são homófonos. Por sua vez, *mer* (início do nome de Mervyn) remete às palavras *mer* (mar, que é um substantivo *feminino* em francês) e *mère* (mãe), também homófonas. Finalmente, o nome de Mervyn é anagrama de *vermine* (verme ou parasita). [Nota da Revisão da Tradução].

Perda de tempo. "A bala perfurou sua pele como uma *broca*". Sendo indestrutível, o rinoceronte não morre, mas vai embora. Os pais fazem o mesmo.

Com um só gesto, Maldoror puxa a corda, no final da qual Mervyn está suspenso de ponta-cabeça. O rapaz tenta em vão se agarrar às guirlandas de imortais que ornam o monumento e acaba por arrancar uma parte, levada com ele.

"Depois de ter acumulado a seus pés, sob a forma de *elipses super-postas*, uma grande parte do cabo, deixando Mervyn suspenso na metade da altura do obelisco de bronze, com a mão direita o fugitivo (Maldoror) faz o adolescente girar em um *movimento acelerado de rotação uniforme, num plano paralelo ao eixo da coluna*, e, com a mão esquerda, recolhe os enrolamentos serpentinos da corda que estavam caídos a seus pés."

Por sua vez, o movimento de rotação logo se modifica:

"O cabo sibila no espaço, o corpo de Mervyn o segue por todos os lados, sempre distante do centro pela *força centrífuga*, sempre man-tendo sua posição móvel e *equidistante* em uma *circunferência* aérea, independente da matéria."

O "selvagem civilizado" vai soltando a corda aos poucos, depois se põe a correr *em torno* da balaustrada, segurando-se ao lado com uma mão.

"Esta manobra tem por efeito mudar *o plano primitivo da revolução do cabo* e aumentar a sua força de tensão que já é considerável. Daí em diante, ele gira majestosamente num plano horizontal, depois de ter sucessivamente passado por uma etapa irresistível *através de diversos planos oblíquos. O ângulo de noventa graus formado pela coluna e pelo fio vegetal tem seus lados iguais.* O braço do renegado (Maldoror) e o instrumento assassino se misturam na *unidade linear, como os elementos atomísticos de um raio de luz penetrando na câmara escura. Os teoremas da mecânica não permitem falar assim, infelizmente! Sabemos que uma força acrescentada a outra força produz uma resultante composta das duas forças primitivas!*"

Eis, enfim, a última fase:

"O corsário dos cabelos de ouro (Maldoror) bruscamente para sua *velocidade adquirida* e, ao mesmo tempo, abre as mãos e solta o cabo. O *contragolpe* desta operação, tão contrário aos precedentes, quebra a balaustrada em suas pontas. *Mervyn, seguido pela corda, parece um cometa trazendo consigo sua cauda brilhante. O próprio anel de ferro da armadilha, cintilando aos raios de sol*, completa a ilusão. No percurso de sua parábola, o condenado à morte cruza a atmosfera até o lado esquerdo do rio, ultrapassa-o *em virtude da força de impulsão que se supunha infinita*, e seu corpo vai bater na Cúpula do Panteão, enquanto a corda abraça com suas dobras a parede superior da imensa cúpula."

Nesse lugar, de agora em diante, um esqueleto dissecado permanece *suspenso* e *balança* à mercê do vento, ainda segurando com as duas mãos crispadas um tipo de grande *fita* de velhas flores amarelas que parecem ser as perpétuas da Coluna Vendôme.

"Vão e vejam vocês mesmos, se não quiserem acreditar em mim."

Dos ready-mades mentais aos ready-mades monumentais

O crime cometido na Praça Vendôme não é apenas a realização do projeto concebido na rua Vivienne. O mecanismo de morte que acomete Mervyn é a última *engrenagem* da imensa máquina que começa com o ângulo de voo das gruas. Seja nos ares, nos mares ou nas ruas de Paris, os turbilhões de andorinhas, de Maldoror com a fêmea do tubarão, de Maldoror com Mervyn, compõem as engrenagens de uma mecânica frenética.

O circuito mervyniano parte do *ângulo* da *esquina*[33] das ruas Colbert e Vivienne, passa pela Praça Vendôme e termina na Praça do Panteão. Nesses três pontos decisivos, ele se apoia em três monumentos: a Biblioteca Imperial, a Coluna Vendôme e o Panteão.

33 No original, o autor usa apenas o termo francês *angle*, que significa ângulo ou esquina, em destaque, estabelecendo uma relação entre o ângulo da esquina e o ângulo do voo das gruas. Para não perder essa aproximação, optamos pela tradução como "ângulo da esquina". [Nota da Revisão da Tradução].

O que significam esses três monumentos?

A Biblioteca Imperial não é nomeada por Lautréamont. Não deixa de fazer parte da paisagem mental, pois forma exatamente a esquina das ruas Colbert e Vivienne. A essa coincidência topográfica se acrescenta o fato de que essa imensa biblioteca, que acumula uma enorme quantidade de documentos (impressos, manuscritos, medalhas, cartas e estampas), constitui uma das mais poderosas *metrópoles de inscrições* que podemos encontrar no nosso mundo.

Precisamente, é no *interior do ângulo dessa esquina* da Biblioteca Imperial que podemos encontrar a Enciclopédia de Chenu, na qual aparece a famosa passagem sobre o turbilhão do voo das andorinhas que Lautréamont reproduziu no canto V. E foi justamente *fora do ângulo dessa esquina*, na rua (canto VI), que Lautréamont situou o encontro com Mervyn, esse jovem perdido, destinado a turbilhonar nos ares por Maldoror.

As duas coincidências, por sua vez, coincidem.

O segundo monumento é a Coluna Vendôme, ou, mais exatamente, a "Coluna de Austerlitz" (44 metros de altura), para comemorar a vitória de Napoleão. Seu topo serve de pedestal ao imperador. Sobre seus flancos revestidos de bronze proveniente de canhões capturados, a memória dos soldados e das armas da batalha está inscrita em baixos-relevos.

Sabendo que a Coluna Vendôme se encontra na extremidade da vasta espiral que engloba os trajetos de Mervyn desde a rua Colbert, podemos apreciar devidamente o fato de os baixos-relevos inscritos sobre a coluna comporem *uma gigantesca espiral de 44 metros de altura*, compreendendo 22 espirais sobrepostas.

Entre essa *tromba de bronze* inscrita na coluna, a ronda de Maldoror sobre a plataforma de cima, os *molinetes* do seu braço e os *turbilhões* de Mervyn no ar, na ponta do cabo de Maldoror, existe um terceiro "encontro fortuito" que completa os dois primeiros e realiza definitivamente o que anunciavam.

O terceiro monumento é o Panteão. Quase não é preciso lembrar a famosa inscrição que o domina: "Aos grandes homens, a pátria reconhecedora", por causa dos numerosos túmulos célebres que abriga.

É aí que são parados os turbilhões de Mervyn, mas não suas oscilações; seu esqueleto *pendurado* no exterior da torre é balançado pelo vento. Por meio de um novo e último "encontro fortuito", ele reproduz (patafisicamente) os movimentos do *pêndulo* de Foucault, que balançava, em 1851, no interior da cúpula, segundo os planos de oscilação que giravam com a rotação do globo.

Com a coluna espiral, não podemos deixar de lembrar da torre-virada titanesca de Jarry, mas a Coluna Vendôme possui a vantagem da realidade material, como o Panteão, a Biblioteca Imperial e sua revoada de andorinhas num volume impresso.

Não podemos separar a escrita automática e o acaso objetivo. Com a lucidez noturna que lhe é própria, o delírio incorpora objetos e palavras. Encontramos outros exemplos disso em Lautréamont, como a presença da Fonte Saint-Michel e do rinoceronte das Tulherias.

Fiquemos aqui com os três objetos monumentais designados por essa confluência de escrita objetiva e de acaso automático, a Biblioteca, a Coluna e o Panteão: revelam-se como três *ready-mades monumentais*.

Se o primeiro permaneceu escondido na sombra, assim como a *Enciclopédia*, para trazer à luz apenas o turbilhão de pássaros, os dois outros monumentos materializam na escala grandiosa de Paris a fantasia da Rua Vivienne.

A coluna é um símbolo masculino, tal como o guarda-chuva, e a Cúpula do Panteão é um símbolo feminino, tal como a máquina de costura, e, portanto, é destinada a Mervyn.

De início, Mervyn está pendurado pelo cabo, ao longo da coluna, tal como o guarda-chuva suspenso no braço de um homem. Se seguirmos com atenção a sucessão das operações de Maldoror, observaremos que, ao girar Mervyn na ponta do cabo *verticalmente diante de si*, dá-lhe a forma de um guarda-chuva (ciclópico), que, quando abrimos, primeiro estendemos diante de nós. Depois, é levantado *obliquamente* (como um guarda-chuva que sobe aos poucos). Enfim, Mervyn é mantido *horizontalmente, acima* da cabeça, ainda como um guarda-chuva.

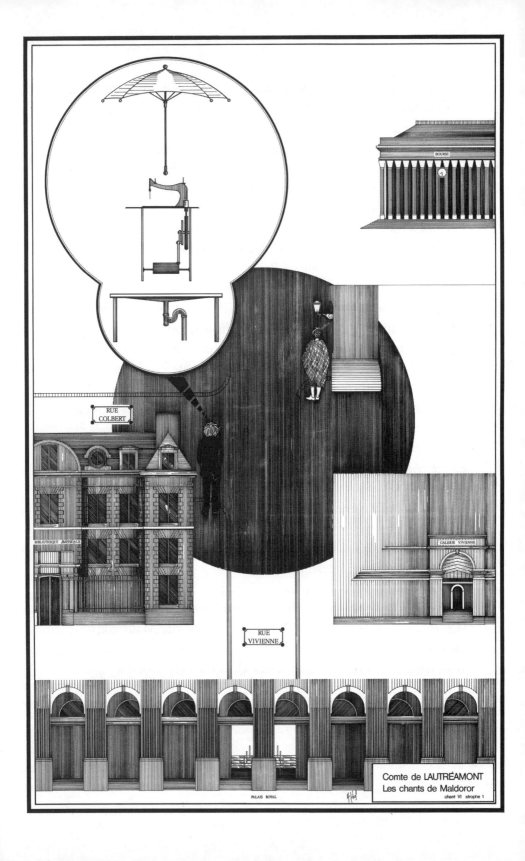

Em seguida, um novo aspecto se revela se percebermos que, ao partir de repente do alto da coluna em direção ao alto da cúpula do Panteão, o corpo de Mervyn arrasta consigo o "fio vegetal" do cabo e o "laço" da guirlanda de perpétuas, tal como o fio estendido entre as duas extremidades de uma máquina de costura.

Esse exercício de simulação mítica não vai mais longe. O fio já está rompido pelas Parcas. Além disso, o segundo polo dessa "máquina" não é senão o monumento-cemitério do Panteão que, de forma muito lógica, vai se juntar ao cadáver de Mervyn, que logo se tornará esqueleto, que não está enterrado e permanece sobre o teto da cúpula como em uma mesa de dissecação.

A fantasia "profética" da Rua Vivienne se realizou pelo "encontro fortuito" da Coluna Vendôme e da cúpula do Panteão em uma única máquina celibatária, na escala monumental da topografia parisiense.

O fim dos velhos tempos

Ao mesmo tempo, a gigantesca máquina de Maldoror está situada de forma precisa na história da capital.

Erguida em colossal troféu de bronze, a Coluna de Austerlitz faz da Praça Vendôme uma verdadeira *praça dos Troféus*, como em Ejur. De fato, quando foi construída na praça, o sol de Austerlitz brilhava sobre a capital e sobre o império. O imperador Napoleão não tinha o que invejar do imperador Talou.

Mas, quando Maldoror chega, tudo está acabado. O imperador não é mais que o êmulo do *antigo comandante* da *Colônia*: enterrado como este. Os *velhos tempos* se foram.

Mesmo o Napoleão de bronze que dominava o topo da coluna está aniquilado. De repente, Maldoror tomou a coluna como seu próprio pedestal. Apenas ele é chamado de "homem da coluna" e basta-lhe levantar o braço para girar Mervyn, na extremidade do cabo, horizontalmente, sem sentir o menor incômodo.

Mais extraordinário ainda, os dois atentados de Maldoror contra Mervyn foram cometidos em plena luz do dia e em pleno centro de Paris, o primeiro sobre a Ponte do Carrossel (portanto, no pé do palácio imperial das Tulherias) e o segundo na Praça Vendôme (logo, diante das janelas do Ministério da Justiça). Em ambos os casos, exceto pela intervenção ocasional dos açougueiros que salvam momentaneamente Mervyn, ninguém cria o menor obstáculo ao crime fantástico de Maldoror.

Naqueles dias, o centro de Paris estava praticamente deserto, como o vale da *Colônia*, em torno do rastelo, e os arredores da "Corrida das dez mil milhas".

A importância desse aspecto esquizofrênico é evidente. É indispensável destacar o aspecto contrário que surge na mesma *"praça dos Troféus"* napoleônica, no mesmo momento, a saber, a aparição dos pais de Mervyn: sua mãe, a Londrinense *filha da neve*, isto é, *Albion* (de *alba*: branca) e seu pai, o *comodoro*, típica encarnação da marinha inglesa.

Acima deles, aquele que fez a Coluna de Austelitz de pedestal, o que eclipsa *Napoleão*, e que se tornou "o homem da coluna", Maldoror, é também aquele que se intitula o "corsário dos cabelos de ouro". Para um corsário assim, o que poderia ser o filho de Albion com o comodoro, senão uma "praga de Inglês", como diziam os corsários de Saint-Malo? E o que poderia ser seu assassinato, senão um ato de alta justiça?

Na mesma época, na Mancha, depois de ter admirado o naufrágio do *Vengeur*, o capitão Nemo *executava*, ele também, um couraçado inglês com toda a sua tripulação.

Ciclopes e testemunhas oculistas

Em cima da Coluna Vendôme, Maldoror realizou uma façanha ciclópica. Ainda que isso não fique claro, como duvidar que tenha assumido todo seu tamanho gigante e usado seu olho único para observar o espetáculo?

Ultrapassando o sentido etimológico, banal, de olho redondo, o termo ciclope designa um ser monstruoso dotado de *um olho único localizado no meio da testa*.

Essa insistência sobre o aspecto teratológico do olho e, consequentemente, do olhar de Maldoror, já não colocaria no primeiro plano da personagem principal o problema das *testemunhas oculistas*, que encontramos em todas as máquinas celibatárias?

Dificilmente seria por um vago acaso que Lautréamont tenha retomado duas vezes a mesma ideia, sob outras formas, na mesma passagem. Primeiro, quando evocou *o raio de luz* que penetra em uma *câmara escura*, a propósito do braço de Maldoror. Ora, sabemos que isso só pode ser feito por um *furo único e redondo*, para produzir uma imagem inversa e invertida, o que associa o tema ocular do ciclope ao das experiências óticas. No final da façanha, a propósito da armadilha que prende Mervyn, Lautréamont nos indica "*o anel de ferro refletindo os raios do sol*", o que reitera o tema da abertura única e redonda, associada ao do raio de luz que penetra num meio reflexivo, como num espelho, ou na lente.

Essa tripla reiteração sob três formas evoca singularmente a tríade das testemunhas oculistas embaixo do "Grande Vidro."

Embaixo, na Praça Vendôme, a única testemunha que permanece é *Aghone*. Seu nome, privado de um *h* decorativo, escreve-se *Agone*, adjetivo singular, utilizado em geologia para qualificar o que é *sem ângulo*. O termo se aplica perfeitamente, portanto, a um olho único e redondo, e é antecipadamente designado para servir de nome próprio para um ciclope inédito. O nome é tão apropriado que soa cumulativamente como *agonia*, e que, com o alfa privativo que precede o "*gone*" (ângulo), implica, por jogo de palavras, a negação de tudo o que é inglês.[34] Como a ênfase das palavras poderia melhor nos indicar que Aghone é um *ciclope envolvido na agonia de um inglês*? O próprio Aghone o confirma quando faz alusão *ao bulbo ocular* de seu pai, na Rua da *Vidraçaria*, e quando efetivamente contribui para o assassinato de Mervyn.

---

34 Aqui, o autor estabelece uma relação fonética entre as palavras *angle* (ângulo) e *anglais* (inglês). Assim, o *agone* (ágono) soa próximo de *agonie* (agonia), e significa *sans angle* (sem ângulo), que, por sua vez, soa como uma negação de *anglais*. [Nota da Revisão da Tradução].

Além disso, sabemos que Aghone, ao chegar na Praça Vendôme, traz *um penico na cabeça*. Não é por vontade própria. Foi ninguém menos que Maldoror quem, depois de recrutar Aghone no Palais-Royal, instalou-o na rua Saint-Honoré em um apartamento, onde pegou um penico debaixo da cama para colocar na cabeça de Aghone.

"Eu te coroo rei das inteligências, gritou... À noite, *tu trarás a coroa de alabastro ao seu lugar ordinário, com a permissão de te servir dela; mas, no dia, desde que a aurora ilumine as cidades, ponha-a novamente sobre tua cabeça, como símbolo da tua potência.*"

Assim como o olho de um ciclope, o anel de ferro, o buraco da câmara escura, o penico é único e redondo, como uma coroa, aliás, destinado também a refletir os raios e a luz do dia. Mas, desta vez, Maldoror é mais claro ainda, pois confia a Aghone a tarefa de pôr, a cada manhã, essa coroa "sobre tua cabeça, disse-lhe, como símbolo de tua potência".

O "louco coroado" vem do Palais-Royal, e podemos ver uma alusão derrisória ao poder real. Mas, se nos referirmos a todos os subentendidos que precedem, compreenderemos que o símbolo da coroa iluminada no meio da cabeça remete ao olho único de um ciclope, logo, ao seu poder ciclópico.

Aghone surge então como um segundo ciclope, o ator testemunha oculista de baixo que responde ao ator testemunha oculista de cima, Maldoror. Podemos nos indagar se Aghone não é uma cópia ou um *alter ego* de Maldoror.

De fato, existe entre eles uma relação ainda mais íntima.

Quando Maldoror escolheu o penico sob a cama para elevá-lo, espacial e miticamente, à altura da cabeça de Aghone, a fim de fazer dele uma coroa, símbolo do olho e do poder dos ciclopes, acrescentou a permissão de descer o penico à noite, para que Aghone pudesse fazer seu uso ordinário.

Simetricamente, quando Maldoror percebeu (não menos bruscamente) que existia *apenas um olho no meio da testa*, logo exclamou que estava *belo*. "Belo como o *vício de conformação* congênita dos órgãos sexuais do homem, que consiste na relativa brevidade do canal da *uretra* e na divisão ou na ausência de sua parede inferior, de modo que esse canal se abre a uma distância variável da glande e abaixo do pênis..."

Sabemos que a uretra é o "canal excretor da urina" (Littré).

A respeito disso, talvez haja um estranho contraste entre a ebulição grandiosa das águas, durante os amores marinhos de Maldoror, e as duas cenas da Rua Vivienne e da Praça Vendôme. Não faltam insinuações da emissão de líquido: o guarda-chuva, a mesa de dissecação, o penico, mas tudo permanece seco.

Restaria ainda muito a dizer. Lembraremos apenas que, ao ser estrangulado, Mervyn é privado de ar, o que não tem nada de surpreendente em uma máquina celibatária.

Em relação à importância do magnetismo em *Os Cantos de Maldoror*, podemos assinalar que o célebre Dr. Mesmer havia feito suas experiências de *magnetismo animal* no final do século XVIII, no velho hotel situado no número 16 da Praça Vendôme. Sem dúvida, não passa de uma coincidência ordinária, mas contribui para situar Maldoror numa curva da história das ciências físicas e marginais.

Edgar Poe

Basta ler a célebre novela de Poe, *O Poço e o Pêndulo* (na tradução de Baudelaire),[35] logo depois de *Na Colônia penal*, para pensarmos que a máquina de morte imaginada pelo poeta americano prefigura de modo impressionante o aparelho de tortura de Kafka.

Vítima de uma sentença de morte proferida pela Inquisição, inscrição inicial, sem explicações e "sagrada", pronunciada numa região superior, o condenado é levado, como o soldado de Roussel, para um subterrâneo frio, úmido e escuro. De início, a única coisa que percebe ali é um barulho indecifrável.

"Esse barulho trazia à minha alma a ideia de uma rotação, talvez porque minha imaginação o associava a uma roda de moinho."

Além desse tema geral das máquinas celibatárias, devemos destacar que, em seguida, depois de um sono pesado, o condenado acorda e percebe, graças a uma luz sulfurosa, que está amarrado em uma cama, tal como o condenado da *Colônia*. Não muito longe dali se encontra um poço que faz o papel do fosso.

É então que descobre, acima dele, os temas do rastelo e do pendurado fêmea misturados sob a forma de um assustador instrumento que associara, com razão, a uma esmagadora roda de moinho.

"Era a figura pintada do Tempo, tal como é comumente representado, exceto pelo fato de, no lugar da foice, segurar um objeto que à primeira vista pareceu ser um enorme pêndulo, como os que vemos nos relógios antigos."

Como o rastelo, o pêndulo balança lentamente.

"Podia ter passado meia hora, talvez uma hora – pois não me era possível medir o tempo perfeitamente – quando levantei os olhos. O que vi me deixou atônito, perplexo. A oscilação do pêndulo havia aumentado, chegando a quase uma jarda; como consequência natural,

---

35 O autor faz referência à tradução francesa, *Le Puits et le Pendule*, feita por Baudelaire para *The pit and the pendulum*. [Nota da Tradução].

sua velocidade também era maior. Mas o que me perturbou, principalmente, foi a ideia de que havia visivelmente *descido*. Observei, então, com um horror que se pode imaginar, que sua extremidade inferior era formada por uma lâmina de aço brilhante, em forma de lua crescente, de mais ou menos um pé de comprimento de uma ponta à outra. As pontas estavam voltadas para cima e a lâmina inferior evidentemente era amolada como a de uma navalha. Também como uma navalha, parecia pesada e maciça, abrindo-se, a partir do fio, de forma larga e sólida. Estava preso a uma pesada haste de cobre, e o conjunto assobiava enquanto balançava no ar."

Existe aqui, com certeza, uma impressionante correspondência com o rastelo de agulhas de Kafka e com a longa haste estendida pelo pendurado fêmea no "Grande Vidro". Porém, o condenado escapa da tortura, pois os ratos e a lâmina do pêndulo cortaram suas amarras. É então que descobre, nas singulares figuras murais que "ornam" o quarto da tortura, o equivalente trágico das testemunhas oculistas:

"Olhos de demônios, com uma vivacidade feroz e sinistra, cravavam-se em mim..."

Os painéis, por sua vez, queimam de calor, o fogo arde atrás do metal quente das paredes que *se estreitam* e empurram o condenado em direção ao poço. Preso entre esses dois polos, a *água* congelada do poço e o *fogo* das paredes, não acabaria logo deslizando para o abismo? No último momento, as paredes de fogo recuam rápido, uma explosão é ouvida. O braço do general Lassalle vem salvar do abismo o condenado de Toledo. Dessa vez, é a iluminação de uma quase ressurreição. O portador do uniforme militar venceu "o gênio infernal" dos monges da Inquisição, criadores da máquina medonha.

Não temos dúvida de que os monges da Inquisição representam o antigo comandante. O general Lassalle seria, então, o novo comandante vindo, dessa vez, para salvar o último condenado?

Existe um outro conto de Poe, *O Escaravelho de Ouro*, em que, ao contrário, seria difícil supor *a priori* a existência de uma máquina celibatária, pela razão aparentemente determinante de que nenhuma máquina é descrita ali. No entanto, alguns indícios, sobretudo a presença do escaravelho, sua descida por um fio e sua oscilação pendular excitaram minha curiosidade. Uma verificação sistemática me permitiu constatar nesse conto um simbolismo de riqueza imprevisível. Na falta de um aparelho propriamente mecânico, os motivos determinantes de uma máquina celibatária são reconhecidos.

Um primeiro acaso pôs no caminho de William Legrand um escaravelho, que seu criado Júpiter declarou ser de ouro maciço, mas vivo a ponto de ter mordido cruelmente Legrand, que o soltou.

Um segundo acaso, dificilmente admissível, se dá quando Júpiter, tentando recuperar o escaravelho, utiliza, para se proteger, um pedaço de pergaminho que estava a seu alcance, parcialmente enterrado na areia.

No caminho de volta, Legrand confia o escaravelho a um de seus amigos, um oficial, apaixonado pela história natural, quem encontrou também por acaso. Então, acontece uma nova conjunção de acasos: o oficial não utilizou o pergaminho e colocou o escaravelho diretamente num de seus bolsos; em casa, Legrand e Júpiter encontram o narrador, que veio lhes fazer visita depois de várias semanas de intervalo com o encontro precedente; enfim, acontece que, de modo excepcional, fazia bastante frio e foi preciso acender o fogo.

Enquanto os amigos se aquecem, Legrand fala de sua descoberta do escaravelho e desenha sua imagem no pergaminho aparentemente virgem, que conservara. Perdoem-me pelo jogo de palavras que se impõe, mas é preciso dizer que Legrand se comporta como desenhador. No momento em que Legrand estende o pergaminho ao visitante para que este o observe, é, ainda por acaso, importunado pela irrupção do cão da casa. Quando, enfim, o visitante pôde observar o desenho, viu algo que se parecia mais com uma caveira do que com um escaravelho. Chega a explicar que faltam as antenas, enquanto Legrand protesta, afirmando tê-las desenhado e muito bem. Ele volta a pegar o papel e observa atentamente.

A verdade que se descobre um pouco mais tarde é que, no momento em que Legrand desenhava perto do fogo, o calor revelou, quase fotograficamente, nessa *folha do desenhador*, a presença até então oculta e indecifrável de uma caveira, de um texto criptográfico e de uma cabeça de cabra. Mas, se o desenho de Legrand, o escaravelho, encontrava-se na frente da folha, os outros desenhos e inscrições apareciam no verso. Atrapalhado pelo cão, o visitante, sem perceber, virou a folha que Legrand lhe dava. É apenas Legrand que, depois, descobre o mal-entendido.

Já notamos vários pontos significativos. O pergaminho traz uma inscrição tão invisível quanto a de Duchamp. Quando aparece, é tão indecifrável quanto a de Kafka. Essa aparição foi provocada pelo fogo, tema cuja analogia com o papel dos astros nas extremidades das máquinas celibatárias em Kafka, Duchamp e Roussel é evidente. A caveira corresponde ao esqueleto da *Mariée* em Duchamp, à sentença de morte em Kafka e aos cadáveres em Roussel; anuncia, na verdade, o cemitério dos uniformes e fardamentos, que logo descobriremos. Quanto à cabeça de cabrito, é expressamente indicado que constitui "uma espécie de assinatura logogrífica ou hieroglífica" que significa a palavra *kid* – cabrito em inglês –, fornece o nome do primeiro desenhador e proprietário do tesouro, o capitão Kidd, em quem é difícil não reconhecermos o antigo comandante. Não podemos negligenciar o escaravelho desenhado pelo segundo desenhador, William Legrand, porque acrescenta simbolicamente a figuração de um inseto, e Duchamp nos provou as ligações estreitas que existem entre o tema do inseto e o da inscrição de cima. Inclusive, devemos destacar que, no conto de Poe, somente o inseto foi visível para Legrand de início, primeiro quando o descobriu, em seguida quando o desenhou no pergaminho. Só depois aparece a inscrição anterior, mas secreta. Essa diferença marca a passagem do estado de Duchamp – em que apenas o inseto é visível, e ilegível, mas não a inscrição – ao de Kafka, em que a inscrição é visível e ilegível. Mas Poe, grande amante de criptogramas, vai nos introduzir logo no terceiro estado, que é o de Roussel: a decifração e a conquista do tesouro.

Ao longo do caminho, isto é, no decorrer da segunda visita do narrador a Legrand, este lhe apresenta o escaravelho dentro de um globo de vidro. Notemos essa ligação do inseto anunciador da inscrição com o vidro. Por outro lado, o visitante admira, como Legrand, esse inseto cor de ouro bronzeado. Por seu brilho metálico, podemos dizer que, de alguma forma, o inseto forma uma imagem-ponte entre o inseto de Duchamp e o brilho dos mecanismos da *demoiselle* em Roussel e do desenhador de Kafka.

As correspondências vão apenas continuar a se multiplicar.

Decifrado o criptograma, Legrand descobrirá o tesouro por meio do mais improvável dos procedimentos. O tesouro foi colocado sob uma grande árvore que só pode ser identificada através de um telescópio voltado para um certo buraco circular na folhagem. Estamos diante de algo plenamente irracional em relação à lógica do mundo exterior, pois não existe nenhuma possibilidade de o estado das folhagens ter permanecido imutável desde a época da redação do pergaminho. Mas tudo aquilo que acentua esse irracional apenas reforça a necessidade de haver outra causa, completamente diferente, para o caminho da imaginação em Poe. E como duvidar que tenhamos aqui uma nova modalidade do tema das testemunhas oculistas, posto que se trata da exploração de um maquinário celibatário?

Acompanhado por Júpiter e o narrador, Legrand se dirige à floresta e os conduz ao pé da árvore indicadora. Ordena ao criado que suba, exigindo, ainda, algo que parece demente para o narrador: que Júpiter leve consigo o escaravelho durante a subida. Logo adiante, será revelado se tratar apenas de uma provocação para o narrador, que havia manifestado algumas dúvidas bem visíveis sobre a sanidade de Legrand. O fato não para por aí. Em cima, o criado descobre uma caveira nos galhos mais altos e deve fazer descer o escaravelho, colocando-o na ponta de um fio, passando através de uma das órbitas vazias da caveira.

Vemos, por uma polarização irresistível, que anuncia as máquinas ulteriores, o motivo do esqueleto e o do inseto (ligado ao tema do desenhador) ocupando juntos o ápice das operações.

Podemos dizer, aliás, que a noção dos comandos superiores está despontando, não apenas porque esses trabalhos singulares e todos os que vão se produzir na parte inferior são resultado das instruções do capitão Kidd, "o antigo comandante", mas, também, pelo modo como Legrand toma consciência da solenidade da empreitada:

"Chamei você, disse ao visitante, com um tom grandiloquente, quando terminei de examinar o inseto, chamei você para pedir conselho e ajuda, para a realização das visões do Destino e do escaravelho."

É bastante legítimo, aliás, falar de uma vontade do Destino, uma vez que tantos acasos foram necessários para que Legrand descobrisse o tesouro.

Pendurado na ponta do fio que passa pela órbita da caveira, o escaravelho não pôde deixar de evocar a lâmina do pêndulo da Inquisição, o rastelo e a *demoiselle*. Talvez o consideremos particularmente benigno, mas devemos lembrar que esse inseto mordeu cruelmente a mão de Legrand e que, logo depois, nas palavras do criado, mordeu novamente, mas na cabeça, forma figurada de dizer que Legrand está delirando desde que encontrou esse escaravelho. Notemos, ainda, que não faltam ligações (o brilho metálico e o contato com a caveira) entre o escaravelho e a coroa de platina que morde a cabeça do supermacho na mortal máquina eletromagnética. Tudo o que podemos dizer é que, enfim, William Legrand está "conciliado" com o escaravelho. No entanto, faltou muito pouco para que toda sua empreitada falhasse por causa do criado, que fez descer o escaravelho pela órbita direita da cabeça do morto, enquanto deveria tê-lo feito descer pela órbita esquerda. É o único momento em que o acaso se inverteu. Novamente, o erro foi rapidamente descoberto e corrigido.

Contudo, os três homens se puseram a desbravar ativamente as vegetações com a ajuda de uma foice, depois, a cavar um buraco com três pás. Movimentos que evidentemente lembram, e no lugar certo, os do rastelo e das tesouras.

Foi então que, subitamente, descobriram um conjunto de ossadas e botões de metal, autêntico cemitério de uniformes e fardamentos, e um enorme cofre em forma de caixão, de onde emana o ofuscamento:

"Num instante, um tesouro de valor incalculável brilhava diante de nós. Os raios das lanternas iluminavam o fosso, e o reflexo do amontoado de ouro e joias projetava luzes e brilhos que nos ofuscavam positivamente os olhos."

Quanto a Júpiter... "Ele parecia estupefato, atingido por um raio. Logo em seguida, caiu de joelhos no fosso e, mergulhando seus braços nus no ouro até o cotovelo, assim ficou por muito tempo, como se gozasse com as volúpias de um banho."

Ofuscamento, raio, eis os termos-chave que reaparecem, aqui, uma vez mais, como resultado final dos mistérios das inscrições de cima.

Podemos pensar que o nome de Júpiter seja simplesmente clássico para "um Criado" e, em suma, divertido. Mas não há dúvida de que exista algo mais. Talvez não seja por acaso que esse nome tenha presidido a operação final. Foi o criado Júpiter que subiu sozinho na grande árvore, que levou o escaravelho-talismã em sua ascensão, que o fez brilhar de cima "como uma bola de ouro bronzeada pelos últimos raios do sol poente", radiante anúncio do fosso onde logo vai deslizar o monte de ouro. Assim, ficaria bem um Júpiter transformado em servidor dócil, que fez resplandecer um benigno globo de raio, não para fulminar, mas para fazer com que surgisse da terra a cintilação dos tesouros.

O caso desse conto é singular. À primeira vista, nenhuma máquina aparece. Porém, todos os mecanismos das máquinas celibatárias (ou quase todos) parecem estar reunidos: comandos, desenhador, inscrições (desenho do antigo comandante), caveira, pendurado (o escaravelho), as foices, o cemitério de uniformes e fardamentos, o ofuscamento.

Por mais absurda, barroca e "arruinada" que uma máquina patafísica possa ser, é preciso pelo menos que finja responder à definição essencial de uma máquina: produzir ou transmitir movimento. Mas, diferente de Mervyn, que, de pendurado subitamente, torna-se um pêndulo, o escaravelho parece ser apenas pendurado, e não um pêndulo. Observemos, no entanto, que é o mesmo que acontece com o pendurado fêmea no "Grande Vidro", dado que sem a *Caixa Verde* não saberíamos que é sacudido por movimentos bruscos. O condenado da Inquisição se ilude, posto que, à primeira vista, acredita ver "a imagem de um enorme pêndulo pintado", o que implica a total imobilidade. Aos poucos, vê o pêndulo se mexer com um movimento muito lento e curto. Somente depois perceberá o balanço da enorme lâmina. Ora, na história do escaravelho, é o mesmo processo

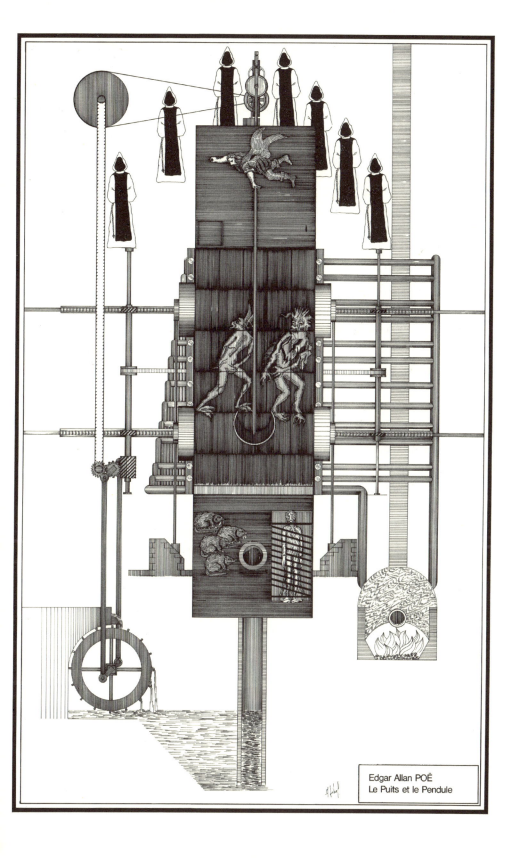

Edgar Allan POË
Le Puits et le Pendule

de imaginação que liga *o fio verticalmente imóvel do escaravelho ao movimento das foices*. Existe, claro, um intervalo pela distância, e as foices são manobradas a mão e supostamente destinadas a cortar o mato. Mas o pendurado e as foices estão mentalmente ligados e articulados pela vontade do capitão Kidd, porque é o ponto de queda do pendurado que determina o intervalo, a localização do tesouro e o trabalho das foices. Vamos além. O verdadeiro paradoxo é que o escaravelho pendurado não se move ou parece não se mover, pois é ele que tem, sem nenhuma dúvida, o papel de *pêndulo de radiestesia* na busca de tesouros. Normalmente imóvel, esse pêndulo se agita cada vez mais quando se aproxima do tesouro. Aqui, por uma razão particular, o pêndulo não se movimenta, mas é ele que *transmite sua energia* ao movimento das foices. Que elas sejam movidas pela mão não representa obstáculo, pois a "força" que move um "pêndulo" de radiestesista é transmitida justamente por sua mão.

O Escaravelho de Ouro contém pelo menos um simulacro de máquina constituído pelo fio vertical do escaravelho e o movimento das foices, o que corresponde exatamente ao pêndulo e à lâmina em forma de lua crescente no interior da jaula descrita em *O Poço e o Pêndulo*.

É verdade que essa jaula é uma máquina bem mais realista e mais aperfeiçoada, pois é formada por uma *caixa metálica com geometria variável*, cujas manobras, incluindo as do pêndulo, são muito mais complicadas e implicam todo um maquinário secreto. Mas, se a máquina do *Escaravelho de Ouro* permanece elementar, nem por isso deixa de ser uma máquina, no sentido patafísico do termo.

Essas duas máquinas são realmente celibatárias? À primeira vista, não notamos nenhuma presença feminina. O grande espaço concedido às mulheres moribundas e aos amores impossíveis na vida e nas narrativas de Edgar Poe seria suficiente para compensar essa falta? Podemos generalizar assim, para essas duas máquinas, a interpretação do rastelo, da *demoiselle* e do pendurado fêmea do "*Grande Vidro*"? Evidentemente, isso não está excluído, mas uma dúvida permanece possível e cria um problema capital.

II

Dióptrica mental das máquinas celibatárias

Dióptrica: estudo da refração e dos outros fenômenos ópticos produzidos pela luz quando atravessa meios de densidade diferente.

O grupo de transformação das máquinas celibatárias

"Você vê o caçador, procure o cão escondido na paisagem." Era o tipo de legenda que encontrávamos em alguns *enigmas visuais*. O olhar estava atento. Mas, como identificar o desenho do cão dissimulado nas dobras gráficas de um rochedo, sob os pés do caçador, ou ainda em pleno ar nas interferências de uma árvore e de uma nuvem?

Era preciso exercitar-se para detectar algumas anomalias reveladoras no desenho, para depois recortar mentalmente os contornos do cão, a fim de visualizá-lo na paisagem.

Como as máquinas celibatárias estão igualmente escondidas sob a superfície em certas obras, tivemos de proceder da mesma maneira para visualizá-las.

Dada a complexidade crescente da paisagem mental em que recortamos a série das máquinas celibatárias, é importante que nos perguntemos se nossa ótica e nossa visualização estão corretas e, ainda, se seria possível continuar a desenvolvê-las para abrir outras perspectivas na paisagem mental.

Uma empreitada dessa natureza estabelece a possibilidade de passarmos de uma exploração pragmática para uma análise científica dos dados. Como?

Retomemos, primeiro, o termo-chave inventado por Duchamp: a máquina celibatária.

Em seu primeiro nível, o que resulta da Caixa Verde, designa somente a solidão mecânica de um único elemento humano (masculino ou feminino). É *a máquina celibatária simples, ou elementar*.

No segundo nível, mostrado pela construção do "Grande Vidro", é composta por dois elementos humanos complementares (masculino e feminino) em duas solidões mecânicas gêmeas. É *a máquina celibatária de segundo grau*.

Os dois conjuntos fundamentais

Essas noções permitiriam a aplicação direta de uma linguagem matemática tal como a de Cantor, fundador da célebre teoria dos conjuntos?

De acordo com Cantor, podemos definir um *conjunto* como um agrupamento, em um único todo, de objetos precisos, claramente distinguidos por nossa percepção ou nosso pensamento. Esses objetos são chamados de *elementos* do conjunto.

Lembremos alguns exemplos: os jogadores de um time são elementos de um mesmo conjunto. Se alguns jogadores estão simultaneamente inscritos no time de futebol e na equipe de natação, eles formam a intersecção desses dois conjuntos. Em um zoológico, o conjunto zebra pode contar com dez elementos (dez zebras), enquanto o conjunto elefante pode contar com um elemento apenas (um único elefante).

---

12. Íxion, rei de Tessália, desejava Hera, a esposa de Zeus. Em sua irritação, o deus (ou a própria deusa) fez uma armadilha para o rei, fabricando uma nuvem artificial que tinha todas as aparências de Hera e a enviou para Íxion.
O rei logo satisfez seus desejos com a falsa Hera.
Zeus jogou o desafortunado Íxion nos infernos, condenando-o a girar incessantemente, preso a uma roda escaldante ou em chamas.
Como vemos, na narrativa da mitologia, a culpa e o castigo são descontínuos e estão mutuamente condicionados por uma concepção judiciária da moral.
Ao contrário, nas máquinas celibatárias, a satisfação do desejo sexual fora do amor mútuo provoca a insaciável tortura do desejo de amor na mecânica imanente do ser humano.
É, aliás, o que podemos ver na gravura de Bernart Picart (século XVIII), onde Íxion gira na roda enquanto o fogo e a fumaça reavivam incessantemente o ardor de seus desejos e a lembrança da Nuvem enganadora. Desse "complexo de Íxion" nascerão, bem depois da falsa Hera, a Biondetta do *Diabo Apaixonado*, de Cazotte, a Mathilde do *Monge* de Lewis, e muitas outras "Evas futuras"...

À primeira vista, a aplicação de um sistema desses para as máquinas celibatárias pareceria impossível, dada a complexidade e o entrelaçamento de pessoas e de máquinas que constatamos.

No entanto, uma vez mais, sob seu aparente delírio, a linguagem de Duchamp se revela de uma precisão capaz de afastar a dificuldade.

Aplicando ao painel inferior do "Grande Vidro" o termo máquina celibatária, *ele restabelece a unidade* do pluralismo dos celibatários (machos) e das máquinas que os representam. Ele os reduz ao estado de *frações* ou de *desdobramentos* da unidade que expressam, mas que não deixa de *englobá-los*.

O termo máquina celibatária reúne, num só todo, dois objetos bem distintos: o ser humano e a mecânica.

A máquina celibatária mais elementar é, então, necessariamente constituída pela *interseção* de dois conjuntos, um *conjunto antropológico* (A) que compreende um só elemento sexual, masculino ou feminino (Ah ou Am), e um conjunto mecânico (M) que compreende um elemento mecânico de gênero aleatório: masculino, feminino ou neutro (Mh', Mf' ou Mn).

A título de exemplo, esses são os problemas que se põem para a interpretação da jaula do condenado pela Inquisição, do leito-para-raios de Djzimé, e, ainda, a máquina da Colônia, ao menos se nos ativermos às aparências imediatas.

Voltemos à *máquina celibatária global*, como a do "Grande Vidro". Ela é mais complexa, mas apenas desenvolve o que acabamos de ver. É necessariamente composta pela *intersecção de dois conjuntos*.

1) *O conjunto antropológico* (A) que compreende dois elementos sexuais, masculino e feminino (Ah e Am).

2) *O conjunto mecânico* (M) que compreende dois elementos correspondentes aos dois precedentes, sob a forma de simulações mecânicas (Mh' e Mf').

Em termos matemáticos, digamos que esses dois conjuntos são *cardinais*, isto é, iguais em número de elementos: dois em cada conjunto; e *equivalentes*, quer dizer, que a cada elemento de A corresponde um e apenas um elemento de M.

Todas as máquinas celibatárias desenvolvidas no mesmo modelo do "Grande Vidro" devem, assim, ter a mesma estrutura abstrata perfeitamente simétrica.

Nós apresentamos aqui os resultados de nossas análises anteriores, para treze máquinas celibatárias desenvolvidas, sob a forma de quadro recapitulativo.

O "Grande Vidro" A *Mariée*
Pendurado com espasmos (Relógio)

Os celibatários
Carrinho - Moinho - Trituradora

Quarto de Gregor *Dama toda vestida de peles*
Impressora rotativa - Relógio

Gregor Samsa
Automatismos entomológicos -
Despertador - Trem

Colônia Penal *A forma humana do rastelo*
O desenhador programado

O condenado à morte
O leito automecânico

O diamante aquário	*Faustine* Gato com chifre eletrizador
	Danton Cabeça cortada com movimentos automáticos
Louise e o hilota	*Louise Montalescot* Aparelho pulmonar - Pega treinada
	O hilota Manequim sobre o carrinho de vai e vem
A demoiselle	*Christel* Aeróstato programado *"demoiselle"* com garras
	O cavaleiro Mosaico em dentes arrancados
O farol de Fogar	*Neddou* Imagem fotoquímica sobre o dossel vegetal
	Fogar Automatismo sonambúlico
A marquesa de Darriand	*Nina* Imagem na tela - Eletrizada pelo peixe-torpedo
	Seil–Kor Automatismo psicopatológico e hipnótico

Corrida das Dez Mil Milhas	*Ellen* transportada no trem
	Supermacho pedala na bicicleta
A Máquina amorosa	*Ellen* copiada no gravador
	Supermacho ligado a uma cadeira com eletrodos
O leito-barco-peneira	*Visité* Lagosta - caixa automóvel de conservas
	Faustroll Caixa de carne-enlatada - Tic-tac do seu relógio - Termes
O castelo dos Cárpatos	*A Stilla* Imagem óptica dos maquinários
	Gortz Castelo elétrico - Máquina infernal
A Ilha de Morel	*Faustine* Cinema total - Usina elétrica
	O fugitivo Grava a si próprio perto de Faustine

É claro que o quadro acima não é um catálogo, mas apenas uma coleção de amostras. Por outro lado, a solução dos problemas de classificação entre a primeira e segunda série ainda não está evidente.

Mas, se a aplicação prática é difícil para os casos ambíguos ou marginais, o *princípio de identificação* das máquinas celibatárias nos parece categórico à luz da linguagem matemática.

Toda máquina celibatária se define como uma *interseção de dois conjuntos* (antropológico e mecânico).

A máquina celibatária elementar é caracterizada pela presença *de um elemento*, mas *um único, em cada conjunto.*

Por outro lado, a máquina celibatária de segundo grau (cujo protótipo é o "Grande Vidro") contém em cada conjunto (antropológico e mecânico) *dois subconjuntos* sexualmente diferenciados (masculino e feminino), cada um contendo *um elemento* (e apenas um), o que nos dá no total os quatro elementos Ah, Am, Mh' e Mf'.

Que sejam mais ou menos ricos em subconjuntos e em número de elementos, são sempre os dois conjuntos antropológicos e mecânicos que fornecem as *bases fixas e permanentes* das máquinas celibatárias e, consequentemente, o critério para sua identificação.

São também os *dois polos*, dentre os quais emana a intensa luz das imagens que figuram as máquinas celibatárias, segundo as leis de Reverdy e de Max Ernst.

A *imagem poética* nasce da aproximação de duas realidades distantes, escrevia o primeiro, em 1918. Quanto mais distante e justa é essa relação, mais essa imagem terá potência emotiva e realidade poética.

Quanto à *colagem* de imagens que inventara em 1919, em Colônia, Max Ernst a definiu simultaneamente como "encontro fortuito" e como "*acoplamento de duas realidades aparentemente não acopláveis em um plano que na aparência não lhes convém*" (Max Ernst, *Cahiers d'Art*).

Essas duas leis fundamentais para a topologia mental nos permitem compreender por que o encontro fortuito dos dois conjuntos, antropológico e mecânico, não seria um simples ponto de localização estático, mas a realização de uma *máquina mental* cuja potência energética criadora de imagens estaria em função das relações distantes e justas entre os dois polos.

Mas como montar o quadro dessas imagens aparentemente delirantes?

O invariante e as variáveis

Na verdade, o mundo das máquinas celibatárias não é nada incoerente. Cada uma delas possui coerência própria, e todas juntas possuem uma coerência comum.

Cada uma dessas máquinas se destaca numa *paisagem mental* particular, mas a série dessas paisagens forma uma coleção comparável à série de castelos que se erguem ao longo de um rio.

A primeira estrutura da paisagem mental geral é a estrutura espacial da paisagem física, cujos elementos naturais (terra, água, ar, fogo) se acumulam em ordem ascendente, tanto aqui como em todos os lugares. Além disso, podemos observar certas insistências bastante características nos subterrâneos, na poeira, nos sistemas hidráulicos, no ar rarefeito embaixo, nas correntes de ar em cima, na eletricidade e nos astros.

A estrutura temporal não é menos reconhecível com seus relógios obsessivos, as figuras do pai e dos Tempos Antigos. Na origem, ergue--se a figura do Tempo com sua foice, imagem de Saturno-Cronos, que devora seus filhos, e de Cronos, deus do Tempo, que ceifa todas as vidas humanas.

No meio desse cosmos, podemos ver irromper sobre o protagonista os formidáveis poderes dos automatismos em todos os níveis: automatismos sociais (comandos militares, condenações penais, técnicas de engenheiros), os das máquinas (trem, bicicleta, rodas com pás, impressora rotativa, leito automecânico...), os da fisiologia animal (insetos, pássaros, peixes) e da psicofisiologia humana (psicopatologia, hipnose, eletricidade, sonambulismo, erotismo...)

A própria morte se torna mecânica pelos modos de execução, esperando o destino mecânico para além da sepultura, nos palácios de vidro e os novos barcos dos infernos em um mundo limítrofe.

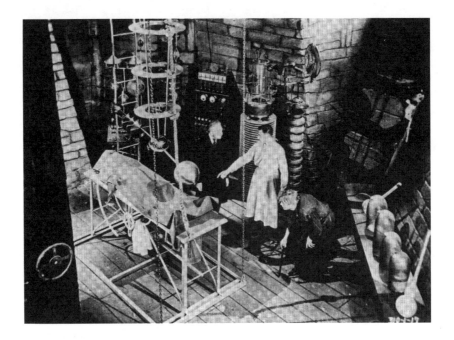

13. Segundo Mary Shelley, quando "Frankenstein" nasceu no laboratório do Dr. Frankenstein, a noite estava escura, a chuva batia nos vidros da janela e a vela estava quase se apagando. O doutor, sentindo uma ansiedade próxima da agonia, reuniu os instrumentos necessários para "dar a centelha de vida à criatura inerte..."
Esses instrumentos não foram especificados, mas sabemos que a narrativa é de 1817 e que o doutor era fascinado pela rã de Galvani, a queda do raio e as leis da eletricidade.
Não é difícil de compreender, assim, que a centelha de vida é elétrica e que o doutor galvanicamente desencadeou os movimentos convulsivos do monstro, sua difícil respiração e a abertura de seu olho amarelo.
O laboratório, tal como vemos aqui, isto é, segundo o filme de James Whale (1931), beneficiou-se de numerosos progressos científicos, mas continua sendo um prolongamento lógico da ideia inicial.
Observemos que esta máquina, que parte do cemitério e da mesa de dissecação para chegar à vida, funciona ao contrário daquela de Maldoror. Não é menos celibatária.

Enquanto isso, dois outros canais de imagens são acrescentados à trama das máquinas celibatárias:

- No plano auditivo, o som das fanfarras que escoltam os suplícios dos Tempos Antigos (em Ejur e na Colônia), cujo eco encontramos no trompete da Corrida, inclusive na "criança-farol"[1] da Caixa Verde. Os tempos modernos substituem o tic-tac dos relógios e os sons dos despertadores que marcam as horas de agonia.

- Em seguida, no plano ótico, o vidro, que ocupa todo o espaço no "Grande Vidro" e no caleidoscópio, está presente no rastelo da Colônia, nos vidros do trem de Ellen, dispersa-se entre as vidraças e o vidro da moldura na casa de Gregor, atinge seu máximo de estranheza na sala-aquário de Morel e o zênite do esplendor no aparelho ótico da Stilla, o diamante-aquário repleto de aquamicans, de Faustine, e na ilha da nereida. Além disso, parece desaparecer às vezes, mas o que nunca desaparece são as *testemunhas oculistas*.

Nesse fundo solidamente construído por fios entrecruzados, podemos ir além do que acabamos de fazer, a análise da *imagem central*, que se apoia nos dois conjuntos.

Os dois parceiros sexuais não estão presentes sozinhos. Em muitos dos casos, podemos ver acima deles o "mestre de obras".

Faustine brinca com a cabeça de Danton e a "*demoiselle*" se contenta em executar o cavaleiro em mosaico de dentes. Mas é Canterel quem permite a Faustine respirar e que cria a "*demoiselle*".

A Faustine insular e fantasmática domina sentimentalmente o fugitivo e até Morel, mas foi Morel quem gravou e criou o fantasma perfeito de sua Faustine.

A Stilla fascina Gortz e Télek, mas é o frio Orfanik que a grava e a projeta.

Hadaly conduz Lord Ewald até o naufrágio, do qual só foi salvo amarrado e por milagre, mas Hadaly é a obra de Edison.

---

1 O termo original é "*enfant-phare*", literalmente criança-farol. Porém, o autor faz um trocadilho com a homofonia entre esse termo e *en fanfare* (fanfarra): "em fanfarra". [Nota da Revisão da Tradução].

Ellen é o *alter ego* do dínamo "apaixonado" que explode o Supermacho, mas foi o engenheiro Arthur Gough (de acordo com o engenheiro Elson, pai de Ellen) quem construiu o dínamo.

A forma humana em vidro do rastelo não tem nem cabeça nem sexo especificado, mas ocupa o mesmo lugar que a dama toda coberta de peles atrás do vidro que domina impassível o suplício de Gregor. Mas esta última é obra de uma impressora rotativa (cujo engenheiro é desconhecido), enquanto o primeiro (o rastelo) é obra do antigo comandante e engenheiro que construiu toda a máquina da Colônia.

14. Para se tornar invisível, primeiro Griffin tomou drogas que descolorem o sangue. Depois disso, pôs sua máquina para funcionar. Ela é composta por um motor a gás, dois dínamos e um "projetor" que torna transparente, depois invisível, suprimindo toda propriedade dióptrica de reflexão e de refração.

Agora, posto diante de sua máquina, o inventor se tornou o paciente.

"Foi realmente horrível. Não contava com o sofrimento. Noite de agonia desoladora, com náuseas, desmaios. Batia os dentes enquanto minha pele ardia em fogo, e estava ali, deitado como um cadáver."

"Nunca esquecerei do raiar do dia e do horror que senti ao ver minhas mãos transformadas em algo como vidro não polido..."

"Meus membros tornaram-se vitrosos, os ossos e as artérias se foram, desapareceram, os nervinhos brancos foram os últimos... Estava fraco e faminto."

Com sua máquina genial, Griffin se excluiu da espécie humana. Tornou-se ainda mais celibatário que Frankenstein e Maldoror. O pior para Griffin seria amar uma mulher semelhante a ele.

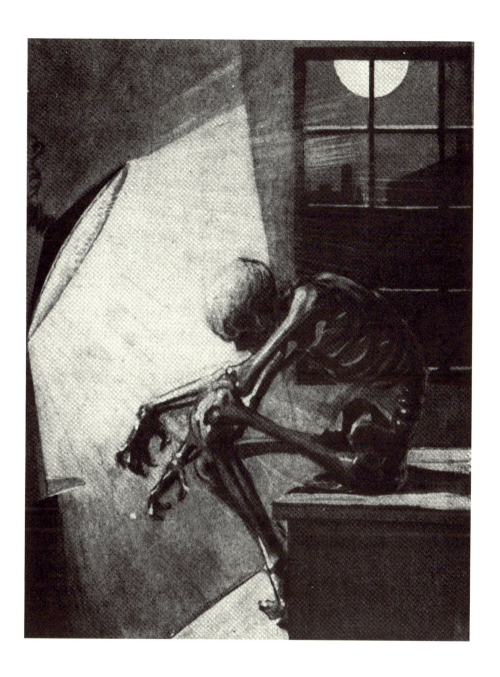

O homem invisível *de Wells (1987). Desenho de Strimpl para a capa da tradução francesa (Calmann-Lévy).*

Na lógica dessa série, podemos então pensar que, na cela da Inquisição, não há mais contradição em reconhecer um significado lunar e feminino na lâmina do pêndulo, ao passo que a construção da máquina não deixa de ser obra dos "Padres" e, no final das contas, do Velho, deus do Tempo, da foice e dos relógios.

Por mais obsessiva que seja essa representação central, ainda não ficou demonstrado que seja comum a todas as máquinas celibatárias. Além disso, é traduzida de modo original em cada caso, por incessantes elaborações de figuras variáveis que se entrelaçam na base dos elementos fixos.

Como ultrapassar essa oposição entre identidade e multiplicidade, permanência e variações? E, sobretudo, como levantar tal problema?

Na verdade, Feuerbach descobrira há mais de cem anos (em 1839) a natureza de tais problemas, do modo mais imprevisível, a propósito da lógica e de Hegel:

"O que costumamos chamar de nosso pensamento é, em expressões inteligíveis para nós, apenas a tradução de um autor estrangeiro, mais ou menos desconhecido, difícil de compreender, que age em nós de forma instintiva; e é apenas nessa tradução, e não no original, que são válidas as pretensas formas lógicas; é por isso que não pertencem à ótica, mas à *dióptrica* do espírito – domínio que, realmente, ainda é desconhecido." (*Crítica da filosofia de Hegel, Manifestos filosóficos*, tradução francesa de Althusser, PUF, p. 25).

Quer se tratem de "formas lógicas" ou de ficções poéticas, serão sempre expressões do "nosso pensamento", e as observações de Feuerbach se aplicam muito bem. Não é necessário acrescentar nenhum significado fabuloso à primeira observação de Feuerbach. Esta expressa o fato de, por causas desconhecidas (provavelmente devidas a nosso estado atual de evolução), não termos consciência das fontes do nosso pensamento e nem tampouco da nossa consciência. Essa observação converge precisamente com as declarações de Duchamp em *O processo criativo* (cf. *infra*) e se aplica totalmente ao problema fundamental da gênese "submental" das máquinas celibatárias.

Quanto à *dióptrica* física, sabemos que diz respeito à refração da luz quando atravessa meios de densidade diferente, tais como o ar, a água, o olho, o vidro e o vazio: em cada um deles são produzidos fenômenos de *deslocamento* e de transformação das imagens físicas.

Falar de *dióptrica mental* não é uma comparação vaga. É o problema geral de *todo pensamento mítico* (inclusive dos pseudo-racionalismos) e é o mesmo problema que estamos examinando em relação às máquinas celibatárias.

A série das máquinas celibatárias aparece como uma sucessão de planos translúcidos, e cada um tem seu índice particular de refração mental. Ao atravessá-los, a luz do mesmo mito realiza uma série de metamorfoses. Para compreender a lógica dessa série de metamorfoses, devemos deixar de representar cada um desses avatares como um todo isolado. Do mesmo modo que, para obter a imagem televisiva, foi necessário transpor cada rosto humano em séries de pontos, aqui é preciso *resolver* cada representação celibatária, uma depois da outra, em tantas fileiras de imagens particulares quantas pudemos descobrir, desde a aproximação entre Gregor e a *Mariée* até o esboço de um quadro do conjunto. Mas essas reconstituições pragmáticas de trajetos não são o suficiente. Devemos passar da exploração pela visualização direta dos trajetos de metamorfoses para uma análise científica que permita encontrar a lei geral dessas metamorfoses e o quadro completo de suas curvas.

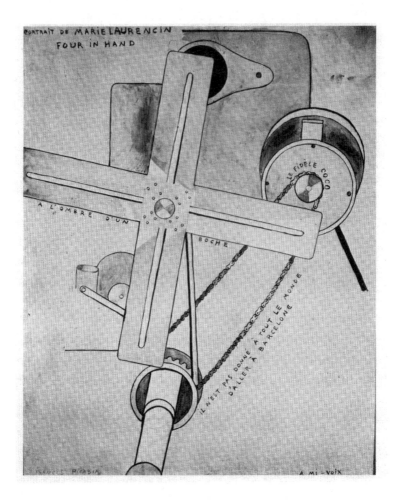

15. Esse ventilador, que é o contrário de um móbile, é também o *Retrato de Marie Laurencin* (1917) por Picabia. Segundo Gabrielle Buffet, mulher de Picabia, esse retrato significava poeticamente para o pintor que a presença de Marie Laurencin trazia um sopro de ar fresco. Que seja. Também é evidente que o maravilhoso pintor de *Parada amorosa* reservou a mais dura de suas imagens mecânicas para o requinte criativo de uma pintura encantada. A oposição é radical e é ela que devemos notar na sua distância máxima, o mais longe e justo possível, segundo a lei de Reverdy.
Nem retrato, nem simples natureza morta, esta pintura é uma máscara que não se inspira mais nos antigos reinos da Natureza, mas apenas no reino mecânico.

16. A partir de 1910-1911, a série de "quadros metafísicos", de Chirico, mostra imensas praças italianas desertas onde raros e minúsculos humanos perambulam ao pé de um labirinto de arcadas e de torres, sob o obsessivo relógio das estações, enquanto gigantescos manequins, colossos inelutavelmente celibatários, dominam as perspectivas monumentais. Ali, tudo é pintado como uma decoração de teatro, e é verdade, pois o manequim é o autor autômato retirado de uma tragédia antiga e atual, como no teatro de Jarry, Apollinaire, Roussel e o de Vitrac, Genet, Ionesco, Pinter.
Surgindo bruscamente em primeiro plano, entre os suportes da decoração, *As Duas Irmãs* (1915) são as grandes máscaras dos manequins, as irmãs das máscaras nas tragédias greco-romanas e nos mistérios africanos, são as máscaras repletas de enigmas e oráculos da nossa civilização moderna.

17. A influência da arte negra é evidente em Picasso, com *Les Demoiselles d'Avignon* (1907) e *Les Grandes Têtes* em ferro forjado (1929-1930).
Uma das máscaras das *Duas Irmãs* se parece estranhamente com essa *Máscara de Antílope* nos Dogon (Mali). Qualquer que seja o jogo do acaso e das influências, essa coincidência é reveladora.
Quando Picasso e os cubistas se inspiram na arte negra, queriam renovar a arte branca captando as formas negras.
Os *grandes maquinistas* da mesma época fizeram exatamente o contrário. Em *Impressões de África* (1910) de Roussel, são os brancos que levam sua contribuição em mecânica e em mitologia para o desenvolvimento da arte e da festa negra. A estátua rolante do hilota assassinado aparecerá como a *loucura do insólito* para Duchamp. *As Duas Irmãs* de Chirico também participam do mundo primitivo radiante de "preságios". Por sua vez, as máquinas de Duchamp e de Picabia não se parecem em nada com as máscaras negras, são máscaras brancas.

18. A palavra *totem*, de origem algonquina, significa uma ideia de parentesco. Os mastros totêmicos são espécies de árvores genealógicas do parentesco humano e animal, real e mítico. Os que vemos aqui vêm dos kitwanga (Giktsan), na Colômbia britânica. Podemos, além do mais, ir ver um mastro totêmico em Paris, diante da entrada do Museu de Etnografia, na praça do Trocadéro.
Também é bastante notável que o "Grande Vidro" de Duchamp não tenha sido feito para ser fixado na parede como um quadro, mas para ser erguido no centro de um espaço, como um mastro totêmico, o que foi realizado no Museu da Filadélfia.
Enquanto (máquina) celibatário, o "Grande Vidro" aparece mais como um totem anti-totem, pois é a negação da procriação e, consequentemente, da genealogia humana.
Inversamente, enquanto máquina (celibatária), é um verdadeiro totem do nosso mundo, pois mostra a identidade ou o parentesco do homem não mais com o animal ou vegetal, mas com a máquina. O homem é da família dos *ready-mades*.
Na fronteira entre *EREWHON*, o país antimaquinista da utopia australiana de Butler, e *NOW-HERE*, nosso mundo, submisso ao domínio das máquinas, ergue-se a *Mariée* de Duchamp, menir de vidro, carregado de criptogramas, monólito do humor objetivo.

Esse projeto se tornou possível pois, desde que Feuerbach professou o desejo de uma dióptrica mental, os matemáticos já inventaram o método dos *grupos*, que permite justamente compreender os mecanismos fundamentais dos *grupos de transformações*, cuja importância fundamental foi mostrada em todas as áreas.

Gustav Juvet explica isso muito bem, ao nos remeter a nossas lembranças infantis sobre a geometria de Euclides:

"A geometria euclidiana examina figuras, submetendo-as a certas transformações, os deslocamentos, e estuda os invariantes dessas transformações. Dizer que duas figuras iguais a uma terceira são iguais entre si é dizer que os deslocamentos euclidianos formam um grupo; é exatamente o que funda a importância da noção de grupo."

"Mas tal definição não é própria da geometria euclidiana. Toda geometria permite, por sua axiomática,[2] definir um grupo de transformações; o estudo dos invariantes desse grupo é o próprio objeto da geometria dada" (*La structure des nouvelles théories physiques* [*A estrutura das novas teorias físicas*], Alcan, p. 167).

O mesmo método é igualmente aplicado nas teorias físicas e, até certo ponto, para o estudo do problema das traduções.

Em geral, podemos definir um grupo de transformações como um grupo de operações que transformam certos elementos em outros elementos da mesma natureza.

Assim, nas demonstrações da *geometria euclidiana*, os *elementos* "transformados" são os *pontos* que são simplesmente deslocados. Mas a *relação de distância* entre dois pontos não é modificada. Dito de outro modo, nesse grupo de transformação, a relação de *distância é o invariante*, o elemento *ponto* é o *variável*.

De modo análogo, nas operações de *tradução*, os *elementos* transformados são as *palavras*, pois procedem retirando as palavras de uma língua (o francês, por exemplo) para substituí-las por palavras de uma outra (o inglês, por exemplo). *As palavras são, então, as variáveis*. Mas, a princípio, a substituição deve ser feita sem que o

---

2 Seus postulados.

sentido da frase seja modificado. *O sentido das palavras deve, portanto, permanecer um invariante.*

Em ambos os casos, quer se trate de figuras geométricas visíveis a olho nu ou de imagens mentais produzidas pelas palavras, trata-se sempre de imagens, de figuras, de representações e de significados.

Para o grupo de transformação das máquinas celibatárias, a situação de fundo é idêntica, entretanto, com a particularidade de os *objetos*, portanto os *elementos*, não serem nem pontos (nem linhas), nem palavras, mas imagens em si mesmas, que podem ser indiferentemente *imagens* plásticas visíveis a olho nu ou imagens mentais produzidas pelas palavras.

Quanto ao *invariante*, só podemos identificá-lo com a *distância* insondável que separa o conjunto antropológico e o conjunto mecânico, bases de toda máquina celibatária.

É verdade que esses dois conjuntos são fixos e permanentes e que cada um deles contém apenas um ou dois elementos. Como poderiam fornecer essas variáveis de que precisamos?

A solução é simples.

Para definir esses dois conjuntos e seus dois elementos máximos, utilizamos como elementos apenas categorias bem gerais: o reino mecânico, o reino humano e sua diferenciação nas duas categorias do masculino e do feminino. Assim, reduzimos o conteúdo das máquinas celibatárias à sua fórmula mínima, a mais abstrata possível, para encontrar o critério de identificação mais geral de todas as máquinas celibatárias e de cada uma delas.

Agora, para analisar a multiplicidade concreta do conteúdo das máquinas celibatárias, resta-nos proceder no sentido inverso. Pois é exatamente assim que procede (abstratamente) o grupo de transformação das máquinas celibatárias. Os dois conjuntos fixos e permanentes (incluindo seus dois elementos) são *conjuntos infinitos*. E é justamente porque são permanentes e infinitos que todas as máquinas celibatárias podem recorrer a eles, cada uma, por sua vez, e por sua própria conta, conjuntos finitos compreendendo elementos particulares que dão para cada uma sua configuração própria na série de transformações.

Esses conjuntos finitos, compostos de elementos particulares, são constituídos pelas fileiras de dados de qualquer tipo, como esboçamos rapidamente acima no quadro de conjuntos.

A esses elementos concretos, as imagens detalhadas do grupo de transformações, é relevante acrescentar, se necessário, o quadro de *elementos neutros* que podem formar o fundo do quadro sobre o qual se demonstra a representação completa da máquina celibatária.

Para concluir, será necessário representar os grupos de transformações dessas máquinas pelas curvas de variações religando pictogramas característicos. Nesse gráfico geral, veríamos aparecer, ao mesmo tempo, o grupo de operações subconscientes (ou submentais) produtor do grupo de transformações das máquinas celibatárias.

Antes de tentar tal empreitada, será preciso, evidentemente, apresentar análises mais completas sobre as máquinas já examinadas e sobre as que não pudemos estudar aqui, dentre outras, as de Chirico, Picabia, Max Ernst e Dali.

Enquanto isso, acreditamos ser útil mostrar o que poderia ser uma curva histórica geral.

---

19. Sepultadas sob a terra do campo de trigo, as fundações da antiga moradia romana são absolutamente invisíveis na superfície do solo.

Depois de dezoito séculos, no entanto, a presença dessas ruínas subterrâneas não deixa de ser uma anomalia que perturba a irrigação e o desenvolvimento da vegetação.

Para um pedestre, essas anomalias vegetais são percebidas apenas como elementos isolados e dispersos.

Apenas a perspectiva vertical pode mostrar esses dados na sua totalidade como elementos de um único conjunto claramente estruturado!

O que nossos olhos veem nessa fotografia[1] é apenas *o plano do conjunto das anomalias vegetais* visíveis na superfície do solo. Mas nosso espírito as percebe imediatamente como o *plano do conjunto da cidade romana*. Totalmente justo, pois um único e mesmo plano do conjunto é o invariante que se mantém por meio dos grupos de transformações dos três planos: romano, hidráulico e vegetal.

De modo bem mais complexo, é por um mecanismo análogo que os invariantes míticos fundamentais se revelam através das anomalias dos grupos de transformação sobre todos os planos culturais.

1 Fotografia feita em Ulbar Frauenthal (Kreis Euskirchen. Alemanha federal).

Ensaio de curva histórica

Remontando ao século XIX, devemos destacar a importância de certas obras que não pudemos analisar aqui.

Em *A Letra escarlate* (1850), de Hawthorne, o tema das inscrições brilha com toda sua força trágica acima do pilar da praça do Mercado em Boston. *A Lente de diamante* (1858), de Fitz James O'Brien, contém uma maravilhosa história da sereia que vive em uma gota de água, vista pelo microscópio. Outras histórias do mesmo contista também contêm autênticas máquinas celibatárias. Quanto a *Moby Dick* (1851), de Melville, a caça à solitária Baleia Branca pelo navio do capitão Achab não parece isenta de relações com o mito celibatário. Será preciso resolver a questão.

No começo do século XIX, duas obras exerceram um papel capital. Uma é *Frankenstein* (1817), de Mary Shelley, cujo monstro, nascido em uma mesa de dissecação, é um gigante artificial e celibatário. A segunda é *Isabel do Egito* (1822), de Achim von Arnim, na qual se afrontam Cornelius, o pequeno homem-mandrágora nascido do esperma de um enforcado, e Bella Golem, cópia fabricada de argila e com a ajuda de um aparelho ótico. De Arnim também: *Marie Melück Blainvimme*, na qual transforma um manequim num fascinante autômato.

Se voltarmos ao século XVIII, na pré-história das máquinas celibatárias, teremos de examinar de perto *O Diabo apaixonado* (1722), de Cazotte, por causa de célebre Biondetta, e *Os Mistérios de Udolfo* (1784), de Ann Radcliffe, pois não é à toa que Júlio Verne os cita em *Cinco semanas em um balão* para relembrá-los apenas em *O Castelo dos Cárpatos*. Com suas belas prisioneiras, seus amores malditos, os estranhos movimentos dos retratos e das armaduras que ganham a aparência de autômatos, o romance gótico prepara de perto o mundo moderno das máquinas celibatárias.

Em um caminho adjacente, devemos prestar muita atenção ao *Séthos* (1728). Essa narrativa de ficção religiosa do curioso padre Terrasson conta em detalhes uma iniciação aos mistérios de Isis. Se seu valor arqueológico é negligenciável, a narrativa não deixou de exercer uma grande influência nos mitos poéticos e nos ritos maçônicos, como bem mostrou Jean Richer no seu *Gérard de Nerval* (Griffon d'Or) e Jurgis Baltrušaitis em *A busca de Isis* (edição francesa de Olivier Perrin).

O cenário do trajeto iniciático em *Séthos* é, de fato, altamente sintomático. O iniciador (um *velho padre*) introduz o candidato no caminho ritual, subterrâneo e desconhecido. O candidato fica sozinho para sofrer as provas dos quatro elementos da natureza: a terra, o ar, a água e o fogo. Desce ao fundo de um *poço* assustador, cruza um solo marcado por uma ameaçadora *inscrição*, e deve passar entre duas grandes fogueiras. *A rarefação do ar* é tamanha que sua lâmpada se apaga e ele tem que reacendê-la em seguida. Na luz das chamas, atravessa a nado um canal subterrâneo; um enorme barulho de *queda d'água* ressoa sob as abóbadas. Chegando ao outro lado do canal, ele se vê ao pé de uma grande *máquina*: *uma ponte-rolante acionada por duas grandes rodas*. A ponte abaixada o conduz a uma porta de marfim. É a prova suprema. Tentando descobrir como abrir a porta, o candidato se pendura em dois grandes anéis de metal brilhantes fixados no alto. Horror. Desencadeia, assim, o movimento de duas rodas que retiram a ponte sob seus pés, de modo a ficar *suspenso* no vazio, no meio de um barulho mais forte que "cem máquinas de ferro ou de arame", enquanto sua lâmpada acaba de se apagar.

Ele vai morrer? Evidentemente não. Acima dele, de repente, *o ar se agita com violência* e a porta de marfim se abre em dois batentes. A máquina estava escondida bem abaixo do altar de Isis, Osíris, Hathor, e o candidato entra no *Templo* onde encontra, enfim, a *iluminação* do dia e o *conhecimento dos mistérios*.

Bastará acrescentar que as *testemunhas oculistas* sempre estiveram presentes, pois os padres iniciadores escondidos não pararam de observar o candidato ao longo do seu trajeto.

A inocente simplicidade do *cenário* de *Séthos* esclarece admiravelmente os marcos essenciais dos *trajetos iniciáticos seguidos através das máquinas celibatárias*. Reconhecemos, principalmente, o papel capital encenado pelos quatro elementos da natureza e, sobretudo, o da passagem decisiva da fase do suplício à fase da *iluminação* e do *conhecimento*.

As declarações de Kafka sobre esse assunto na *Colônia* e em *A Metamorfose*, tão frequentemente consideradas como absurdas, são, ao contrário, as mais reveladoras e as mais lógicas possíveis, quando colocamos os dois suplícios na perspectiva de provas iniciáticas. As verdadeiras torturas rituais impostas pelos xamãs são tão terríveis que se aproximam muito mais das de Gregor e do condenado que das de *Séthos* (cf. Mircea Eliade, *Le chamanisme* [*O xamanismo*], Payot).

Na mesma perspectiva, compreenderemos que as estranhas aventuras do Supermacho, do condenado da Inquisição, de Franz de Télék no burgo dos Cárpatos e do fugitivo na ilha de Morel podem ser esclarecidas do mesmo modo, como provas iniciáticas.

Deixaremos de ver nelas puras ficções. Através de sua longa ascese, grandes criadores como Duchamp e Kafka realmente seguiram, eles próprios, o *trajeto propriamente iniciático* que lhes conduziu a penetrar nas regiões inexploradas da consciência humana de que Feuerbach falava.

A amplitude do grupo de transformações das máquinas celibatárias não se limitaria a algumas obras de arte e da literatura? Não pensamos assim.

Vemos o problema colocado desde a mitologia grega, com a história de Íxion que abusa do *fantasma artificial* de Hera, a que gerou a monstruosa espécie de Centauros, e fica preso em uma roda em chamas que o leva incessantemente aos ares. Jarry, em *Os minutos de Areia memorial*, e Apollinaire, em *Rei-Lua*, fazem alusão expressa a isso. Haveria muito a dizer sobre as relações com as figuras da alquimia e do tarô; desenvolvê-las-emos em outra ocasião.

Na outra extremidade da história, no final dos tempos, o mito das máquinas celibatárias se amplia ao grau de uma potência cósmica.

É assim que Nikolai Fedorov, filósofo visionário, evoca a humanidade futura, pondo fim à procriação para empreender a ressureição científica dos mortos em escala planetária e astronáutica. Sua *Filosofia da Obra comum* só foi publicada em 1928, vinte três anos depois de sua morte. (Um dos raríssimos artigos sobre Fedorov foi publicado por Goriély em *Esprit*, setembro de 1961).

Outra versão grandiosa do mesmo mito foi imaginada por Pawlowski, em sua *Viagem ao país da quarta dimensão* (1912). Na verdade, trata-se de um panorama dos tempos futuros, como o *Melhor dos mundos*, mas que alcança e ultrapassa claramente em audácia e em riqueza de pensamento o grande afresco de Huxley. A terra está inteiramente coberta de cidades e de máquinas. A ditadura científica impera. Todos têm um classificador elétrico enxertado no lugar do cérebro. A espécie humana tornou-se andrógina, trabalhadora e estéril. O amor humano (ultrapassado) foi substituído pelas "alegrias sociais do *casamento artificial* nos ateliers especiais do Estado encarregados de atos necessários". Nessa visão, a *interseção* trágica entre o conjunto antropológico e o conjunto mecânico não é mais apresentada na escala da pessoa individual, mas na escala da humanidade inteira.

Duchamp relatou nas suas "Entrevistas com Pierre Cabanne" (*Duchamp*, Belfond) como, depois da leitura de artigos jornalísticos de Pawlowski, a "quarta dimensão" havia exercido um grande papel na criação do "Grande Vidro". Essa indicação passou desapercebida, talvez por causa de um erro, sem dúvida, precisamente por causa das importunas barreiras impermeáveis que isolam a ficção científica. No seu *Marcel Duchamp ou o grande fingidor* (*Marcel Duchamp ou le grand fictif*, Ed. Galilée), Jean Clair, ao contrário, chamou a atenção exatamente para essa confidência e desenvolveu as relações entre a obra de Pawlowski e a de Duchamp. Não se trata, portanto, de um simples detalhe para a "pequena história", mas de um notável capricho do humor objetivo que preside a esse "encontro fortuito", aqui como em toda parte, na gênese das máquinas celibatárias. É, além disso, uma das razões que fazem delas um *grupo totalmente autônomo entre as outras máquinas patafísicas.*

Sobre todos esses problemas, podemos encontrar desenvolvimentos complementares na nossa longa introdução "Modo de usar", na exposição de Harald Szeemann, publicada com numerosos outros artigos no catálogo *Junggesellen maschinen, Les machines célibataires* (Alfieri).

ANEXOS

Quatro cartas de Marcel Duchamp
para Michel Carrouges

210 West 14th Street
New York City

6 de fevereiro de 1950

Meu caro Carrouges,

Recebi, muito tempo depois da sua carta, o texto, que li muitas vezes.

Se devo a Raymond Roussel por me ter permitido, desde 1912, pensar em outra coisa além de uma pintura retiniana (André Breton esclarecerá a você sobre esse termo, pois o discutimos juntos), tenho de confessar que só li o Penitenciário e *A Metamorfose* há poucos anos.

Apenas para contar os eventos circunstanciais que me levaram à Mariée.

Fiquei, portanto, maravilhado com o paralelismo evidente que você estabeleceu de forma clara.

As conclusões às quais chegou no campo da "significação interior" me excitam, ainda que não concorde (ao menos no que diz respeito ao vidro).

Minhas intuições de pintor que, aliás, não têm nada a ver com o resultado profundo, do qual não posso estar consciente, estavam voltadas para os problemas de uma "validade estética" obtida principalmente no abandono do fenômeno visual, tanto do ponto de vista das relações retinianas quanto do ponto de vista anedótico.

Quanto ao resto, posso lhe afirmar que a introdução de um tema de base explicando ou provocando certos "gestos" da Mariée e dos celibatários nunca me veio em mente. Mas é possível que meus ancestrais me tenham feito falar, como eles, do que meus netos também dirão.

Celibatariamente, Marcel DUCHAMP.

Estilo telegráfico
para uma correspondência atrasada.
210 West 14th STREET
New York 11, N.Y.

20 de setembro de 1952

Caro Carrouges,

Primeiro, sinto-me culpado por nunca mais ter-lhe dado sinal de vida. Suas cartas e seu estudo na *Mercure* me agradaram muito, e eu não podia lhe explicar longamente minha apreciação.

Sua última carta felizmente me força a lhe escrever logo.

Estou encantado com a ideia para a capa do seu livro – suponho que você conseguirá facilmente um desenho com o traço do vidro. De fato, é melhor que seja feito por um "profissional".

Adoraria ver o efeito produzido "antes", se for possível – isto é, adoraria receber um exemplar da capa, se for impressa antes do livro.

Li muito rapidamente o manuscrito que Breton tinha me emprestado em Paris há dois anos – mas guardei dele uma lembrança bem eloquente, confirmada, aliás, pelo artigo da *Mercure*, e espero o novo livro com impaciência.

Muito cordialmente, Marcel DUCHAMP.

1° de dezembro de 1952

Caro Carrouges,

Com pressa.

A reprodução desenhada que você me enviou me agrada muito.

Tenho duas observações:

1) uma sobre o desenho; retirar 2 pequenas superfícies que não subsistem no vidro atual.

2) uma no texto da quarta capa: acrescentar uma vírgula entre "celibatários" e "mesmo" –

Em breve, a capa,

Cordialmente, Marcel DUCHAMP

---

210 West 14th Street,
New York

17 de outubro de 1954

Caro Carrouges,

Tenho a impressão de que você me enviou as *Máquinas celibatárias* logo quando foi lançado e, não o tendo recebido, tive de esperar que chegasse para falar com você.

Enquanto isso, recebi as *Portes Dauphines*, pelas quais atravessei para essa viagem num futuro incondicional.

Não tenho a intenção de detalhar minha leitura das *Máquinas Celibatárias*, mas digo apenas a que ponto estive tomado pelas múltiplas facetas das suas descobertas na análise dos temas comparados que você certamente obteve êxito em empreender.

ANEXOS

Breton me falou do grande interesse suscitado pelo livro e da sua intenção de abrir uma discussão geral sobre os mitos tratados à sua luz.

Respondi-lhe suscintamente, não tendo à minha disposição os instrumentos necessários para uma visão elaborada dessas questões.

Em todo caso, meu caro Carrouges, farei com que seu livro seja lido por um bom número de amigos aqui e no Museu da Filadélfia, onde o vidro acaba de ser instalado na coleção Arensberg de modo permanente.

A propósito, do ponto de vista puramente publicitário, Arcanes pode ter o interesse comercial de entrar em contato com o museu da Filadélfia que vende livros (de arte em geral) na sua loja,

Endereço: Sr. FISKE KIMBALL
Philadelphia Museum of Art
Parkway and FAIRMOUNT AVENUE
PHILADELPHIA Pa U.S.A.

Espero chegar a Paris no meio de novembro e verei você caso esteja por aí – ficarei até o final de dezembro.

Muito cordialmente, Marcel DUCHAMP.

Nota explicativa

A primeira carta de Duchamp diz respeito ao artigo manuscrito que eu havia escrito em fevereiro de 1946 sobre "A máquina celibatária", a partir de uma visão paralela do "Grande Vidro" de Duchamp e dos dois contos de Kafka, *A Metamorfose* e *A Colônia Penal*.

Aconselhado por André Breton, para quem eu havia enviado esse texto no início de novembro de 1949, eu o enviei para Marcel Duchamp.

Este é o mesmo texto que foi publicado, pela primeira vez, como artigo em *Le Mercure de France* de 1° de janeiro de 1952, graças a M.S. de Sacy, depois em livro com outros capítulos, em *As Máquinas celibatárias* (Ed. Arcanes, 1954). O mesmo texto está reproduzido no presente volume, com algumas correções e um suplemento de comentários.

As segunda e terceira cartas se referem à reprodução do "Grande Vidro" e ao projeto de capa que fora preparado para a edição de 1952 (edição zero), realizados com a edição de 1954.

A quarta carta foi depois da publicação de 1954.

Para esclarecer melhor o problema, convém voltar a uma carta de 4 de outubro de 1954, endereçada a André Breton por Marcel Duchamp e reproduzida no número de *Médium* de janeiro de 1955.

Eis alguns extratos que se referem a meu método de interpretação.

"Sua ideia de agrupar sob uma mesma denominação as diferentes máquinas de mito erótico se justifica ao longo de todo o livro: existe uma aproximação evidente entre as intenções dos diferentes autores considerados."

"Máquina celibatária", no que diz respeito à *Mariée...*, termo que descreve um conjunto de operações, tem, para mim, apenas a importância de um título parcial e descritivo, e não a de um título em termos de tema intencionalmente mítico.

"Na Máquina celibatária, um desejo erótico em ação é 'levado' à sua 'projeção' de aparência e de característica maquinizadas.

Da mesma forma, a *Mariée* ou o Pendurado fêmea é uma 'projeção' comparável à projeção de uma 'entidade imaginária' de quatro dimensões no nosso mundo de três dimensões (e mesmo no caso do vidro plano, a uma re-projeção dessas três dimensões sobre uma superfície de duas dimensões)."

"Com ajuda da caixa verde, Carrouges atualizou o processo subjacente com toda a minúcia de uma dissecação submental. Inútil acrescentar que suas descobertas, se formam um conjunto coerente, nunca foram *conscientes* no meu trabalho de elaboração, porque meu inconsciente é *mudo* como todos os inconscientes; que esta elaboração se tratava mais da necessidade *consciente* de introduzir a 'hilaridade' ou ao menos o humor em um assunto assim tão 'sério'."

Em seguida, Duchamp explica sua posição pessoal sobre a última parte da minha interpretação:

"A conclusão de Carrouges sobre o caráter ateu da '*Mariée*' não é desagradável, mas gostaria apenas de acrescentar que, em termos de 'metafísica popular', eu não aceito discutir a existência de Deus – o que quer dizer que o termo 'ateu' (em oposição ao termo 'crente') sequer me interessa, não mais que a palavra crente, nem a oposição dos seus sentidos bastante claros:

'Para mim, existe algo além de *sim, não* e *indiferente* – como, por exemplo, *a ausência de investigações desse gênero*'" (*Marchand du Sel*, p. 162).

A região submental

Em suas cartas, Duchamp acrescenta informações importantes: ele não tinha consciência do processo subjacente de sua obra e ignorava completamente a obra de Kafka.

Portanto, a série de correlações entre as estruturas das duas obras não pode se fundar nos níveis da história objetiva e da consciência subjetiva. Necessariamente, esse fundamento só pode ser encontrado em um nível infra-histórico e infra-subjetivo, no terreno da *objetividade "submental"*.

Este último termo, tirado de Duchamp, corresponde exatamente à concepção que ele tinha do papel do *artista* e que expressou de forma clara no seguinte texto:

"Ao que tudo indica, escreveu, o artista age como um ser mediúnico que, do labirinto além do tempo e do espaço, busca uma clareira."

"Se, então, concedemos os atributos de um médium ao artista, devemos, pois, recusar-lhe a faculdade de ser plenamente consciente, no plano estético, do que faz e por quê o faz..." (cf. *Processo criativo*, 1957, em *Marchand du Sel*.)

É na medida em que não está plenamente consciente do que faz que o artista ultrapassa a si mesmo, fazendo falar o seu inconsciente mais profundo. É por aí que, saindo do limite do seu condicionamento individual, sua obra pode se comunicar, involuntariamente, com outras obras.

O papel da *crítica* é necessariamente simétrico. Sem negligenciar os dados históricos e subjetivos, deve, antes de mais nada, detectar nas obras as estruturas inconscientes que ali se encontram imersas para pôr em evidência seus paralelismos fundamentais e, consequentemente, seus significados imanentes.

A objetividade dos paralelismos tirados das obras é a única garantia da objetividade submental assim descoberta. É também o seu limite.

Estamos, pois, totalmente de acordo com a distinção destacada por Duchamp, quando reconhece as constatações sobre os paralelismos de estrutura postos em evidência, e, por outro lado, estabelece suas divergências sobre os comentários pessoais que pudemos acrescentar. Nada de mais legítimo e mesmo de mais necessário.

Por essas diferentes razões, deve ficar claro que nosso método não pretende de forma alguma investigar a vida e o pensamento dos autores, mas apenas o conteúdo objetivo das máquinas celibatárias.

É assim, por exemplo, que a questão de saber qual poderia ser a opinião pessoal de Duchamp em relação ao ateísmo não entrava de jeito nenhum nos limites da nossa pesquisa. No entanto, ele quis explicá-la num texto tão perfeito que não podemos resumi-lo sem alterá-lo. Só nos restou citá-lo tal e qual.

De nossa parte, é certo que o fim do nosso primeiro artigo se refere bem mais à *Colônia penal* do que ao "Grande Vidro". Se nos for possível um dia retomar essa parte do nosso texto, para esclarecer melhor o eixo dos paralelismos de estrutura de todas as máquinas celibatárias, teremos de lembrar que, enquanto máquina e enquanto celibatária (nos dois sentidos do termo), *o mito da máquina celibatária é exatamente o contrário do mito do paraíso terrestre.*

Topologia e linguagem matemática

Não desenvolvemos aqui o problema precedente, pois achávamos mais urgente resolver o método em si. Nascido de um acaso de automatismo quase onírico, desenvolvido de uma maneira pragmática, simultaneamente racional e irracional, metódica e aleatória, encontrava sua síntese somente no próprio ato de pesquisa, com o desenvolvimento descontínuo de uma visualização progressiva dos paralelismos de estrutura.

Como ir além?

Há muito tempo, por diversas razões, a *epistemologia*, essa ciência das ciências, me fascinava, pois me parecia lançar uma luz mais penetrante que todas as outras. Mas como confrontar essa luz com a da poesia e a do mito?

Foi bem lentamente, ao longo de anos, que certas observações de Poincaré, em *O valor da ciência*, sobre a *análise situs* (a topologia), depois, de Gustave Juvet, em *A estrutura das novas teorias físicas* (edição francesa: Alcan, 1933) e de Raymond Ruyer, em *Elementos de uma filosofia da estrutura* (edição francesa: Alcan, 1930), fixaram minha atenção na necessidade de transpor as noções de espaço abstrato e de estrutura em um tipo de *topologia mental.* Vindas de outro lado, observações como as de Proust e de Guénon sobre as estruturas espaciais imaginárias integram-se naturalmente às precedentes. É por isso que nossa análise dos paralelismos de estruturas nas máquinas celibatárias se apoia, acima de tudo, na evidenciação da topologia mental. Essa foi a segunda fase da pesquisa, tal como se manifesta na primeira versão das *Máquinas celibatárias.*

A terceira fase começou depois. O conteúdo do espaço mental havia se mostrado de uma riqueza superabundante, que ultrapassava, cada vez mais, o próprio domínio das máquinas celibatárias. Era preciso encontrar novos critérios em uma linguagem mais rigorosa, sem recair nos métodos críticos que desintegram o espaço mental o reduzindo a palavras. Ora, apenas uma linguagem seria capaz de analisar rigorosamente as imagens de um texto e de as tratar como abstrações reais, suspensas no seu próprio espaço. Era a linguagem matemática. Eu o sentia sem saber como aplicá-la nessa nova área, até o momento em que as noções de conjuntos, de elementos, de invariante e de grupos não pararam de mover meu pensamento. Nessas áreas, sobre as quais não conhecia quase nada, a obra de Jean Ullmo, *O Pensamento científico moderno* (Flammarion, 1969) e a de Juvet foram os principais guias que se tornaram subitamente indispensáveis para mim.

Aí também o encontro é singular. Ficaremos menos surpresos, talvez, se nos lembrarmos que Breton, em *O amor louco* (*L'amour fou*, Gallimard, 1937, p. 122), já chamava a atenção para a obra de Juvet a propósito do papel da imagem como surpresa na gênese das descobertas (cf. meu *André Breton e os dados fundamentais do surrealismo - André Breton et les données fondamentales du surréalisme*, Gallimard, 1952, p. 134).

Essas aproximações não são simples metáforas. Ao tentar aplicar a linguagem matemática nos mundos paralelos da poesia e do mito, suspeitaram que eu pretendia, em vão, invadir a área dos matemáticos. Devo apenas dizer que seu método de linguagem e suas propriedades me ajudaram de forma poderosa a ter uma consciência mais clara das minhas próprias pesquisas.

Automatismo e liberdade

Certos espíritos ficaram preocupados com o fato de a análise das máquinas celibatárias revelar uma inacreditável potência dos determinismos mentais. Isso lhes pareceu um sacrilégio cultural.

Que seja. Mas de que pode servir praticar uma política da vista grossa? Parece-me certo, da minha parte, que a série de máquinas celibatárias manifesta categoricamente os extraordinários poderes de certas correntes do automatismo mental. Parecem muito mais poderosas que as da escrita automática ordinária, pois se exercem imperativamente, contra a vontade dos artistas. Revelam, da mesma forma, que o que tomamos por simples acasos subjetivos (caprichos da inspiração ou acidentes da personalidade) constituem fenômenos de acaso objetivo que se exerce por meio das consciências humanas. Entendemos que esse aspecto seja problemático. Não pensamos que seja desesperante. Ao contrário. Quanto mais compreendermos as fantasias e automatismos que nos governam, mais seremos capazes de nos tornar lúcidos e livres.

Cronologia provisória das principais obras contendo máquinas celibatárias

1811 *Marie Melück-Blainville* (Achim d'Arnim).

1811 *Isabel do Egito* (Achim von Arnim).

1817 *Frankenstein* (Mary Shelley).

1843 *O poço e o pêndulo* (Edgar Allan Poe)

1850 *A Letra escarlate* (Hawthorne).

1851 *Moby Dick* (Melville)

1858 *A Lente de Diamante* (Fitz James O'Brien)

1869 *Os Cantos de Maldoror* (Lautréamont)

1874 *Mestre Zacarias* (Júlio Verne)

1886 *A Eva Futura* (Villiers de l'Isle-Adam).

1892 *O Castelo dos Cárpatos* (Júlio Verne)

1894 *Haldernanblou* (Jarry)

1897 *Os Dias e as Noites* (Jarry)

1897 *O homem invisível* (Wells)

1902 *O Supermacho* (Jarry)

1908 *A Ciência do Amor* (Charles Cros)

1910 *Impressões de África* (Roussel)

1911 *Gestos e Opiniões do doutor Faustroll* (escrito em 1898 - Jarry)

1912 *Viagem ao país da quarta dimensão* (Pawlowski)

1912 - 1915 - 1923 - *A Mariée posta a nu pelos seus celibatários, mesmo* (Duchamp)

1913 *Praça da Itália* (Chirico)

1914 *Locus Solus* (Roussel)

1916 *A Metamorfose* (escrito em 1913 - Kafka)

1916 *O Rei-Lua* (Apollinaire)

1917 *Os Mamilos de Tirésias* (concebido em 1903 - Apollinaire)

1917 *O Trovador* (Chirico)

1917 *Parada amorosa* (Picabia)

1917 *Retrato de Maria Laurencin* (Picabia)

1919 *A anatomia como noiva* (Max Ernst)

1919 *Carburação da noiva em ferro vulcanizado* (Max Ernst)

1919 *A Colônia penal* (iniciada em 1914 - Kafka)

1919 *Viagens no caleidoscópio* (Hillel-Erlanger)

1926 *Metrópolis* (Fritz Lang)

1929 *Prazeres iluminados* (Dali)

1931 *Frankenstein* (reinventado no cinema - James Whale)

1940 *A invenção de Morel* (Bioy Casares)

1945 *O mundo de Zero A* (Van Vogt)

1952 *Limbo* (Thomas Wolfe)

Quadro das máquinas celibatárias analisadas no livro

Duchamp
A Mariée posta a nu pelos seus celibatários, mesmo.

Kafka
O rastelo (*Colônia penal*)
O quarto de Gregor (*Metamorfose*)

Roussel
A demoiselle (*Locus Solus*)
O diamante-aquário de Faustine (*id.*)
O quarto de Cortier (*id.*)
As esmeraldas (*id.*)
O leito-para-raios de Djizmê (*Impressões de África*)
O leito-farol de Fogar (*id.*)
A marquesa de Darriand (*id.*)
Os manequins de Montalescot (*id.*)
A praça dos Troféus (*id.*)

Jarry
A corrida das Dez Mil Milhas (*O supermacho*)
A dínamo amorosa (*id.*)
O leito de Faustrol e Visité (*Faustroll*)
A ilha da nereide (*Os Dias e as Noites*)
Haldernablou (*Os minutos de areia memorial*)

Apollinaire
O Rei-Lua (*O poeta assassinado*)

Júlio Verne
A cena do teatro (*O Castelo dos Cárpatos*)
A cena da masmorra (*id.*)

Villiers de l'Isle-Adam
Hadaly (*A Eva futura*)

Hillel-Erlanger
O caleidoscópio (*Viagens em caleidoscópio*)

Bioy Casares
A ilha de Morel (*A invenção de Morel*)

Lautréamont
O encontro fortuito (*Os cantos de Maldoror*)
A coluna Vendôme (*id.*)

Edgar Poe
A máquina da Inquisição (*O Poço e o Pêndulo*)

Créditos fotográficos

p. 09 _ Foto Hachette
p. 10 _ Foto Hachette
p. 11 _ Foto U.S.I.S
p. 20 _ Foto Chêne
p. 24 _ Foto Chêne
p. 29 _ Foto Chêne
Ilustração de Jean Tauriac para a "Viagem ao País da Quarta
Dimensão", de G. de Pawlowsky (edição Foto Cine-Bazar Minotauro)
p. 40 _ Coleção particular
p. 83-84 _ Foto Chêne (Edições Alcan e Ch. Eiggimann e Cia,
Geneva, 1900)
p. 139 _ Coleção Roger Viollet
p. 145 _ Foto Lauros-Giraudon
p. 197 _ Foto Paul Coze. Coleção Museu do Homem
p. 204 _ Foto Cine-Bazar Minotauro
p. 207 _ Foto Chêne
p. 210 _ Coleção Particular
p. 211 _ Foto Walter Klein
(Museu Kunstammlung Nordhein-Westfallen, Dusseldorf)
p. 212 _ Foto José Oster. Coleção Museu do Homem.
p. 213 _ Foto Museu Landes, Bona.
p. 217 _ Foto B.N.F, Paris

Ilustrações de Alexandre Jihel

POSFÁCIO

Máquinas celibatárias e máquinas desejantes: De Michel Carrouges a Gilles Deleuze e Félix Guattari

Eduardo Jorge (UZH) e Elias Jabre (Paris VIII)

De uma outra escrita da política a uma outra política da escrita

Duchamp anuncia a máquina celibatária no mundo da arte com *La mariée Mise à nu par ses célibataires, même* (1915-1921) antes que Carrouges, pelo viés da literatura, desse continuidade à sua exploração tomando a obra do artista como ponto de partida. Em 1954, Carrouges reúne uma série de textos-máquinas num repertório que compreende Kafka e *Na colônia penal*, Raymond Roussel e seu *Locus Solus*, Alfred Jarry e *O supermacho*, Edgar Allan Poe e *O poço e o pêndulo*, Hillel-Erlanger e *Viagens no caleidoscópio*, Villiers e *A Eva futura*. Depois, três novas máquinas virão se juntar à edição de 1976: Adolfo Bioy Casares com *A invenção de Morel*, Lautréamont e seus *Cantos de Maldoror* e, por fim, Júlio Verne com *O castelo de Cárpatos*.

Qual seria o traço em comum evocado por essas obras? O movimento autossuficiente de uma máquina que eles criaram e que obedece a regras específicas, resultando na implacável indiferença de uma técnica que toma a morte como êxtase. De onde lhes vem essa estranha obsessão? O que poderia ser mais absurdamente real do que uma máquina celibatária? Trata-se de uma máquina, isso percebemos sem ter que nos aprofundar em suas ideias, basta observar suas peças, elas estão bem à nossa frente. Exposta em obras de arte ou elaborada em textos literários, está reproduzido o movimento do conjunto que ela criou e que a criou, refletindo apenas a si mesma, divinamente solitária e inspirando o espírito que move as engrenagens de cada um de seus componentes. Algo em nós resiste, no entanto, já fatalmente contaminado pelo fascínio dos que lhe teriam servido de presa. Para que serve essa mecânica? De onde vem a necessidade de recorrer a ela? Por que ela se reproduziu na obra desses contemporâneos, despontando como uma noção e conseguindo reunir suas invenções, mesmo que estas sejam tão heterogêneas?

Para Carrouges, "uma máquina celibatária é uma imagem fantástica que transforma o amor em uma mecânica da morte",[1] conforme ele escreve mais tarde no catálogo da exposição *Junggesellenmaschinen*, organizado por Harald Szeemann e Jean Clair em 1975. Quando Carrouges fala de uma "mecânica da morte", trata-se de conceber o espaço literário como um laboratório a serviço de todas as falhas da ciência e de seus artifícios. Em *Bachelors*, a crítica americana Rosalind Krauss afirma que a máquina celibatária produz essencialmente a escrita ou o texto:

> Robótica, as máquinas celibatárias provocam um movimento per-pétuo que as leva para fora do campo da procriação orgânica. Além do ciclo da fecundação/nascimento/vida/morte, elas constituem um sonho tanto do celibato infinito quanto do autoerotismo total. Sua vida, que, na verdade, é uma morte contínua, também é a pro-dução de uma espécie de ausência contínua, pois o que produzem é escrita ou texto.[2]

A máquina é posta em ação mantendo a ausência contínua, funcio-nando no limite entre a vida e a morte. Não é a partir da falta que o desejo produz a escrita; antes de qualquer coisa, ele seria sobretudo o resultado de uma tensão do corpo que adquire um status responsá-vel por levá-lo ao plano de uma máquina ficcional. Carrouges evoca o aparelho celibatário de Duchamp segundo o que ele tem de rea-lista e de ilusório no *Grande vidro*, como observa Rosalind Krauss, que relaciona Carrouges com André Breton por suas tentativas de hipertrofiar o real num procedimento surrealista. A noção de trans-parência na obra de Duchamp poderia servir de interpretação se nos

---

1 Michel Carrouges. « Mode d'emploi », *Junggesellenmaschinen/Les machines célibataires*. Veneza : Fantonigrafica, 1975. p. 21.
2 Rosalind Krauss. *Bachelors*. USA: MIT Press. p. 64.

referimos ao *Grande vidro*, que se inscreve na arte contemporânea como um tipo de produção – ou fábrica – do desejo. A transparência evoca o real, esse campo de atuação do desejo: "isso produz", escreve Krauss.[3] É por essa qualidade material da obra duchampiana que ela identifica a passagem de uma máquina celibatária, no sentido empregado por Carrouges, à sua incorporação nas máquinas desejantes de Deleuze e Guattari, quando seu conceito aparece pela primeira vez em *O anti-Édipo*, publicado em 1972. O próprio Duchamp escreve a André Breton em uma carta de 4 de outubro de 1954: "Na Máquina Celibatária um desejo erótico em ação é 'trazido' a sua 'projeção' de aparência e de caráter maquinizados".[4]

A literatura *ready-made*

De qualquer modo, a presença de Marcel Duchamp *a priori* desafia a interpretação. O que ele está fazendo entre todos esses literatos? Mais conhecido na história da arte como o inventor do *ready-made*, que define a técnica artística a partir do deslocamento de um objeto qualquer para dentro de um museu ou de uma galeria de arte, no livro de Carrouges ele passa a ser um tipo de engenheiro – grande maquinista. Isso se deve ao fato de que, a partir do gesto de deslocamento de objetos, Duchamp nos oferece uma matéria para a leitura e nos ensina a *ler* essa matéria num outro contexto. Mesmo que o *Grande vidro* não pertença aos *ready-mades*, embora os cartografe na transparência do material, essa obra não pode ser dissociada dos mecanismos de leitura propostos pelo artista, compreendendo todo um conjunto de textos formado por notas, instruções, procedimentos e manuais remetendo a uma grande maquinaria da qual ele explora a questão da técnica que, ao longo de todo o século XX, será perseguida pela arte.

Vale mencionar que, em notas referentes aos textos de Marcel Duchamp, Michel Sanouillet comenta: "é somente em 1934, com a

3 Idem, p. 65.

4 Marcel Duchamp. *Duchamp du signe*. Paris: Flammarion. p. 234-235.

publicação das notas sobre *La Mariée mise à nu par ses Célibataires, même*, que Duchamp passa a ser conhecido como "escrevedor".[5] Escrevedor é um termo coloquial para designar aquele que escreve por hábito, mesmo que, antes de qualquer coisa, Duchamp seja um inventor de trocadilhos. Porém, por seu amor à escrita, o artista resgata o papel do antigo *homem das letras* e o transforma; a própria literatura passa a ser um tipo de *ready-made*, uma vez que também é objeto do passado. Ele o demonstra no número 7 da revista *Littérature*, lançada em dezembro de 1922, ao retomar a *imageria* da publicidade para escrever, em tom de propaganda, "Lits et Ratures". O mecanismo da máquina "celibatária" já aponta para isso. Logicamente, se deslocarmos a noção de escrevedor que ela usa para descrever aquele que desloca "o que está escrito" para uma outra paisagem, não poderíamos entender que o *ready-made*, enquanto mecanismo de deslocamento de um objeto de um lugar para o outro, também seria uma operação literária? O campo literário passa a ser, literalmente, a mesa cirúrgica onde se encontram o guarda-chuva e a máquina de costura de Lautréamont, o local de sobrevivência de mitos que se misturam com desenvolvimentos técnicos e científicos, mesmo que eles nunca tenham estado separados. A literatura realiza inúmeras montagens, dando corpo à imaginação em máquinas celibatárias que reúnem os sonhos dos primeiros voos num monoplano ou num balão, bem como os traços do primeiro homem que pisou na lua. Para Duchamp, Michel Carrouges teria multiplicado as perspectivas dessas máquinas, que passam a ser: sexuais, criminosas, patológicas, esportivas, artísticas ou teatrais. No entanto, tudo tem como lugar comum *La Mariée mis à nu par ses célibataires, même* ou o *Grande vidro*.

O fato de uma obra de arte ser capaz de iluminar o aparato de um conjunto de obras literárias inaugura uma forma original de crítica, concentrada na maquinaria de um texto. Ela se interessa por aquilo que o coloca em movimento em relação ao movimento do mundo por ele gerado, sem se limitar a suas fronteiras, mas revelando a contaminação que ocorre entre a escrita de uma obra plástica, literária, e

5 Idem, p. 7.

a textura social. A obra, e também a análise dela, transformam-se em máquina política, como Deleuze e Guattari tão bem definiram com a máquina de escrita de *Kafka: Para uma literatura menor*, sobre a qual voltaremos a falar.

Em todo caso, as máquinas celibatárias continuam sendo enigmáticas e provocadoras, quase sempre absurdas, se nos referirmos aos autores de predileção de Duchamp, como Raymond Roussel e Alfred Jarry. Para Carrouges, "a invariante fundamental do mito das máquinas celibatárias é a distância ou diferença entre a máquina e a solidão humana".[6] Os homens estariam tentando se consolar da solidão construindo máquinas? Ou são as máquinas que refletem o absurdo de suas vidas, das quais eles se sentem privados num mundo sem arquiteto ou referência, deixando-os entregues à solidão, *numa necessidade de consolo impossível de ser saciada*, e que, na mesma época, levará o escritor sueco Stig Dagerman ao suicídio?[7] Se viver como prisioneiro de si mesmo, necessariamente celibatário, os leva a construir máquinas que, por sua vez, também são celibatárias, essas máquinas que não dependem de ninguém e, ao mesmo tempo, que os acompanham, os divertem, estariam se colocando a seu serviço, ou impondo-lhes regras que os reconfortam? Eis a razão pela qual o desejo se aninha no coração dessas máquinas. E esse desejo surge da atividade sexual e da escrita, às quais os movimentos repetitivos remetem. Um programa que porta a imortalidade da espécie como a morte. Em que

6 Michel Carrouges. *As máquinas celibatárias*. Belo Horizonte: Relicário Edições e n-1 edições, 2019. p. 16.

7 "Estou desprovido de fé e por isso não posso ser feliz, porque um homem que se arrisca em acreditar que sua vida seja uma errância absurda em direção à morte não pode ser feliz. Como herança, não recebi nem Deus nem um ponto fixo na terra em que eu possa chamar a atenção de um deus: também não me legaram o furor disfarçado do cético, os artifícios de Sioux do racionalismo ou a franqueza ardente do ateu. Assim, não ouso atirar a pedra nem naquela que acredita em coisas que só me inspiram a dúvida, nem naquele que cultiva sua dúvida como se ele próprio não estivesse circundado pelas trevas. Essa pedra me acertaria pois estou bem certo de uma coisa: a necessidade de consolo que o ser humano conhece é impossível de ser saciada". Nossa necessidade de consolo é impossível de ser saciada, 1952.

POSFÁCIO

sua execução interrompe a solidão, transformando aqueles que a ela se entregam em uma engrenagem em que o desejo flui. As máquinas falharam em ser celibatárias e em reproduzir identicamente tais atividades, elas também são esse outro, essa distância que tem início na solidão daquele que as imagina, para colocá-las em ação a partir de um movimento que precede a si mesmo, assombra-o, assombrando seu corpo-máquina, ele, que passa a reproduzir outras máquinas, ou seja, textos, instruções, procedimentos literários.

A cartografia das máquinas celibatárias que Carrouges teria produzido em 1954 será ampliada e deslocada no espaço museal do catálogo da exposição por Harald Szeemann e Jean Clair nos anos 1970.[8] Na introdução do catálogo da exposição homônima, Szeemann faz coro com Carrouges ao escrever:

> é preciso constatar aqui, não sem surpresa, que, entre 1850 e 1920 aproximadamente, toda uma série de artistas, sobretudo escritores, representaram o funcionamento da história a partir das ligações entre os textos, a relação do homem com uma instância superior, sob forma de uma simples mecânica. O próprio Freud designava a *psyché* como um aparelho.[9]

8 A edição de 1954 tinha dois capítulos que foram suprimidos. Um sobre Maurice Fourré, outro sobre Michel Leiris. "Labirintos de iluminações turvas e cambiantes, as narrativas fantásticas de Michel Leiris parecem, aos olhos dos profanos, desafiar qualquer possibilidade de análise. Alguns se arriscam a ver aí apenas fragmentos, destroços informes e não um cosmo poético, sob pretexto de que não são permitidos nenhum tipo de observação, a exemplo da lógica e da estética". É isso o que escreve Carrouges na primeira edição da obra. A literatura de Michel Leiris continua sendo uma peça fundamental para seguir o fio vermelho dos mecanismos da máquina celibatária. Sua relação com a etnografia, com a literatura de Roussel, com a revista *Documents* e Georges Bataille, assim como com artistas tais como Francis Bacon, Alberto Giacometti – outra máquina celibatária – e o próprio Duchamp, faz dele um autor que deveria ter sido mantido e que teria muito espaço na nova edição do livro de Carrouges.

9 Harald Szeemann. *Junggesellenmaschinen/Les machines célibataires*. Venezia: Alfieri, 1975. p. 5.

Se Szeemann evoca Freud, devemos lembrar que Duchamp também se inspira na psicanálise, cuja aparição e desenvolvimento coincidem com a da máquina celibatária. O inconsciente é essa máquina que funciona além de nosso livre arbítrio cuja crença foi fortemente abalada, e a psicanálise terá influenciado os dadaístas e os surrealistas encantando-os, motivando-os e horrorizando-os com os progressos técnicos. Szeemann identifica em Carrouges o mérito "de, logo depois da guerra, ter isolado, baseado no sonho, o fenômeno, ou melhor: o mito da 'máquina celibatária'."[10] Ele também indica que, naquela época, Andy Warhol representava o artista que estaria em oposição a Marcel Duchamp, ao menos no que se refere a seu modo de reproduzir em série, ainda que encontremos aí afinidades entre a *pop art* e o *ready-made*.

> Andy Warhol pretende ser uma máquina. Seu ateliê é uma 'fábrica'. Justamente por ser tão sensível, ele quer conferir à produção a fria beleza dos produtos industriais. Sensibilidade do celibatário e modo de produção atraem. Entre outros, a *'mariée'* também vai seduzi-lo.[11]

Szeemann demonstra que, na arte, a situação do artista celibatário pode se inverter. Se ele toma o exemplo de Andy Warhol é como crítica do modelo da máquina celibatária que se baseia num sistema de produção masculino. Szeemann relembra o episódio de Valerie Solanas, que, em 1968, deu três tiros no papa do *pop art* quando este saía da *Factory*. Solanas lhe confiara o manuscrito de sua peça de teatro pedindo-lhe uma ajuda financeira para produzi-la. Warhol dá pouquíssima importância ao trabalho e acaba perdendo o manuscrito. Ao longo dessa "cena-performance", Valerie representa o papel daquela que deseja a morte da máquina Warhol. Com seu gesto destrutivo, ela se torna um tipo de *mariée* maquínica capaz de matar seus celibatários, que a negligenciam.

10 Idem, ibidem.
11 Idem, p. 9.

Quando Kafka inventa o *ready-made*

Se recorrermos aos diferentes mecanismos descritos por Carrouges, três grandes obras se avizinham de modo privilegiado, ilustrando a noção de máquina celibatária que Duchamp lhe inspira: *La Mariée mis à nu par ses célibataires, même*, do próprio Duchamp; *Na colônia penal*, de Kafka, e *Locus Solus*, de Roussel: "As assustadoras máquinas inventadas por Duchamp, Kafka e Roussel apresentam, lado a lado, suas silhuetas fantásticas sobre o limiar da era da barbárie científica e concentracionária".[12] Vemos, aí, a polaridade Duchamp-Kafka no cerne da obra.

> tive um novo lampejo ao descobrir a importância do elemento celibatário no mito plástico de Duchamp, precisamente, no nome reservado por ele de forma especial para um dos setores de sua obra: *A máquina celibatária*. Imediatamente, aproximei esse fato da extrema influência do celibato na vida e na obra de Kafka e me perguntei se os dois aparelhos da *Colônia* e da *Mariée* não seriam inteiramente duas grandes máquinas celibatárias.[13]

Carrouges analisa detalhadamente os mecanismos plásticos e narrativos do *Grande vidro*, visto que *La Mariée mise à nu par ses célibataires, même* é uma das grandes fábulas do século XX. Como vimos, Carrouges teria sido um precursor que soube ler Duchamp deslocando-o para a literatura, assim como o *ready-made* nos convida a fazer. Muito mais tarde, o escritor argentino César Aira demonstrará de modo arrebatador que o *ready-made* também foi inventado e muito precisamente descrito por Kafka em *Josefina, a cantora ou o povo dos ratos*, comunicando telepaticamente com a prática de Duchamp. Desta vez, é a literatura que se desloca para o lado das artes plásticas, assim como, em outra direção, Duchamp teria recorrido às fábulas para implementar o *ready-made*,

12 Michel Carrouges, *As máquinas celibatárias*. Belo Horizonte: Relicário Edições e n-1 edições, 2019. p. 30.

13 *Idem*.

afirmando que em toda fábula existe uma "demonstração divertida".[14] Eis a surpreendente passagem sobre o *"ready-made"* que aparece no momento em que Kafka evoca o canto de Josefina:

> Mas de fato não é apenas assobio o que ela produz. Se alguém se coloca à distância e fica escutando, melhor ainda – submetendo--se a uma prova nesse sentido; se portanto Josefina eventualmente canta entre outras vozes e alguém se propõe a tarefa de reconhecer sua voz, então é irrecusável que não irá escutar outra coisa senão um assobio comum, que no máximo se destaca um pouco pela delicadeza ou pela debilidade. Mas se o observador fica diante dela, aí então não é apenas um assobio: para compreender a sua arte é necessário não só ouvi-la como também vê-la. Mesmo que fosse somente o nosso assobio cotidiano, aqui já existe a singularidade de alguém que se põe, solenemente, a não fazer outra coisa senão o usual. Quebrar uma noz não é verdadeiramente uma arte, por isso ninguém ousará convocar um público e, para entretê-lo, começar a quebrar nozes diante dele. Mas se apesar disso ele o faz e sua intenção é bem-sucedida, então não se trata única e exclusivamente de quebrar nozes. Ou então se trata de quebrar nozes, mas se verifica que não demos atenção a esta arte porque a dominávamos completamente e que este novo quebrador de nozes mostra a verdadeira essência dela – momento em que poderia até ser útil ao efeito se ele fosse menos hábil em quebrar nozes do que a maioria de nós.[15]

Em uma carta para Carrouges datada de 6 de fevereiro de 1950, Duchamp escreve que ficara "maravilhado" com o paralelismo estabelecido pelo autor, paralelismo este que vai se tornar um mecanismo crítico indispensável para ler o *Grande vidro* frente a Kafka.

14 César Aira. "Kafka, Duchamp", Pequeno manual de procedimentos, 2007. p. 137.
15 Franz Kafka. "Josefina, a cantora ou O povo dos ratos", *Um artista da fome*. São Paulo: Companhia das Letras, 1998. p. 39-40.

posso lhe afirmar que a introdução de um tema de base explicando ou provocando certos 'gestos' da *Mariée* e dos celibatários nunca me veio em mente. Mas é possível que meus ancestrais me tenham feito falar, como eles, do que meus netos também dirão. Celibatariamente, Marcel DUCHAMP.[16]

O próprio Duchamp teria sido a peça de uma máquina ancestral que teria provocado seus gestos, a máquina penetrando ainda mais do lado do mito e da espectralidade, numa indistinção entre o mecanismo que o autor inventa e o mecanismo que teria movido o autor. Kafka, e também Duchamp, *inovou* nas formas sem, para isso, ter representado a ruptura. Duchamp se inscreve numa tradição, dedicando-se sobretudo aos saberes e às técnicas de seu tempo, como sua obra testemunha. Ele foi uma correia de transmissão, visto sua capacidade em incorporar esses novos dados no mundo da arte.

Observemos outra contribuição para esse paradigma, mas que dessa vez passou despercebida por Carrouges: a escrita transformista de Rrose Sélavy que anuncia o "*queer*"; inspirada por Duchamp, ela retoma as representações sexuais em um travestismo que mistura a imagem ao texto. As máquinas celibatárias mais ligadas ao mito do poder masculino e da beleza feminina encontram-se então novamente representadas em sua polaridade. Por exemplo, na fotografia feita por Man Ray, Rrose Sélavy teria criado, por sua vez, uma máquina celibatária formada por jogos de palavras eróticas (como o "Lits et ratures", de Duchamp) e de um travestismo da linguagem que podemos ouvir numa frase ao mesmo tempo engraçada e cruamente lasciva: "Rrose Sélavy acha que um insesticida deve deitar com sua mãe antes de matá-la; os percevejos necessariamente estão aí".[17]

16 Michel Carrouges. *As máquinas celibatárias*. Belo Horizonte: Relicário Edições e n-1 edições, 2019. p. 223.

17 Rrose Sélavy trouve qu'un incesticide doit coucher avec sa mère avant de la tuer ; les punaises sont de rigueur. Marcel Duchamp, *Rrose Sélavy*. Collection Biens nouveaux, Paris : GLM, 1.

Máquinas celibatárias de corpos híbridos

Tanto Duchamp quanto Carrouges estavam fascinados pelo poder da técnica acompanhada por uma crise de velhas máquinas religiosas. A fé se movia ou se baseava no cego poder das máquinas. Hoje, as obras de Duchamp passaram ao museu, da mesma forma como Carrouges se tornou uma referência na história dos estudos literários e artísticos do século XX. O que parecia ser tão novo e intenso a seus olhos hoje parece datado e empoeirado para nós, que nos banhamos em tecnologias extraordinárias que não param de se atualizar, chegando ao ponto de se hibridizar com nossos próprios corpos. Assim, poderíamos nos perguntar: o que pode ser mais evidente hoje do que uma máquina celibatária? Mesmo que o paradigma continue o mesmo – e seria possível forçar a genealogia retomando o autômato desde Descartes até golem –, a máquina celibatária parece ter se tornado facilmente assimilável à era dos ciborgues e das inteligências artificiais que humilham campeões de xadrez e de go, como Hans Jonas ou Gunther Anders haviam profetizado em a *Obsolescência do homem*, esse homem humilhado por suas máquinas que o ultrapassam. Nossas ligações com as máquinas são permanentes, a não ser que venhamos a pedir direito à desconexão e talvez à solidão, a uma outra solidão, pois as próprias redes sociais nos levam a nossa solitária imagem que reivindica seu lugar em um novo mercado de algoritmos onde todos se reproduzem sozinhos, por trás da tela, às vezes até sob forma de produto, comunicando-se com outras solidões conectadas à rede, exercitando seus neurônios com cliques de pesquisa e na negociação de sua imagem virtual. Todo nosso universo é redefinido sob forma de programas, de tarefas executáveis, até que se venha a imaginar, ficção trans-humanista ou pós-humanista, que o humano logo será desprovido quando o ponto de singularidade previsto por volta dos anos 2030 inverterá a relação com a máquina, e a tecnologia, de uma vez por todas, se passará por humanos, num novo salto exponencial. De acordo com tal perspectiva, *Matrix* será a referência de uma máquina celibatária planetária em que o humano serve apenas como recurso energético para alimentar os circuitos de uma gigante e monstruosa ramificação tecnológica que gira em torno de si mesma com o objetivo único de se perpetuar eliminando todo tipo de resistência por meio de estratégias em que ela decifra as "máquinas humanas" para melhor resigná-las. Lembremos que, muito antes dessas distopias espetaculares e sem recorrer à tecnologia que restringe nossas crises maquínicas a uma questão em que a tecnologia serve de bode expiatório em oposição metafísica ao humano, ainda que *Matrix* apresente a questão do livre-arbítrio de modo inédito nesse tipo de filme, *A invenção de Morel*, de Adolfo Bioy Casares, dos anos 1940, coloca em cena um fugitivo que mora em uma ilha "sozinho", pois ela é habitada por pessoas com as quais ele não consegue se comunicar. Na contracorrente do produto cinematográfico e perpassando mecanismos da ficção literária, Casares cria uma fábula atópica sobre a máquina celibatária. A recepção do romance na França será transmitida nas telas com a adaptação de Alain Resnais em *L'anné dernière à Marienbad*, em 1961, e Carrouges a incluirá em seu inventário de 1974.

Porém, ao escavar o imaginário da ficção-científica e, de certa forma, na sequência, com Rrose Sélavy, encontramos, num outro viés, o "Manifesto Cyborg: Ciência, Tecnologia e Feminismo socialista no fim do século XX", de Donna Haraway, publicado em 1984. Haraway retoma com humor e ironia a imagem do ciborgue, para criar como modelo esse "organismo cibernético, híbrido e vivo, criatura da realidade social como personagem do romance. A realidade social é o vivido das relações, nossa construção política mais importante, uma ficção que muda o mundo".[18] A ficção científica revela a mistura do vivido e da ficção, e talvez seja a partir da ficção que o vivido se organiza de outra forma, sobretudo no que diz respeito a nossas relações com a tecnologia. Isso profetiza todo um campo de experimentações artísticas e de performances responsáveis por reconstruir as relações entre corpo e gênero, realidade e tecnologia, inventando novas maneiras de fazê-los coexistir.

18 Donna Haraway. "Manifeste cyborg: Science, technologie et féminisme socialiste à la fin du XXème siècle", *Manifeste cyborg et autres essais : sciences – fictions – féminismes*. Paris: Exiles éditeurs, 2007. p. 30.

Uma outra relação com a máquina

Aos poucos, vamos nos aproximando de Deleuze e Guattari, que retomam a noção das máquinas celibatárias de Carrouges em *O anti-Édipo*, desdobrando-a em *Kafka: Para uma literatura menor*. A concepção deles sobre as máquinas desejantes talvez nos diga ainda mais sobre a reformulação de nossas relações com a técnica, introduzindo o mito, a força da fé e o prazer, e reestruturando aquilo que as religiões possuem de concorrência ou mesmo de cumplicidade com nossa paisagem tecnológica. É preciso partir do questionamento de nossa relação com a lei. A princípio, com essa lei maquínica que nos orienta dando-nos autonomia, com a intenção de nos oferecer um livre-arbítrio, enquanto ela nos governa ao mesmo tempo que nos faz acreditar nisso, isolando-nos em uma solidão maquínica. E não seria Deus mais uma máquina celibatária que se alimenta da energia dos homens que lhe são devotos e que gozam disso pelas determinações que ele lhes teria dado e que lhes garante consistência? Ele próprio não teria sido criado a partir dessa angústia sobre-humana que povoa nossa solidão? Perguntemo-nos, por exemplo: o que garante, ou, melhor, o que comprova nossa presença? Como posso provar que estou exatamente aqui? Seria isso uma simples evidência, o resultado de uma dúvida hiperbólica cartesiana? Ou seria, talvez, um efeito quase maquínico da linguagem, do fato, como diria Derrida, de que falamos latim e que nos dirigimos ao outro falando.

> Pressuposta na origem de todo endereçamento vinda do outro a seu endereço, a difícil tarefa de uma promessa juramentada já não pode, tomando logo Deus como testemunha, se assim pudermos dizer, já não pode ter gerado Deus quase maquinalmente. A priori inelutável, uma queda de Deus *ex machina* colocaria em cena uma máquina transcendental do endereço. Assim, teríamos começado colocando retrospectivamente, o direito da primogeneidade absoluta de Um que não nasceu. Porque ao tomar Deus

como testemunha, mesmo quando ele não foi nomeado na garantia do mais 'laico' envolvimento, o sermão não pode deixar de produzi-lo, invocar ou convocar como já aí, então engendrado e inengendrado antes do próprio ser: improduzível. E ausente no seu lugar. Produção e reprodução da improdutível ausência no seu lugar. Tudo começa pela presença dessa ausência.[19]

A partir dessa função de endereçamento, a linguagem seria o produto de um testemunha absoluto (Deus) da presença de um "sujeito" que estaria preso em suas redes por efeito *d'après coup*. Isso dependeria da crença em si enquanto presença antes de qualquer ato fundador, ainda que um ato como esse possa vir a duplicar a crença, e Derrida lembra que, na Declaração de Independência dos Estados Unidos que coloca Deus na origem: "Podemos ouvir essa declaração como um vibrante ato de fé".[20]

A máquina divina também estaria na origem de uma ordem social e jurídica que se revela teológico-política, na qual a soberania de Deus assegura a hierarquia de outras soberanias, a começar pela do Estado e de seus representantes, indo até o sujeito de direito. Em sua versão cristã, não teria ele autoproduzido seu filho incorporando-se em cada um dos filiados dessa comunidade autogerada pela Igreja que os comanda, impondo-lhes códigos e uma moral formada por procedimentos e instruções maquínicas? Também esse modelo se encontra em crise hoje em dia, soando como uma estranha ficção, mais uma história fantástica entre tantas outras em nosso universo saturado de ficções, em que o limite entre o religioso, o real e a literatura parece estar ainda mais nebuloso. Seria possível reduzir nossas existências em livros sagrados que gravam a lei de um Deus transcendente que propõe uma V2 e em seguida uma V3, reformulando o mecanismo a cada novo testamento ou a cada nova revelação, do

19 Jacques Derrida. *Foi et savoir*. Paris: Seuil, Points Essais, 2001. p. 44.
20 Jacques Derrida. *Otobiographie, Nietzsche et la politique du nom propre*. Paris: Galillée, 1984. p. 27.

mesmo modo como abordamos obras literárias, artísticas e cinematográficas, ou, até mesmo, teorias científicas? Então que texto escolher entre essa pluralidade de pretendentes propondo tanto mecanismos divinos alternativos quanto máquinas que precisam ser experimentadas e desfrutadas? Sobretudo porque essas máquinas se associam, se enfrentam, e se espalham sob novos avatares via web, redes sociais, *mass media*, conectando-se a seres pouco conectados ou desconectados sob os danos de uma máquina tecnocapitalista que destroem as velhas máquinas sociais sem oferecer qualquer conexão alternativa capaz de conter seus estragos. Diante da falta de *instruções*, humanos "mal" maquinados veem-se bruscamente convocados e outra vez seduzidos por espectros de máquinas que os habitam em segredo, e que readquirem potência e se renovam ao se readequar sob novos avatares, num banho de rejuvenescimento tecnológico, provocando programas de convertimento em cadeia que são tão venenosos quanto vírus que se alastram em alta velocidade. Contaminações aceleradas via algoritmos que, por exemplo, conectam-se a corpos fazendo-os gozar de raiva em nome de um deus vingador que se revolta contra essa babilônia maquínica, por não ter conseguido conectar aí um percurso de vida capaz de transformar as linhas de fuga em linha de morte.

Acreditamos que deixamos de acreditar nas crenças, mas ainda acreditamos nelas, presos nesses fluxos maquínicos em que vivemos. Fluxos que transportam e reproduzem mitos sob novas formas e novas técnicas por meio das quais uma força sobre-humana é injetada em nossos corpos. Então, como não seríamos nós os brinquedos das máquinas, já que elas nos precedem, nos atravessam, nos modelam e nos remodelam? Podemos apenas não acreditar, uma vez que a crença já é um efeito de máquina em que todos são programados por uma escrita divina que os faz agir e falar? Reaparece, então, a problemática do inconsciente com as inscrições que nos habitam e nos dão consistência: "o essencial é o estabelecimento de uma superfície encantada de inscrição, ou de registro, que atribui a si própria todas as forças produtivas e os órgãos de produção, e que opera como quase-causa, comunicando-lhes o movimento aparente (o fetiche)".[21]

Ao situar o desafio nesses termos, a máquina celibatária então passa a ser um paradigma particularmente poderoso por repensar a relação entre a máquina – ou a técnica – e a política. Porque mesmo que sejamos o seu brinquedo, continuamos pensando a máquina do lado de fora, como um instrumento a serviço de um "homem" separado de suas criações, enquanto ele próprio se insere em uma máquina social sem que possamos entender onde ela começa e onde ela termina. Nossas vidas são apreendidas em escritos e em máquinas de escrita que nos sopram um texto com o qual cada um negocia individualmente sua parte de liberdade, manipulando-o conforme sua própria expressão. Existiria um limite no texto, desde que Derrida demonstrou que não existe lado de fora do texto, e que o texto assim repensado não deixaria "a realidade" do lado de fora? Revolução no próprio modo de pensar o texto e a técnica que se inscreve diretamente no corpo agitando-o, como Deleuze e Guattari descreveram com suas máquinas desejantes e a máquina celibatária, acompanhados por Kafka, que também teria visto que as máquinas são algo além do que simples máquinas. Os dois autores lembram o que Milena dizia a seu respeito:

> 'Para ele a vida é uma coisa absolutamente diferente daquilo que representa para os outros. O dinheiro, a Bolsa, as divisas, uma máquina de escrever, são coisas místicas para ele, [...] são enigmas apaixonantes que ele admira com uma emocionante ingenuidade porque é comercial.' Ingenuidade? Kafka não tem nenhuma admiração por uma simples máquina técnica, mas sabe precisamente que as máquinas técnicas são apenas indícios para um agenciamento mais complexo que, num mesmo conjunto colectivo, faz coexistir maquinistas, peças, matérias e pessoal maquinado, carrascos e vítimas, poderosos e inaptos – ó

21 Gilles Deleuze e Félix Guattari. *O anti-Édipo*. São Paulo: Editora 34, 2010. p. 24.

Desejo, fluindo de si próprio e, no entanto, sempre perfeitamente determinado. Neste sentido, há precisamente um eros burocrático que é um segmento de poder e uma posição de desejo. E um eros capitalista, também. E, também, um eros fascista.[22]

Uma vez admitido que estamos ligados às máquinas, não importa qual seja sua instância – ainda seríamos sujeitos, indivíduos, ou, pelo menos, corpos materiais? –, a perspectiva se transforma do começo ao fim. O mito do livre-arbítrio de um homem separado de suas criações perde força, restando apenas as montagens maquínicas, nas quais "cada ser" se encontra conectado, enquanto esses estados de alma comunicam com os estados de máquina.

Se a caldeira não é, apesar de tudo, descrita (aliás, o barco está parado), é porque uma máquina não é simplesmente técnica. Pelo contrário, ela só é técnica enquanto máquina social, apanhando homens e mulheres nas suas engrenagens, ou melhor, tendo homens e mulheres nas suas engrenagens, mas tendo também coisas, estruturas, metais, matérias. Mais ainda, Kafka não pensa só nas condições do trabalho alienado, mecanizado, etc.; ele conhece isso tudo de perto mas o seu génio está em considerar que homens e mulheres fazem parte da máquina, não só no trabalho, mas mais ainda nas suas actividades adjacentes, no repouso, nos amores, nos protestos, nas indignações, etc.[23]

Mas as máquinas celibatárias responderiam a qualquer jogo maquínico? Por que serviriam de novo paradigma se não sabemos onde começa nem onde termina sua multiplicação? Voltemos a Deleuze e Guattari, que as evocam pela primeira vez em *O anti-Édipo*.

---

22 Gilles Deleuze e Félix Guattari. *Kafka: Para uma literatura menor*. Lisboa: Assírio e Alvim, 2003. p. 101.

23 Idem, p. 137.

De máquinas celibatárias à máquina capitalista

Deleuze e Guattari observam que Carrouges propõe exemplos bem variados, que, à primeira vista, não parecem entrar na mesma categoria, antes de dar os critérios que eles definem de acordo com suas concepções de máquinas desejantes:

> em primeiro lugar, a máquina celibatária dá testemunho de uma antiga máquina paranoica, com seus suplícios, suas sombras, sua antiga Lei. Ela própria não é, contudo, uma máquina paranoica. As suas engrenagens, carrinhos, tesouras, agulhas, ímãs, raios, tudo isso a distingue da outra. Até nos suplícios e na morte que provoca, ela manifesta algo novo, uma potência solar. Em segundo lugar, não se pode explicar essa transfiguração pelo caráter miraculante que a máquina deve à inscrição que contém, embora contenha efetivamente as mais altas inscrições (cf. o registro posto por Edison na Eva futura). Há um consumo atual da nova máquina, um prazer que podemos qualificar de autoerótico, ou antes, de automático, onde se celebram as núpcias de uma nova aliança, um novo nascimento, num êxtase deslumbrante, como se o erotismo maquinal libertasse outras potências ilimitadas.[24]

Stéphane Nadaud tenta esclarecer essa engenharia a partir de um exemplo: a máquina celibatária extraída de *Na colônia penal*, de Kafka, que ele relê com Deleuze e Guattari:

> Elas (as máquinas celibatárias) parecem, de fato, sustentar máquinas-órgãos (que Deleuze & Guattari também chamam de máquinas paranoicas no sentido em que elas organizam, com uma lógica interna indiscutível e rígida, conexões metódicas e inflexíveis entre elementos que devem ter um lugar particular) e máquinas de registro

24 Gilles Deleuze e Félix Guattari. *O anti-Édipo, op. cit.*, p. 32.

(que eles também chamam de máquinas milagrosas devido à sua atividade produtiva de inscrição, como um milagre pode inscrever a vontade de Deus – *Numem* – sobre o corpo, por exemplo, sob forma de estigma), mas também são um outro tipo de máquina. Em *Na colônia penal*, um viajante encontra-se numa ilha onde um oficial o faz visitar uma máquina: essa máquina que o viajante visita é uma antiga invenção, construída pelo antigo comandante, agora desaparecido e que é descrito como um grande paranoico. O viajante se surpreende que o antigo comandante tenha tido tanto poder:

'Então ele reunia em si mesmo todas as coisas? Era soldado, juiz, construtor, químico, desenhista? – Certamente – disse o oficial meneando a cabeça com o olhar fixo e pensativo.' A máquina servia para executar os condenados mas de acordo com uma antiga lei em que só esse déspota era o avalista e que não mais parece ter influência na colônia penal. Ela funciona então com engrenagens, balanças, rastelos, etc. Possui características de uma máquina-órgãos paranoica. Também é uma máquina que inscreve no corpo: 'Nossa sentença não soa severa. O mandamento que o condenado infringiu é escrito no seu corpo com o rastelo. No corpo deste condenado, por exemplo – o oficial apontou para o homem – será gravado: Honra o teu superior!'. Ou seja, máquina disjuntiva do registro. Mas também é uma outra coisa: a novidade tem início nessa frase: 'É um aparelho muito especial', o oficial que faz visitar a máquina explicando que 'Até este instante era necessário o trabalho das mãos, mas daqui para a frente ele funciona completamente sozinho'. 'Compreende o processo? O rastelo começa a escrever; quando o primeiro esboço de inscrição nas costas está pronto, a camada de algodão rola, fazendo o corpo virar de lado lentamente, a fim de dar mais espaço para o rastelo. Nesse ínterim as partes feridas pela escrita entram em contato com o algodão, o qual, por ser um produto de tipo especial, estanca instantaneamente o sangramento e prepara o corpo para novo aprofundamento da escrita. Então, à medida que o corpo continua a virar, os dentes na extremidade do rastelo removem o algodão das feridas, atiram-no ao fosso e o rastelo tem trabalho outra vez. Assim ele vai escrevendo cada vez mais fundo durante doze horas. Nas primeiras seis o condenado vive praticamente como antes, apenas sofre dores. Depois de duas horas é retirado o tampão de feltro, pois o homem já não tem mais força para gritar. Aqui nesta tigela aquecida por eletricidade, na cabeceira da cama, é colocada papa de arroz quente, da qual, se tiver vontade, o homem pode comer o que consegue apanhar com a língua. Nenhum deles perde a oportunidade. Eu pelo menos não conheço nenhum, e minha experiência é grande. Só na sexta hora ele perde o prazer de comer. Nesse momento, em geral eu me ajoelho aqui e observo o fenômeno. Raramente o homem engole o último bocado, apenas o revolve na boca e o cospe no fosso. Preciso então me agachar, senão escorre no meu rosto. Mas como o condenado fica tranquilo na sexta hora! O entendimento ilumina até o mais estúpido. Começa em volta dos olhos. A partir daí se espalha. Uma visão que poderia seduzir alguém a se deitar junto embaixo do rastelo. Mais nada acontece, o homem simplesmente começa a decifrar a escrita, faz bico com a boca como se estivesse escutando. O senhor viu como não é fácil decifrar a escrita com os olhos; mas o nosso homem a decifra com os seus ferimentos. Seja como for exige muito trabalho; ele precisa de seis horas para completá-lo. Mas aí o rastelo o atravessa de lado a lado e o atira no fosso, onde cai de estalo sobre o sangue misturado à agua e o algodão. A sentença então está cumprida e nós, eu e o soldado, o enterramos.'[25] Primeiro, a maquinaria que gira o corpo,

25 Franz Kafka. "Na colonia penal". *Essencial*. São Paulo: Companhia das Letras, 2011.

esponja com algodão, sobe e desce o rastelo (uma conexão celibatária). Depois, há a inscrição propriamente dita, que se opera sobre toda a superfície do corpo (disjunção inclusiva). Depois, finalmente, existe algo que emerge "na sexta hora", que invade o homem, 'que começa em volta dos olhos' e que 'a partir daí se espalha', algo que dá 'o espírito' até 'ao mais estúpido' e que vai terminar ao lado da própria máquina, na fossa (conjunção).[26]

Essa máquina sinistra e fantástica seria uma ilustração de todas as máquinas celibatárias: esta produz um sujeito que emerge e permanece no êxtase e na reconciliação. E essa produção de subjetividade depende das inscrições da máquina *miraculosa*. Para além de qualquer metáfora, haveria apenas jogos de máquinas, máquinas-órgãos em conflito com um corpo sem órgão, formando uma máquina paranoica, enquanto uma escrita se inscreve via uma máquina miraculosa, dando origem à emocionante aparição de um sujeito que (se) realiza, goza e morre no momento da revelação.

Empreguemos o nome de 'máquina celibatária' para designar essa máquina que sucede à máquina paranoica e à máquina miraculante, formando uma nova aliança entre as máquinas desejantes e o corpo sem órgãos, em prol do nascimento de uma humanidade nova ou de um organismo glorioso. Isso equivale a dizer que o sujeito é produzido como um resto, ao lado das máquinas desejantes, ou que ele próprio se confunde com essa terceira máquina produtora e com a reconciliação residual que ela opera: síntese conjuntiva de consumo, sob a forma maravilhosa de um 'Então era isso!'.[27]

26 Stéphane Nadaud. *Les synthèses conjonctives*. Disponível em: <http:// antioedipe.unblog.fr/2008/08/29/episode-12-les-syntheses-conjonctives/>.
27 Gilles Deleuze e Félix Guattari. *O anti-Édipo, op. cit.*, p. 32.

Como ponto de comparação, citemos o processo maquínico de *La mariée mise à nue par ses célibataires, même*, descrita por Octavio Paz:

> A origem de todo esse movimento erótico-mecânico é um dos órgãos da Virgem: o Motor-Desejo. Duchamp ressalta que esse Motor está 'separado da *Mariée* por um refrigerador a água'. O refrigerador 'exprime que a *Mariée*, em vez de ser apenas um gelo a-sensual, recusa ardentemente (não castamente) a brusca oferta dos celibatários'. Assim, entre a *Mariée* e os celibatários não há contato direto, mas contato à distância – um contato que é tanto imaginário, quanto elétrico. Suponho que essa nova ambiguidade reflita uma outra analogia verbal: o pensamento é elétrico e a matéria é pensada. A operação chega ao fim quando a *Mariée*, finalmente nua, experimenta uma tripla sensação de distensão ou de prazer: uma material (consequência do fato de ter sido despida pelos celibatários), outra imaginária, e uma terceira que engloba as duas primeiras, ou seja, a realidade erótico-mecânica e a realidade mental. Trata-se de uma operação circular: ela começa no Motor-Desejo da *Mariée* e termina com ela. Um mundo autônomo. Ela não precisa de espectadores, já que a própria obra as contém: as Testemunhas Oculares.[28]

Todo circuito maquínico é autônomo. Mas todo um mundo, e talvez até o mundo inteiro, pode ser conectado pela mesma máquina social que impõe seus processos maquínicos e sua produção de subjetividade. Por exemplo, o capitalismo, que produz o sujeito da representação nas coordenadas por falta de Deus, paralisado em uma velha lei que governa, embora esta não seja mais legítima. Se isso não passa de uma força revolucionária assombrando essa formação social, o produto dessa máquina se torna escritor ou artista, e transborda esse assujeitamento maquínico. Ele próprio se transforma em máquina

---

28 Octavio Paz. *Les deux transparentes, Marcel Duchamp e Claude Lévi-Strauss*. Paris: Gallimard, 1971. p. 42-43.

celibatária para começar a produzir a partir de sua própria máquina de escritura outros enunciados que, por sua vez, passarão a transformar o modelo maquínico transcendente que o produziu. Deleuze e Guattari, ao se conectarem com Kafka e sua máquina de escrita, modificam a concepção das máquinas celibatárias de Carrouges, dando-lhes um alcance que se encontra com o desafio da esquizoanálise de *O anti-Édipo*: transformar os meios repelindo-os, apoiando-se no processo esquizofrênico.

Renunciar à morte de Deus para repensar a escrita maquínica

Se Deleuze e Guattari partem da máquina de escritura de Kafka em 1976, é para conceitualizar, a partir da literatura, uma operação política de desmontagem. Eles começam expondo uma lei formal e transcendente, característica da condição contemporânea. Esta teria substituído a lei do mundo grego que era apenas a segunda sobre o soberano *Bem* platônico. Tornando-se potência primeira ao perder todos os referentes, a lei não passa de uma forma sem conteúdo. Ela não é mais capaz de juntar as partes, por falta de um saber sobre o qual repousar. Ela as relaciona a partir de uma ausência de laço, e as separa ainda mais em um

> fantástico paradoxo: como não sabíamos o que queria a lei antes de receber a punição, só podemos obedecer à lei como culpados, só podemos lhe responder por nossa culpabilidade, visto que ela só se aplica às partes como que disjuntas, tornando-as ainda mais disjuntas.[29]

Essa condição miserável remete a um mundo de fragmentos desconexos conectados segundo uma unidade formal de tal forma cruel que a lei impõe uma culpabilidade devido à impossibilidade de conhecê-la,

---

29 Gilles Deleuze. *Proust e os signos*. Rio de Janeiro: Forense Universitária, 2003. p. 125.

erro que ela não fundamenta em um único saber, ordenando a se conformar com isso: "como a lei não tem objeto de conhecimento, só é determinada ao ser enunciada".[30]

É isso que evoca a cena de *Na colônia penal* em que, ao longo do suplício, o condenado descobre a lei que corrompeu enquanto esta se inscreve em sua carne. Porém, essa máquina cruel definha pelo mesmo motivo. Existe a crise da máquina divina que não mais se apoia em nenhum saber, e essa ausência de fundamento prepara uma mutação maquínica. É o tema da morte de Deus retomado há gerações, essa máquina de herança que reina, enquanto seu conteúdo foi esvaziado de sua substância pois o lugar está vazio. Do mesmo modo, Deleuze e Guattari tiram as consequências dessa aporia invertendo a lógica:

> não é a lei que é enunciada em virtude das exigências da sua trans-cendência dissimulada, é quase o contrário; é o enunciado, é a enunciação que faz a lei em nome de um poder imanente daquele que enuncia: a lei confunde-se com o que diz o guardião, e os escritos precedem a lei, em vez de serem, pelo contrário, a sua expressão necessária e derivada.[31]

Tais escritos dão conteúdo a uma lei vazia que, formalmente, as cons-trói sem fundamento, ainda que ela seja a segunda, apresentando-se como primeira. Deleuze e Guattari interpretam essa lógica impossível do suplemento rebaixando o plano das alturas com uma transcendên-cia junto a um poder imanente, afirmando que a lei se confunde com as palavras do guardião. Então acontece a transmutação do que eles chamam de uma máquina abstrata transcendente em máquina abs-trata imanente que se substitui pelas antigas leis. A máquina celibatá-ria, desse modo, propõe uma nova pragmática ligada ao real e aberta ao desejo. Os corpos são pensados em tomada direta com a escrita, e

30 Gilles Deleuze e Félix Guattari, *Kafka: Para uma literatura menor, op. cit.*, p. 82.
31 Idem, p. 83.

a escrita é praticada enquanto aciona os corpos pelo movimento de ida e volta do processo do que se escreve ao escrevê-los.

Não se trata mais de Deus, mas de máquinas. Em uma carta de 4 de outubro de 1954, Duchamp teria antecipado o gesto de Deleuze e Guattari, definindo

> a conclusão de Carrouges sobre o caráter ateu da '*Mariée*', mas eu gostaria apenas de acrescentar que, em termo de 'metafísica popular', não aceito discutir sobre a existência de Deus, o que quer dizer que o termo 'ateu' (em oposição à palavra crente) não me interessa, não mais do que a palavra crente, nem a oposição de seus sentidos bem claros. Para mim, existe algo além do que o sim, não e indiferente – é, por exemplo, a ausência de investigação desse gênero. [...][32]

Duchamp não se interessa nem por Deus, nem pelo ateísmo, que não passa de uma readaptação do mesmo modelo sob o tema da morte de Deus. Ele abandona essas discussões infrutíferas e vai se interessar por uma questão de *procedimento* que repensa a relação entre máquina e corpo. Procedimento este que, aliás, será a chave de leitura da obra de arte que o procede.

Da lei transcendente à justiça imanente: máquina de desmontagem do poder e literatura menor

Retomemos com mais demora. Deleuze e Guattari lembram que tudo é falso em *O processo*: as personagens são duplas como um efeito dessa lei sem fundamento revelada pela farsa generalizada que Kafka coloca em cena. Já que a lei não pode mais ser medida segundo o critério do verdadeiro e do falso, em vez de continuar mantendo uma lei falsa e absurda, o gesto consiste em rebaixar a transcendente máquina abstrata sobre um poder imanente. Essa máquina abstrata, que passa a ser

---

32 Marcel Duchamp. *Duchamp du signe*. Paris: Flammarion. p. 235.

imanente, não tem outra unidade senão a de se confundir com agenciamentos que se recompõem, movida por um desejo transbordante que Deleuze e Guattari chamam de justiça. A justiça, sob o jogo de uma força irrepresentável, é substituída por uma lei formal e vazia. E o processo imanente dessa máquina desfaz o tempo todo os segmentos de poder que tecem a paisagem e aos quais ninguém escapa, pois todos investem nelas, participam delas e as experimentam conforme os movimentos de um desejo excêntrico: "onde se julgava que havia lei, há, de facto, desejo e apenas desejo. A justiça é desejo, e não é lei. Com efeito, funcionário de justiça é toda a gente".[33]

Deleuze e Guattari pensam o movimento de um desejo multívoco ativando uma justiça que restabelece a ordem do mundo segundo as regras aleatórias e sem lei conhecida. Se eles denunciam a lei enquanto máquina absurda do mecanismo corrompido, é para nele vincular uma outra máquina que a frustra. Como a lei dá autoridade a poderes que impõem arbitrariamente suas contingências, eles invertem o sentido da legitimidade atribuída ao movimento da máquina abstrata imanente que toma como referência a estrutura de poder, mas a fim de alimentar o processo que a desconstrói. Quando Octavio Paz descreve o *Grande vidro*, encontramos a tensão entre dois polos sob um outro jogo, em que um serve de motor ao outro, assim como a justiça porta o movimento do desejo tensionado com os segmentos de poderes:

> Aliás, a divisão do Grande vidro em duas partes não exatamente a do Céu e o Inferno: ambas são infernais. A linha de divisão não representa uma separação teológica (a *Mariée* é 'casta com uma pitada de malícia', precisa a Caixa verde), mas de potência. Essa divisão é, se preferirmos, de natureza ontológica: os machos não têm existência própria; a *Mariée*, por outro lado, goza de uma certa autonomia graças ao seu Motor-Desejo.[34]

33 Gilles Deleuze e Félix Guattari, *Kafka: Para uma literatura menor, op. cit.*, p. 89.
34 Octavio Paz, *op. cit.*, p. 57.

A lei então se impõe em nome de uma ordem arbitrária e não se trata de contestá-la. Deleuze e Guattari observam

> que nunca há crítica em Kafka: até na *Muralha da China*, em que o partido minoritário pode supor que a lei é apenas o facto arbitrário da 'nobreza', não proclama nenhum ódio, e 'se esse partido que não acredita em nenhuma lei continuou bastante fraco e impotente foi porque aceitou a nobreza e reconheceu o seu direito à existência'.[35]

Toda crítica se limita à dimensão da representação, à crença em uma lei mais justa que só tem como base a lei que a domina, e quando Kafka inventa uma máquina de uma outra eficácia, "procedimento muito mais intenso do que qualquer crítica",[36] qual seria ela? "Kafka tenciona extrair das representações sociais os agenciamentos de enunciação e os agenciamentos maquínicos, e de desmontá-las."[37]

Lembremos que Deleuze e Guattari veem vários momentos na obra de Kafka. Em *Na colônia penal*, Kafka ainda pensa o absurdo da lei em sua impossível lógica transcendente, sem dar toda amplitude à sua máquina de escrita que por isso se bloqueia.[38] É também por esse motivo que Deleuze e Guattari não concordam com Michel Carrouges "na sua interpretação das máquinas de Kafka (sobretudo a respeito da "lei")",[39] ao atribuir o conceito de máquinas celibatárias que eles retomam. Para os dois autores, a mudança na máquina de escritura de Kafka acontece em seus três romances, suas "três grandes obras intermináveis", pois:

---

35 Gilles Deleuze e Félix Guattari, *Kafka: Para uma literatura menor, op. cit.*, p. 85.

36 Idem, p. 88.

37 Idem, p. 85.

38 "[...] a forma da lei em geral é inseparável de uma máquina abstracta autodestrutiva e que não se pode desenvolver concretamente." Idem, p. 87.

39 Idem, p. 122.

a máquina já não é mecânica nem está reificada, mas é encarnada por agentes sociais muito complexos que, com um pessoal humano, com peças e engrenagens humanas, permitem alcançar efeitos de violência e de desejo inumanos infinitamente mais fortes do que aqueles que se conseguia graças aos animais [como *A metamorfose*] ou a mecânicas isoladas.[40]

Kafka dá um salto decisivo quando ele deixa de colocar uma máquina já montada com todas as peças (*Na colônia penal*), e se instala em um movimento de desmontagem maquínica. Sua máquina de escrita carrega consigo o mundo que ela rejeita, sem propor uma outra lógica de poder, pois não se trata de elaborar uma nova montagem.[41] Deleuze e Guattari relacionam essa operação ao processo esquizofrênico e à sua velocidade de desterritorialização que ultrapassa a representação, essa potência do desejo em que a escrita é inseparável do devir. "Devir não é chegar a uma forma (...) mas encontrar a zona de vizinhança, de indiscernimento, de indiferenciação."[42]

Por exemplo, Deleuze e Guattari apresentam um modelo majoritário homem – branco – heterossexual, que eles tencionam com o polo oposto a fim de desfazer suas coordenadas em um devir-mulher ou um devir-animal que não tende à forma de uma mulher ou de um animal, mas para uma zona indiscernível, na qual as determinações enrijecidas e despóticas se desconstroem. Se a máquina política deleuzo-guattari-kafkiana pode ser distinguida por sua recusa em acessar o poder, ela tem como função preparar a vinda do povo ausente e ao qual o escritor se dirige. Deleuze e Guattari observam que Kafka descreve um partido minoritário, que não acredita na lei que ele estabelece, e permanece fraco e impotente, pois ele investe num movimento

---

40 Idem, p. 75.

41 "O agenciamento não vale como uma máquina que está a ser montada [...] nem como uma máquina já montada". Idem, p. 88.

42 Gilles Deleuze. « La littérature et la vie ». *Critique et Clinique*. Paris: Les Éditions de Minuit, 1993. p. 14.

totalmente diverso, ressaltando que ele só deve seu assujeitamento a uma ordem impotente, que ao mesmo tempo lhe oferece a potência e a rejeição. Deleuze acrescenta em um texto sobre *A literatura e a vida*:

> Esse povo não é convocado para dominar o mundo. É um povo menor, eternamente menor, preso em um devir-revolucionário. Talvez ele só exista nos átomos do escritor, povo bastardo, inferior, dominado, sempre em devir, sempre inacabado.[43]

A literatura então se encontra do lado do informe, essa zona indistinta que deve ser alcançada ao se desfazer os segmentos de poder. "A burocracia é desejo; não um desejo abstracto, mas desejo determinado por um certo segmento, por uma certa posição da máquina, a um certo momento."[44]

Se cada bloco-segmento é "uma concreção de poder, de desejo e de territorialidade ou de reterritorialização, regida pela abstracção duma lei transcendente",[45] a desmontagem transfere esses segmentos para fora de seus gonzos, no limite da desterritorialização dos agenciamentos, para levá-los ao informe, reconfigurando assim suas determinações. Kafka sugere a Deleuze e Guattari conceitualizar suas estratégias a partir de sua máquina de escritura, nisto que ela pratica uma micropolítica apoiando-se no processo imanente do desejo que recalcula o tempo todo as posições de segmentos de poder que ele desfaz dissipando-os conforme um contínuo "com limites movediços e continuamente deslocados".[46]

Kafka trabalha para "a invenção de uma outra língua"[47] que libera a vida e, para Deleuze e Guattari, a literatura tem uma potência de fuga

---

43 Gilles Deleuze e Félix Guattari. *Kafka: Para uma literatura menor, op. cit.*, p. 101.

44 Idem, p. 101.

45 Idem, p. 144.

46 Idem, p. 92.

47 Idem, p. 79.

coletiva por portar um contexto precipitando mudanças de coordenadas políticas por meio da produção de uma agenciamento coletivo de enunciação.

> A escrita em Kafka, o primado da escrita só significa uma coisa: de modo nenhum literatura, mas que a enunciação constitui com o desejo uma só coisa, acima das leis, dos Estados, e dos regimes. Enunciação, no entanto, ela própria, sempre histórica, política e social. Uma micro-política, uma política do desejo que põe em causa todas as instâncias.[48]

Agenciamento coletivo de enunciação e agenciamento maquínico de desejo: o celibato como condição desejante de uma máquina de desterritorialização

Ao conectar seu corpo a segmentos de poder e um meio social por um agenciamento maquínico de desejo, Kafka extrai um agenciamento coletivo de enunciação. Mais do que aplicar um programa segundo as leis e do que regurgitar um conteúdo mastigado, o escritor-máquina celibatário detém a função de criador-maquinista. A expressão se constrói no próprio processo das máquinas às quais ele se conecta e que ele desfaz por meio de um procedimento que ultrapassa a representação.

> É nisso que o direito serve para Kafka. A enunciação precede o enunciado, não em função de um sujeito que poderá produzir este último, mas em função de um agenciamento que faz daquele a sua primeira engrenagem, com as outras engrenagens que vêm a seguir e que ao mesmo tempo se posicionam.[49]

48 Idem, p. 79.
49 Idem, p. 143.

Um novo enunciado pode ser de submissão, de protesto, de revolta, seguindo os picos de desterritorialização que criam novas conexões onde "o desejo não pára de fazer máquina e de constituir uma nova engrenagem ao lado da engrenagem precedente".[50]

Essa produção de novos enunciados responde ao que Deleuze e Guattari analisam como o problema de uma literatura dita menor, associando aí o artista e o escritor segundo suas visões de uma comunidade que ainda não existe.

> quando um enunciado é produzido por um Celibatário ou uma singularidade artista, só o é em função de uma comunidade nacional, política e social, mesmo que as condições objectivas dessa comunidade ainda não estejam concedidas no momento fora da enunciação literária.[51]

Deleuze e Guattari chegam a afirmar que o escritor – e o artista – seria o detentor de um gesto político privilegiado. Máquina celibatária, ele se encontra em uma conexão múltipla e intensa com a máquina que ele desconstrói, misturando-se à operação à qual esta abre espaço.

> Kafka não se julga evidentemente um partido. Ele nem se pretende sequer revolucionário, quaisquer que sejam as suas amizades socialistas. Ele sabe que todos os elos o ligam a uma máquina literária de expressão de que ele é, simultaneamente, as engrenagens, o mecânico, o funcionário e a vítima. Então, como é que ele procede, nesta máquina celibatária que não passa e não pode passar pela crítica social? Como é que ele faz revolução?[52]

---

50 Idem, p. 138. E "já não se sabe muito bem se a submissão não esconde a maior das revoltas, e se o combate não implica a pior das adesões." (Idem, p. 139).

51 Idem, p. 141.

52 Idem, p. 103.

O celibato é a condição que coloca Kafka em estado de se conectar com uma variação de coordenadas sem que qualquer segmento de poder o apanhe, rompendo assim sua povoada solidão. Não se apegar à vida conjugal como a qualquer outra empresa segmentária lhe garante permanecer num compartimento móvel, que circula no sistema do qual ele rompe as engrenagens intimidando as máquinas. Assim, a exemplo dos personagens de suas obras que dão continuidade a isso, ele desenvolve uma capacidade de desfazer a paisagem sem que nada o impeça, graças à velocidade de desterritorialização.

> Enquanto que o oficial da Colónia estava na máquina, na qualidade de mecânico, e, em seguida, de vítima, enquanto que tantas personagens pertencem a um certo estado da máquina, fora do qual perdem existência, contrariamente, parece que K., e um certo número doutras personagens que o duplicam, estão sempre numa espécie de adjacência à máquina, sempre em contacto com este ou aquele segmento, mas que, também, são sempre repelidos, mantidos sempre de fora, demasiado rápidos, num certo sentido, para ser 'apanhados'.[53]

Reencontramos o tema da aceleração de *O anti-Édipo* e da esquizoanálise, cuja vocação consiste em desterritorializar os códigos até transbordar a velocidade de recuperação do capitalismo em um devir-revolucionário que pode ser substituído pela revolução. Desta vez, é a literatura que assume esse papel.

> Dado que não se pode contar com a revolução oficial para quebrar o encadeamento precipitado dos segmentos, conta-se com uma *máquina literária* que antecipa a precipitação destes, que ultrapassa as "forças diabólicas" antes que elas não estejam completamente constituídas, Americanismo, Fascismo, Burocracia. Como dizia Kafka, ser menos um espelho do que um relógio que avança.[54]

53 Idem, p. 106.
54 Idem, p. 104.

Observemos que a capacidade de desmontagem da máquina de escrita de Kafka se encontra sob uma outra forma de expressão, não tanto maquínica quanto agora ficcional, mesmo que ela coloque em cena máquinas, na máquina celibatária do *Supermacho* de Alfred Jarry. Este último inventa uma máquina de aceleração que avança mais rápido do que as máquinas capitalistas, graças à ingestão de uma droga: o *Perpetual-Motion-Food*.

> Que Willian Elson tendo enfim fabricado esse *Perpetual Motion Food*, tenha resolvido, com Arthur Gough, 'lançar' seu produto promovendo uma grande corrida de bicicleta, contra um trem expresso, com uma equipe de atletas alimentada exclusivamente com a substância, não é um acontecimento sem precedentes. Muitas vezes, na América, desde os últimos anos do século XIX, equipes pedalando *quintuplettes* e *sextuplettes* ganharam de locomotivas de uma ou duas milhas de diferença; mas o que era inédito era proclamar o motor humano superior aos motores mecânicos nas grandes distâncias.[55]

Quanto ao preço a ser pago pelo celibato, Carrouges, que também é o autor de *Kafka contra Kafka*, publicado pela Plon, em 1962, entre as duas edições de *Les machines célibataires*, ressalta um trecho de *Carta ao pai* em um de seus capítulos chamado "La Mariée Introuvable": "Tal como somos, escreve Franz a Hermann, o casamento me é proibido, porque ele compreende seu mais íntimo domínio".[56] Carrouges observa que as mulheres, para Kafka (Felice B., Julie Wohryzek e Milena Jesenska), teriam sido, para ele, "repetidos erros". Em um capítulo chamado "A destruição física", ele demonstra que sua implacável máquina levará Kafka a uma engrenagem infernal e suicida, principalmente quando analisa *Na colônia penal*:

---

55 Alfred Jarry. *O supermacho*. São Paulo: Ubu, 2016.
56 Michel Carrouges. *Kafka contra Kafka*. Paris: Plon, 1962. p. 30.

A máquina é a obra do antigo comandante, imagem do pai. O oficial, imagem do filho, confessa entretanto que colaborou com o pai para a construção da máquina. É bastante lógico que a máquina inventada pelo pai conclua a morte do filho que comete suicídio, como o filho do *Veredito*. Em sua própria vida, Franz efetuou o mesmo suicídio em câmera lenta, com uma calma apavorante, ao longo dos anos, entre o doutorado em direito e a morte no sanatório de Kierling. Não sem que as namoradas não tenham colocado agulhas suplementares na máquina.[57]

Uma outra visão da arte e da política: o paradigma das máquinas celibatárias

A política e a arte nunca estiveram tão misturadas. O escritor, assim como o artista, é um atleta-engenheiro como teriam mostrado Jarry, Kafka e mesmo Duchamp, quando este escreve as instruções para a *Mariée*. Ele tem a arte da velocidade e das acelerações. Seu celibato intensifica o desejo, porque lhe será preciso se conectar a outras máquinas, dedicando sua libido para se incorporar a elas e dissipá-las, a exemplo de Chaplin preso nas engrenagens da fábrica de *Tempos modernos*, proletário esquizofrênico que desfaz o cenário à medida em que nele se encaixa. Isso transforma a definição clássica da arte e da literatura, e os aproxima de uma engenharia libidinosa que cede lugar à célebre expressão das "máquinas desejosas" de *O anti-Édipo*:

> Ninguém melhor do que Kafka soube definir a arte ou a expressão sem nenhuma mínima referência a algo da estética. Se tentarmos resumir a natureza dessa máquina artista (celibatária e desejosa) segundo Kafka, devemos dizer: é uma máquina celibatária, a única máquina celibatária, pela mesma conexão ainda mais sobre um campo social de múltiplas conexões. Definição maquínica, e não

57 Michel Carrouges. *Kafka contra Kafka*. Paris: Plon, 1962. p. 63.

estética. O celibatário é um estado do desejo mais vasto e mais intenso que o desejo incestuoso e o desejo homossexual.[58]

Encontramos o que Deleuze e Guattari avançavam em *O anti-Édipo*:

> o que produz a máquina celibatária, o que se produz através dela? A resposta parece ser: quantidades intensivas. Há uma experiência esquizofrênica das quantidades intensivas em estado puro, a um ponto quase insuportável – uma miséria e uma glória celibatárias experimentadas no seu mais alto grau, como um clamor suspenso entre a vida e a morte, um intenso sentimento de passagem, estados de intensidade pura e crua despojados de sua figura e de sua forma.[59]

Ainda na obra de Kafka, essa intensidade ligada a um poder político frustra toda representação, mesmo que o escritor pareça seguir docilmente os códigos sociais, se não fossem os índices antiedipianos que permitem adivinhar a radicalidade de sua empreitada:

> Sem família e sem conjugalidade, o celibatário é tanto mais social, social-perigoso, social-traidor, e colectivo ele sozinho ('Nós estamos fora da lei, ninguém o sabe e, no entanto, todos nos tratam em consequência'), É aqui que está o segredo do celibatário: a sua produção de quantidades intensivas [...] directamente no corpo social, no próprio corpo social. Um único e mesmo processo. O mais alto desejo deseja simultaneamente a solidão e ser conectado a todas as máquinas de desejo. Uma máquina tanto mais social e colectiva quanto mais celibatária e solitária for, e que, ao traçar a linha de fuga, por si só, vale necessariamente uma comunidade cujas condições ainda não estão dadas nesse momento.

---

58 Gilles Deleuze e Félix Guattari, *Kafka: para uma literatura menor, op. cit.*, p. 128-129.

59 Gilles Deleuze e Félix Guattari, *O anti-Édipo, op. cit.*, p. 33.

Esta é que é a definição da máquina de expressão que aponta, como vimos, para o estado real de uma literatura menor em que já não há 'questão individual'. Não há outra definição, produção de quantidades intensivas no corpo social, proliferação e precipitação de séries, conexões polivalentes e colectivas induzidas pelo agente celibatário.[60]

Se Deleuze e Guattari levam Kafka a incorporar uma máquina celibatária, peça motora de um processo maquínico que atravessa os segmentos para desconstruí-los, o Celibatário – atual – não é um sujeito e "é inútil tentar saber quem é K".[61] Ele funciona ligando-se a uma comunidade – virtual ou por vir –, produzindo um funcionamento coletivo de enunciação.

Devir-animal é, precisamente, fazer o movimento, traçar a linha de fuga em toda a sua positividade, transpor um limiar, atingir um *continuum* de intensidades que só são válidas por elas próprias, encontrar um mundo de intensidades puras, em que todas as formas se desfazem assim como as significações, significantes e significados, em benefício de uma matéria não formada, de fluxos desterritorializados, de signos a-significantes. Os animais de Kafka nunca apontam para uma mitologia nem para arquétipos, mas correspondem apenas a gradientes ultrapassados, a zonas de intensidades livres em que os conteúdos se libertam das respectivas formas, assim como as expressões do significante que as formalizava.[62]

60 Gilles Deleuze e Félix Guattari, *Kafka: Para uma literatura menor, op. cit.*, p. 123.

61 Idem, p. 141. Ver também: "K. não será um sujeito, mas uma função geral que prolifera sobre ela própria, e que não pára de se segmentarizar e de correr sobre todos os segmentos." (p. 142).

62 Idem, p. 34.

Talvez um novo paradigma maquínico se instale sem nem mesmo se apresentar a nossos olhos, levado pelas revoluções tecnológicas que reestruturam nossos modos de vida, de trabalho, de prazer, e o modo como nós nos envolvemos com eles. Ele não revela, portanto, nossas representações, pois ele é particularmente difícil de exprimir, já que parte de um processo que trabalha justamente além da representação, derrubando a oposição entre o homem e a máquina. É o que Duchamp e Deleuze e Guattari (e ainda outros, como Derrida) teriam formulado em suas práticas e pensamentos. Quando Derrida retoma o bloco mágico no *Mal de arquivo*, esse modelo técnico da máquina-ferramenta que serve para Freud, ele lembra que a psicanálise continua fazendo uma metáfora, seguindo a velha tradição metafísica em que o bloco mágico representa o funcionamento do aparelho físico em um modelo técnico exterior.[63] Ora, Freud deve ter repensado a própria noção com a mesma metáfora a partir dessa máquina de escritura e reescrita que apaga suas marcas sem que se possa delimitar a fronteira específica entre o dentro e o fora.[64] E Derrida se pergunta se o aparelho psíquico seria hoje

> Melhor representado ou afetado de outra forma por tantos dispositivos técnicos e arquivamento e de reprodução, de próteses da memória viva, de simulacros do vivo que já são e que no futuro serão mais requintados, etc. Mais do que uma nova representação do aparelho psíquico, essas perturbações em curso afetariam as próprias estruturas do aparelho psíquico, por exemplo em sua arquitetura espacial e em sua economia da velocidade, em seu tratamento do espaçamento e da temporalização, não se trataria mais de um progresso na representação [...] mas de uma outra lógica.[65]

63 Derrida, Jacques. *Mal d'archives*. Paris: Galilée, 1995. p. 29-20.

64 Ver também "Freud et la scène de l'écriture", em *L'écriture et la différence*. Paris: Le seuil, 1967.

65 *Mal d'archives*, p. 29, 30.

A aceleração das tecnologias nos transforma e transborda as representações às quais continuamos agarrados e que resistem a essa onda maquínica que as transporta. Para sair dessa *schize*, a máquina celibatária poderia não apenas propor outros modelos políticos e outros aparelhos de crítica literária, como também reconsiderar a relação que mantemos com a técnica sem ser vítimas de velhas máquinas que nos dão a ilusão de soberania. Esse paradigma estético[66] e político abre para um paradigma que Deleuze e Guattari chamam de máquina abstrata imanente, e as máquinas desejantes anunciam esse conceito. O que Duchamp já anunciava com a noção de transparência do *Grande vidro*. Tanto na literatura quanto na política, essas máquinas estão sempre se abrindo a outras escritas, renovando a própria relação com a escrita, ou seja, com o desejo.

(*) Esse ensaio faz parte de um livro em curso *Máquinas celibatárias, Máquinas desejantes*, a ser publicado na França em 2019. Tradução: Marcela Vieira.

66 Nicolas Bourriaud, "Le paradigme esthétique", em Félix Guattari, Chimères, n. 21, 1994. Disponível em: <http://www.revue-chimeres.fr/drupal_chimeres/files/21chi09.pdf>.

TÍTULO ORIGINAL *Les Machines Célibataires*
© Michel Carrouges, 1976
© Relicário, 2019

COORDENAÇÃO EDITORIAL Maíra Nassif
TRADUÇÃO Eduardo Jorge de Oliveira
REVISÃO TÉCNICA DA TRADUÇÃO Pedro Corgozinho
REVISÃO Lucas Morais
REVISÃO DE PROVAS Maíra Nassif

RELICÁRIO EDIÇÕES
Rua Machado, 155, casa 1 | Floresta, Belo Horizonte - MG | CEP 31110-080
www.relicarioedicoes.com
contato@relicarioedicoes.com

TÍTULO ORIGINAL *Les Machines Célibataires*
© Michel Carrouges, 1976
© n-1 edições, 2019

Embora adote a maioria dos usos editoriais do âmbito
brasileiro, a n-1 edições não segue necessariamente as
convenções das instituições normativas, pois considera
a edição um trabalho de criação que deve interagir
com a pluralidade de linguagens e a especificidade
de cada obra publicada.

COORDENAÇÃO EDITORIAL Peter Pál Pelbart
    e Ricardo Muniz Fernandes
DIREÇÃO DE ARTE Ricardo Muniz Fernandes
ASSISTENTE EDITORIAL Inês Mendonça
PROJETO GRÁFICO Érico Peretta

A reprodução parcial sem fins lucrativos deste livro, para
uso privado ou coletivo, está autorizada, desde que citada a
fonte. Se for necessária a reprodução na íntegra, solicita-se
entrar em contato com os editores.

n-1 edições
São Paulo | julho de 2019
n-1edicoes.org

Dados Internacionais de Catalogação na Publicação (CIP) de acordo com ISBD

C319m   Carrouges, Michel

As máquinas celibatárias / Michel Carrouges ; traduzido por Eduardo Jorge de Oliveira. - Belo Horizonte, MG : Relicário ; São Paulo : n-1 edições, 2019.
288 p. : il. ; 16cm x 23cm.

Tradução de: Les machines célibataires
Inclui índice.
ISBN: 978-85-66786-96-5

1. Arte. 2. Filosofia. 3. Literatura. 4. Duchamp, Marcel. 5. Kafka, Franz. I. Oliveira, Eduardo Jorge de. II. Título.

2019-1070   CDD 759.0674
                             CDD 7.036.7

Elaborado por Vagner Rodolfo da Silva - CRB-8/9410

Índice para catálogo sistemático:
1. Arte 759.0674
2. Arte 7.036.7

Este livro contou com o apoio dos programas de auxílio à publicação do Instituto francês.
Cet ouvrage a bénéficié du soutien des Programmes d'aide à la publication de l'Institut français.

relicarioedicoes.com
n-1edicoes.org